Ullstein

ÜBER DAS BUCH UND DIE AUTORIN:

Was Elisabeth zu Guttenberg, Jahrgang 1900, erlebt hat, ist deutsche Geschichte geworden. Ihre Erziehung vollzog sich in den festgefügten Ordnungen von Familie und Gesellschaft. Jung heiratete sie den leidenschaftlichen Monarchisten Enoch zu Guttenberg und erkennt früh die mit Hitler heraufkommende Gefahr. Der Weg in die Opposition ist vorgezeichnet. Ihrem Lebensbericht kommt der Rang eines einzigartigen Dokumentes über den deutschen Widerstand, die Hintergründe und seinen »Alltag« zu – die Familie ist verwandt mit den Stauffenbergs.
Diese Erinnerungen erzählen das Leben einer außergewöhnlichen Frau in einer bewegten Zeit.

Elisabeth zu Guttenberg

Beim Namen gerufen

Erinnerungen

Ullstein

ein Ullstein Buch
Nr. 23260
im Verlag Ullstein GmbH,
Frankfurt/M – Berlin

Neuauflage von UB 34925
Ungekürzte Ausgabe
Mit 24 Abbildungen
aus dem Privatarchiv
der Autorin

Umschlagentwurf:
Hansbernd Lindemann
Unter Verwendung eines Fotos
von Rolf Kreuder
(Schloß Tann in der Rhön)

Printed in Germany 1996
Druck und Verarbeitung:
Ebner Ulm
ISBN 3 548 23260 4

4. Auflage Februar 1996
Gedruckt auf Papier
mit chlorfrei
gebleichtem Zellstoff

Die Deutsche Bibliothek –
CIP-Einheitsaufnahme

Guttenberg, Elisabeth zu:
Beim Namen gerufen: Erinnerungen /
Elisabeth zu Guttenberg. – Ungekürzte
Ausg., 4. Aufl. – Frankfurt/M; Berlin:
Ullstein, 1996
(Ullstein-Buch; Nr. 23260)
ISBN 3-548-23260-4
NE: GT

Inhalt

Fürchte dich nicht . . .
Ich habe dich bei deinem Namen gerufen.
Du bist mein.

Jesajas 43,1

Vorwort

Der Gedanke, meine Erinnerungen zu schreiben, wäre mir wahrscheinlich nie gekommen. Aber als 1945 in den ersten Nachkriegstagen eine Gruppe junger amerikanischer Offiziere bei uns im Guttenberger Schloß einquartiert war, stellte ich fest, daß diese gebildeten jungen Leute keine Ahnung davon hatten, daß es in Deutschland eine ernstzunehmende Widerstandsbewegung gegen Hitlers Nationalsozialismus gegeben hat.

Da viele meiner Familie und unserer Freunde diesem Widerstand angehört haben, erzählte ich von ihrem Kampf und ihrem Tod. »Darüber müssen Sie schreiben, das muß man in Amerika wissen«, war die Reaktion der jungen Leute. Ich würde einen Bericht über die Geschehnisse schreiben, bot ich an. Die Antwort war: »Einen Bericht liest bei uns niemand. Sie müssen darüber schreiben, wie die Ereignisse Ihr persönliches Leben berührt haben. Der ›personal touch‹ ist nötig.«

So entschloß ich mich, meine Memoiren *Holding The Stirrup* zu schreiben, die im Jahr 1952 in Amerika erschienen. Sie waren weit verbreitet, und immer wieder wurde ich gedrängt, das Buch ins Deutsche zu übersetzen. Nun endlich, nach 38 Jahren, habe ich mich dazu durchgerungen, es umzuschreiben. Nur wenige sind noch am Leben, die all die großen Umwälzungen unseres Jahrhunderts miterlebt haben, und so fühle ich mich verpflichtet, den englischen Text benutzend, das Buch für deutsche Leser in neuer Form zu schreiben und teilweise zu verändern, d.h. Berichte, die für uns in Deutschland unnötig erscheinen, wegzulassen und vieles, das in Amerika irrelevant gewesen wäre, anzufügen. Ich will schon mit meiner Kindheit beginnen und auch die Jahre, die seit 1952 vergangen sind, kurz beschreiben. Es ist mein Ziel, denen, die dieses Buch lesen, ein Bild von den Menschen zu vermitteln, die ihr Leben bewußt geopfert haben aus Liebe zu Deutschland und um seiner Ehre willen. Möglicherweise können einige frühe Teile meiner Erinnerungen heute befremdend wirken – ich habe aber geschildert, wie wir die Ereignisse damals erlebt und empfunden haben.

August 1989

Kindheitstage

Im Jahr 1900 bin ich in einer der liebenswertesten Straßen Münchens, der Kaulbachstraße, geboren. Mein Erinnern reicht freilich nicht in diese Münchener Zeit zurück. 1902 wurde mein Vater als General nach Nürnberg versetzt. Dort wohnten wir in einem alten, recht düsteren Patrizierhaus. Die langen dunklen Gänge, in denen ich mich fürchtete, sind mir unvergeßlich, ebenso unvergeßlich meine geliebte dicke Kinderfrau Mady (von Mademoiselle). Sie umsorgte mich Tag und Nacht, und wenn ich nachts rief, erschien sie zu meiner Freude im Nachthemd, ihr schwarzer Haarzopf reichte bis zum Boden und wedelte noch wie ein Mäuseschwanz hinter ihr drein. Sie sprach nur französisch, und infolgedessen konnte auch ich als kleines Kind kein Deutsch – zur Empörung der Dienerschaft.

Aus dieser Zeit stammt die Erinnerung an eine meiner ersten Schandtaten. Mady und Gretchen, die Kammerjungfer meiner Mutter, waren ausgegangen. So schlich ich mich ins Nähzimmer und an die Nähmaschine. Ich hatte zugesehen, wie sie bedient wurde; damals wurde sie mit der Hand gekurbelt. Auf dem Tisch lag ausgebreitet Mamas Brokat-Courschleppe, ein etwa vier Meter langes Seidenbrokatstück, das die Damen beim königlichen Hofball tragen mußten. Die Schleppe wurde über dem Ballkleid rückwärts an den Schultern befestigt und beim Tanzen über den linken Arm geschlungen. Dieses Prachtstück ergriff ich und nähte darauf kreuz und quer, eifrig die Nähmaschine kurbelnd. Als die Untat entdeckt wurde, hätte ich Strafe verdient. Aber nein, man schien stolz zu sein auf das »kluge Kind«, das mit drei Jahren schon mit der Maschine nähen konnte.

Alljährlich verbrachten wir die Sommermonate in Tann in der Rhön, dem Stammsitz der Familie meines Vaters. Natürlich war für mich der Wechsel vom dunklen Nürnberger Haus in die sonnendurchfluteten hohen Räume des Schlosses in Tann beglückend. Ich erinnere mich gut, wie wir mit dem kleinen Bummelzug, von Fulda kommend, dorthin fuhren. Vor jedem Straßenübergang mußte der Lokomotivführer läuten und pfeifen. Es stand da ein großes Schild mit »L« und »P«. Noch bevor wir im Tanner Bahnhof ankamen, konnten wir vom Coupéfenster aus das Gelbe Schloß sehen. Jedes Jahr erfüllte mich dieser Anblick mit einem Glücksgefühl.

Müde von der langen Reise wurde ich in mein großes Bett gepackt, über dem zu meiner Freude ein Baldachin prangte. Am nächsten Morgen glückliches Erwachen. Ich muß damals fünf Jahre alt gewesen sein; denn inzwischen war meine Mady durch eine junge französische Gouvernante ersetzt worden, Mademoiselle Cécile. Ich sehe noch beim Aufwachen das Spiel des Laubes hinter den Vorhängen der hohen Fenster, höre das Gezwitscher der Vögel. Ich bin in Tann, in meinem großen Zimmer mit den gemalten Tapeten. Es riecht so muffig gut nach altem Holz. Vor mir liegen glückliche Wochen, das Leben in dem alten, großen Haus, das voller Geheimnisse ist.

Gleich nach dem Anziehen würde es das Wiedersehen mit vielem Altbekannten geben. Zuerst der Besuch beim runzeligen Schloßverwalter Jakob, der im obersten Stock wohnte. Mit ihm ginge es dann hinunter, viele, viele Stufen in den Garten zu Beeren und Blumen. Dann aber würde ich alleine losziehen in den Langen Gang, wo Ahnenbilder, Puppenhaus und große Schaukelpferde auf mich warteten, wo es aber auch Erschrekkendes zu erleben gab.

Warum mußte es neben dem Schönen immer das Böse geben? Das Böse! Im Jahr zuvor hatte ich ein merkwürdiges Erlebnis gehabt. Ich lag auf einem kleinen Kanapee in meinem Zimmer zum Nachmittagsschlaf. Ich war zwischen Schlaf und

Wachen. Da hörte ich zum erstenmal die »Stimmen«. Bis heute kann ich den Klang dieser Stimmen nicht vergessen. Ich hörte keine Worte – nur den Klang. Die eine Stimme – liebreich und warm – erfüllte mich mit Freude. Sie kam mir vor wie die Stimme eines Engels. Ihr Gegenüber der harte und brutal verletzende, aggressive Ton einer bösen Stimme, die mich zutiefst erschreckte. Mein Herz erzitterte aus Mitleid für den, dessen Stimme so liebevoll und engelgleich war. Dieses merkwürdige Zwiegespräch aus einer anderen Welt, das ich noch öfters erleben sollte, bleibt mir unvergeßlich bis ins hohe Alter. Was hatte es zu bedeuten? Den Kampf zwischen Gut und Böse?

Mein nachdenkliches Träumen im großen Bett nahm ein jähes Ende. Mademoiselle Cécile kam und zog die Vorhänge auf. »Aufstehen, Kleines, und ins Bad!« Bad? Damals gab es kein Badezimmer im Schloß. Nur einen sogenannten »Tub«. Das war eine flache Tellerwanne, in der man sitzen konnte. Das heiße Wasser wurde in einer riesigen Kupferkanne gebracht, der Schwamm ersetzte die Brause. Diesem Bad entstiegen, begann die Mühsal des Ankleidens. Eine Unzahl von Knöpfen und Bändern war zu bekämpfen, denn Mademoiselle meinte: »Das mußt du allein fertigbringen; glaube nur nicht, daß man dich immer ›bedienen‹ wird.« Cécile teilte sich in die hoffnungslose Aufgabe, aus mir ein vernünftiges Kind zu machen, mit meiner Schwester Hilda, die beinahe zehn Jahre älter war als ich.

Gewaschen und gekleidet tröstete mich der Anblick der Göttin Diana auf der Tapisserie. Sie versuchte ein Wildschwein mit dem Speer zu erlegen. Das unheimliche Tier war zu meiner Beruhigung nur halb zu sehen, seine vordere Hälfte verschwand hinter einem hohen Schrank. Nun ging es hinunter über die steile Treppe zu Mamas Schlafzimmer. Ihr wurde das Frühstück ans Bett serviert. Ich stürzte mich auf sie zu einem schnellen Guten-Morgen-Kuß und genoß dabei den leisen Duft ihres Parfüms. Aber meine »Mama-Stunde« war immer erst am Abend.

Jetzt hinüber zu Papa. Er saß schon an seinem Schreibtisch, der wie immer voller Papiere war. Ich flog in seine Arme, und auch hier empfing mich eine wohlbekannte Wolke, der Geruch von Leder und Zigarettenrauch und Papas besondere Seife. »Lieserl«, nur er nannte mich so, »ist es nicht gut, wieder in Tann zu sein?« Es war unser Geheimnis, Tann so zu lieben. Als er mich gestern abend aus der Pferdekutsche hob, die uns vom Bahnhof zum Schloß gebracht hatte, fühlte ich die gemeinsame Freude besonders stark. Nun saß ich auf seinem Schoß und küßte ihn heftig, genoß es, seinen Schnurrbart an meiner Wange zu fühlen. Papa hatte schon weiße Haare. Er war groß, schlank und trotz seiner beinahe sechzig Jahre beweglich und jugendlich. Seine erste Frau war nach kurzer Ehe gestorben, und erst nach vielen Jahren hatte er meine Mutter, die vierundzwanzig Jahre jünger war als er, geheiratet. Er war die meiste Zeit des Jahres als Kommandierender General in Nürnberg. Dort kannte ich ihn nur in Uniform. Im Urlaub, hier in Tann, trug er zu meiner Freude ländliches Zivil. Auch Papa versuchte aus mir ein brauchbares Geschöpf zu machen, und schon berührte er ein gefährliches Thema: »Wird mein Lieserl heuer besonders glücklich sein in Tann? Jetzt bist du ein Jahr älter geworden. Da wirst du doch nicht mehr Angst haben vor deinen Gespenstern.« Ich hatte ihm einmal von diesen Ängsten erzählt. Oh, hätte er doch nicht davon gesprochen! In Tann zu sein war für mich immer eine Mischung von Glück und geheimnisvoller Angst. (Merkwürdigerweise ist das für mich bis heute, über achtzig Jahre danach, so geblieben.) Es hatten wohl die Dienstboten vor mir von seltsamen Erscheinungen, die es im Schloß geben sollte, gesprochen. Für das große Haus genügte unsere Nürnberger Dienerschaft nicht. So brauchten wir für den Sommer zusätzliche Hilfen aus dem Städtchen. Es war unmöglich, die Aushilfen zu bewegen, im Schloß zu übernachten; denn »es spukt im Schloß«. Besonders hieß es, daß bei Nacht »kleine Wesen« das Putzen der Räume erledigten. Vor denen fürchtete ich mich nicht. Aber irgendwie fühlte ich mich immer umgeben von Wesen, freundlichen und erschreckenden.

Mein Vater wollte mich von diesem beängstigenden Gefühl befreien und mir helfen, es zu überwinden. Ich hatte mir vorgenommen, dieses Jahre mutig zu sein, wollte nicht mehr zittern vor Angst, wenn ich am Abend durch die hohen Räume mit ihren dunklen Winkeln gehen mußte, mich nicht mehr fürchten, wenn ich nachts allein in meinem Bett lag. So sagte ich: »Heuer, Papa, werde ich versuchen, mutig zu sein.« Ich wußte, daß er nun fragen würde: »Wirst du auch auf dem Langen Gang mutig sein?« Und um dieses gefährliche Thema zu vermeiden, zeigte ich auf das Bild der schönen Dame, das im schweren Goldrahmen an der Wand hing. Sie trug ein helles Empire-Kleid und ein Diadem auf den Locken.

»Nicht wahr, Papa, das ist meine Urgroßmutter. Sie ist eine Rathsamhausen, und darum heißen wir auch Tann-Rathsamhausen, nicht wahr?«

»Richtig, Lieserl«, sagte Papa.

»Ja, und ihr Mann mit dem Stern auf der Brust war der Freund des Königs. Hat er dem König ›Du‹ gesagt?«

»Nein«, sagte Papa.

»Hat der König immer seine Krone auf dem Kopf getragen?«

»Nur manchmal.«

»Schade!«

»Aber jetzt, Lieserl«, beendete Papa den Besuch, »geh durchs ganze Haus und schau, ob noch alles an seinem Platz steht.«

Welch ein Auftrag! Ich rutschte von Papas Knien und machte mich auf den Weg, vorbei am Flügel im Salon, wo ich schnell mit einem Finger »Hänschen klein« und »Alle meine Entchen« spielte, die steile Treppe hinauf zum Langen Gang, der so viel Wichtiges barg. Dieser hallenähnliche Gang ist über dreißig Meter lang, mit vielen hohen Fenstern, die in den großen

Schloßhof blicken. Nur mühsam brachte ich die Tür auf. Rechts von ihr ein großer Schrank, voll von alten Phiolen, mit denen wohl meine Vorfahren vergeblich versucht hatten, Gold zu machen. Etwas unheimlich. Aber dann ging es weiter zur Kinderecke. Hinauf zur Rutschbahn, die auf der großen Steintreppe angebracht war. Hinuntergerutscht. Auch hier leider Freude und Angst ganz nahe beieinander; denn in einem Bogen der Steintreppe hing das erschreckende Bild einer recht böse aussehenden Ahnin in weißem Gewand mit einer ausladenden Witwenhaube auf dem Kopf. Noch heute fröstelt es mich, wenn ich an ihr vorbeigehe. Endlich gelange ich zu meinem lebensgroßen hölzernen - sehr häßlichen - Schaukelpferd. Schwierige Besteigung und froher Ritt. Dann eine Ruhepause im alten Puppenhaus, in dem ich damals noch aufrecht stehen konnte. Es war mit einem kleinen Louis-XVI-Kanapee und -Stühlen möbliert.

Doch dann kam die Hauptsache: der Besuch im Ahnensaal. Er ist das Herzstück des Hauses. Mit Mühe konnte ich die schwere Türe öffnen. Beim Eintritt war ich erfüllt von Ehrfurcht und Stolz. Die Wände des großen Raumes waren von oben bis unten behängt mit Ahnenbildern und Wappen aus vielen Jahrhunderten. Gegenüber der Eingangstür zwischen zwei hohen Fenstern stand damals ein gotischer geschnitzter Altar. Auf ihn ging ich zu, kniete mich auf seine Stufe - und machte andächtig das Kreuzzeichen. Ich, die kleine Protestantin! Ein scheuer Blick nach rechts auf das Bild des alten Eberhard von der Tann, von dem ich gehört hatte, er sei ein Freund Martin Luthers gewesen. Ob er mir böse ist? Wohl kaum; er sieht so gut und weise aus in seinem pelzverbrämten Gewand, beruhigte ich mich. Obwohl meine Eltern evangelisch waren, zog es mich schon als Kind stark zum katholischen Glauben. Ich hatte viel Kontakt mit katholischen Verwandten. Ein Teil der ungarischen Verwandten meiner Mutter war katholisch. Ihr Bruder, Graf János Mikes, war mit zweiunddreißig Jahren der jüngste aller Bischöfe. Bei ihm und im Hause meiner Großmutter hatte ich oft katholische Eindrücke gewonnen, und vor diesem schönen Altar in »meinem« Ahnensaal ließ es sich so gut beten. Fertig mit meiner Andacht, machte ich mich daran, die Bilder meiner besonderen Freunde einzeln zu besuchen: denn irgendwie bestand da eine menschliche Nähe zwischen uns, als ob die Bilder ein Leben hätten.

Da waren alte Ritter, da war Eberhard mit seiner stattlichen Frau, da die tugendsame Keudelin zu Schwebda mit dem Kleid, das von oben bis unten mit vielen kleinen Knöpfen geschlossen war. Dann der elegante Erbauer des Schlosses im Samtrock mit gepuderter Allongeperücke, seine schöne Frau im schmuckverzierten Rokokokleid. Aber es gab auch Freunde, bei deren Anblick mein Herz erschrak: das große dunkle Bild eines Mannes im Sterbegewand, als Toter aufgebahrt, ein blondes Mädchen in meinem Alter auf dem Totenbett, die blonden Haare ausgebreitet, im Sarg ein kleiner toter Junge im Sterbekleidchen. Für sie mußte man beten – leider in Ängsten. Da war die Glasvitrine mit Orden und Bändern und einem vergilbten weißen Spitzenkleid aus der Empirezeit. Dann ging es weiter zu dem Ritter im ledernen Wams; das hing, durchschossen im Türkenkrieg, an einem Kleiderhaken, das Loch der Türkenkugel gut zu sehen. Vorbei an alten Waffen, zwei Trommeln mit dem Tannschen Wappen – der Forelle –, einer alten verschlissenen Fahne, zweihundert Jahre alt, auf der einen Seite die Forelle, auf der anderen der kaiserliche Doppeladler. Die Familie von der Tann gehörte nämlich zur Fränkischen Reichsritterschaft, Kanton Rhön und Werra, die dem Kaiser unmittelbar untertan war. Sie besaß viele Rechte; einigen Familien, so den Tann, stand sogar die Hohe Gerichtsbarkeit zu. Das bedeutete, daß meine Ahnen das Recht hatten, die Todesstrafe zu verhängen. Da gab es vor dem Städtchen den Galgenberg, wo wohl manch armer Sünder gehenkt worden war. Und es gab das gräßliche Bild im Langen Gang an der Wand gerade gegenüber dem Puppenhaus: diese schrecklichen Tafeln, auf denen eine große Gans abgebildet war, die den armen, hungrigen Gänsedieben um den Hals gehängt wurde. Doch über diesen Tafeln das Allerschlimmste, ein großes dunkles Bild, auf dem alle schrecklichen Strafen unserer Gerichtsbarkeit zu sehen waren: ein Erhängter am Galgen, das Rad.

Als der Besuch des Langen Ganges beendet war, ging es an der weißen Dame vorbei, hinauf in die herrliche Rumpelkammer. Die »Kammer« war ein großer Raum, in dessen wirrem Durcheinander es die interessantesten Dinge zu entdecken gab. Ich hatte im Jahr zuvor unter verstaubtem Gerümpel ein noch funktionierendes Spinnrad gefunden und große Biedermeier-Kapotthüte, mit Band zu binden. Heuer fand ich in einer Schublade ein rotes Seidenkleid, wohl hundert Jahre alt, bedeckt von »Blonden«, einer Biedermeierspitze, und, o Wunder, unter alten Papieren ein gesiegeltes Schriftstück, das ich Papa brachte. Es war von Napoleon signiert. Auf dem Weg zu Papa ging es durch die Bibliothek, wo mich der vertraute Geruch uralter Bücher empfing.

Die Entdeckungsreise hatte mich hungrig gemacht, und so lief ich die vielen Stufen hinunter in die Küche zur Köchin Lina. Sie war nicht nur eine ausgezeichnete Kochkünstlerin, sondern auch eine fromme Seele. Mit ihr hatte ich viele kindliche katholische Gespräche. Sie wußte, daß auf einem alten Stammbaum der Name der heiligen Elisabeth von Thüringen erschien, und meinte: »Sie ist deine Namenspatronin und Verwandte. Du solltest ihr ähnlich werden.« Lina erzählte mir auch von ihrem Onkel, dem Pater Stanggassinger in Gars, der ein Heiliger gewesen sei. Tatsächlich wurde dieser jung verstorbene Priester im Jahre 1988 von Papst Johannes Paul II. seliggesprochen. Mit Lina ging es dann weiter in das Untergeschoß, das der Hauswirtschaft gedient haben muß. Da waren die Wäschekammern, die riesige Wäschemangel, so groß wie ein Lokomotive, und im

Bügelraum der große eiserne Ofen, umhängt von Kohle-Bügeleisen. Sie wurden mit glühender Holzkohle erhitzt.

Nun kam der Garten an die Reihe. Wieder Stufen, Stufen hinunter zur Schaukel unter den Bäumen, wo ich mich bis ins Laub hinaufschwingen konnte. Und dann nochmals Stufen, Stufen hinunter in den Obstgarten zu den herrlichen Beeren. Gestärkt ging es über all die Stufen hinauf in mein Zimmer zu Mademoiselle, die nun versuchte, mich für das Mittagessen »salonfähig« zu machen.

Vor Tisch versammelten sich alle im Salon, bis der Diener kam und mit einer kleinen Verbeugung auf Mama zu sagte: »Exzellenz, es ist serviert.« Von Exzellenzen wimmelte es damals in Tann: Mama war »Ihre Exzellenz«, Papa »Seine Exzellenz«. Papas Bruder, bayerischer Gesandter in Rom, »Exzellenz Rudolph«, Papas alte Tante »Exzellenz Bertha« und in den ersten Jahren noch die Witwe des Feldherrn vom 70er Krieg, Ludwigs von der Tann, die »alte Exzellenz«. Dieser Ludwig von der Tann, dessen Standbild zu meinem Stolz den Hauptplatz des Städtchens schmückte, war eine Art Volksheld. Mein Vater hatte unter ihm als junger Leutnant im 70er Krieg gekämpft.

Nun ging es zu Tisch. Ich durfte das Tischgebet sprechen. Hier, vor aller Augen, wagte ich es nicht, »mein« katholisches Kreuzzeichen zu machen. Ich saß neben meiner Schwester, die immer gut, immer ordentlich und überhaupt mein Vorbild war. Nach dem Essen Mittagsschlaf, nachmittags Familienspaziergang durch die Wälder. Und dann kam die beste Stunde des Tages, die Stunde mit Mama.

Wenn ich so einen Kindheitstag in Tann erinnernd wiedererlebe, verstehe ich, daß für mich – den kleinen Knirps – das Riesenhaus eine überdimensionale Größe annahm. Ich liebte es und liebte wohl auch das Unheimliche seiner Atmosphäre. Ganz geborgen fühlte ich mich nur auf Papas Schoß und vor allem auch während der beglückenden Abendstunde mit Mama. Für den Abend kleidete sie sich immer um. Sie trug dann einen »Tea Gown«, ein fließendes helles Gewand. Zart und hellblond im Hauch ihres leisen Parfüms erschien sie mir wie ein Engel. Neben ihr auf der Chaiselongue sitzen zu dürfen und ihr mein Herz auszuschütten, war höchstes Glück. Da wurden Pläne geschmiedet: »Mama, wenn ich groß bin, muß ich so schön werden wie du, und dann wird ein Prinz kommen und mich in sein Schloß mitnehmen. Das muß aber noch viel schöner sein als unseres hier in Tann – und es wird gar nicht unheimlich sein. Und dann kommst du und Papa, und ihr wohnt bei mir in meinem schönen Schloß!«

»Wer weiß«, meinte Mama, »aber jetzt sind wir so froh, hier zu sein, und meine Kleine wird sich nicht mehr fürchten. Du weißt ja, Papa will eine mutige Elisabeth haben. Auch wenn es dunkel wird.«

Das war der Hinweis auf eine schwere Prüfung, die mein Vater von mir verlangte. Er wollte mir damit das »Fürchten« abgewöhnen, nur bewirkte sie leider das Gegenteil. Ich mußte jeden Abend allein durch den Langen Gang zum anderen Flügel des Hauses gehen, um dem dort wohnenden Onkel und seiner Frau Gute Nacht zu wünschen. Das bedeutete, daß ich, eine flakkernde Kerze in der Hand (elektrisches Licht gab es noch nicht im Schloß), durch den dunklen Gang, vorbei am Ahnensaal, an der erschreckenden weißen Dame und, o Graus, vorbei an dem gräßlichen Bild des Gehenkten und Geräderten gehen mußte. Freilich landete ich schließlich in dem freundlich-hellen Zimmer meiner Tante. Ein kurzer Besuch. Doch dann – leider, leider – den ganzen furchtbaren Weg wieder zurück, bis ich in den Armen von Mademoiselle und bald in meinem Bett geborgen war.

Am nächsten Morgen fragte mich mein Vater: »Hat sich meine Kleine gestern abend nicht gefürchtet?«

»Nein«, log ich, wohl wissend, daß diese Lüge viele neue nächtliche Wege bedeuten würde. »Ach, Papa«, meinte ich,

»warum haben die alten Tann so furchtbare Dinge gemacht – Leute gehängt und gequält?«

»Weißt du, sie mußten doch die Menschen, die Böses getan hatten, bestrafen.«

»Papa, was ist ›Böses‹?«

»Kind, ganz kannst du das noch nicht verstehen. Nicht einmal ich kann es. Aber es gibt vielerlei Böses.«

Ein paar Tage später war mein sechster Geburtstag, ein großer Tag für mich. Nachdem zu Hause mit Torte und Geschenken gefeiert worden war, machte ich mich auf den Weg ins Städtchen, um möglichst viele Gratulationen entgegenzunehmen, bewaffnet mit meinem schönsten Geschenk, einem aufgespannten rosafarbenen Sonnenschirm. Weder Sonnenschein noch Regen gab es, um ihn zu benutzen, und das Geheimnis, ihn zuzuklappen, hatte ich noch nicht ergründet. Mein erster Besuch galt dem Forsthaus, wo ich zu meiner Freude nicht als »Elisabeth«, sondern als »Baronesse« begrüßt wurde. Noch erfreuter war ich, als der Bürgermeister beim Oberförster erschien und mir formvollendet gratulierte. Dann um die Ecke zur Gemischtwarenhandlung. Obwohl es dort allerhand Wertloses zu kaufen gab, war das für mich eine Fundgrube von Herrlichkeiten. So kaufte ich stolz mit dem goldenen Zehnmarkstück von meinem Gabentisch. Dann ging es weiter zu den jüdischen Freunden, dem Spenglermeister Gerendasi, dessen Frau schon mit ihrem perückengeschmückten Kopf aus dem kleinen Fenster herausschaute. Von dort zur Metzgermeisterin Nelkenstock. Sie schickte uns oft mit der Fleischlieferung etwas vom ungesäuerten Brot mit ins Schloß.

Es gab viele jüdische Familien im Städtchen, sogenannte »Schutzjuden«, die in den kleinen reichsritterschaftlichen Herrschaften gegen eine Abgabe Aufnahme und den Schutz der adeligen Familien gefunden hatten. Sie waren rührend anhänglich an meine Familie. Und sie waren strenggläubig; die

Frauen mit geschorenem Haar trugen Perücke, die Männer ihre Peies-Locken. An der Landstraße war eine Markierung, die anzeigte, wie weit sie am Sabbat gehen durften. Nahe dem Stadttor stand eine kleine Synagoge. Für mich als Kind war dieser streng gelebte jüdische Glaube ein faszinierendes Geheimnis. Alle diese Juden sind unter Hitler zu Tode gekommen, die Synagoge wurde geschleift. Als die Schergen die armen Menschen abtransportierten, wollten meine beiden alten Onkel mit Jagdgewehren bewaffnet ausziehen, um sie zu beschützen. Freilich wäre das für die Schergen nur ein Lacherfolg gewesen!

Vom köstlich bestückten Metzgerladen der Frau Nelkenstock ging es – mit noch immer aufgespanntem Schirm – über das holprige Kopfsteinpflaster zurück ins Schloß.

Die Erinnerung an diese Kindheitstage in Tann ist mir noch immer lebendig. Sie waren wohl sehr bestimmend für mein späteres Leben. Noch heute, wenn ich wieder einmal nach Tann komme und durch das alte Stadttor fahre, an dem unser Wappen mit der Forelle prangt, ist es für mich eine Heimkehr. Und wenn ich dann ins Schloß trete, erlebe ich die gleiche Freude und das seltsame Erschauern wie als Kind. Es ist mir, als ob mich die dort weilenden Wesen begrüßten. Und wenn ich in den Ahnensaal komme, ist es ein freudiges Wiedersehen, so als könnten die alten Bilder lebendig werden. Auch Eberhard, der gestrenge Luther-Freund, scheint mir mein katholisches Leben zu vergeben. Aus seinen Aufzeichnungen habe ich ersehen, daß er, der Lutheraner, damals viel »katholischer« war, als es heute manch allzu moderner Katholik ist.

Allzu schnell vergingen die schönen Sommerwochen in Tann. Dann fuhren wir zurück nach Nürnberg. Meine Eltern hatten dort ein schönes, großes Haus bezogen, das als Residenz für den jeweiligen Kommandierenden General gebaut worden war. Meine Erinnerung an unser Nürnberger Leben ist lange nicht so klar wie die Tanner Eindrücke. Ich weiß, daß meine

Schwester Hilda die Höhere Schule besucht hat. Aber bezeichnenderweise kann ich mich überhaupt nicht erinnern, ob und wie *ich* gelernt habe. Es wird wohl recht bescheiden gewesen sein. Mein Hauptinteresse galt meinem weißen Dackel (mit Stammbaum!), meinen weißen Mäusen und vor allem Papas Pferden.

An ein traumhaftes Erlebnis erinnere ich mich. Meinem Vater stand eine Loge in der Oper zu, in der ich einer vorweihnachtlichen Aufführung beiwohnen durfte. Da das Theater voller Kinder war, holte ich mir dabei prompt die Masern. Statt bei der Bescherung zu sein, lag ich im Bett. Da aber – wohl im Fieber – meinte ich deutlich den Jesus-Knaben neben mir stehen, ihn lächeln zu sehen. Ich war überzeugt, daß er wirklich gekommen war, um mich zu trösten.

Einmal kam Kaiser Wilhelm zu Besuch nach Nürnberg. Ich hatte mich auf ihn gefreut, war aber dann sehr enttäuscht von seinem Aussehen; besonders mißfiel mir sein Bart. Sehr verschieden von diesem war ein anderer »hoher Besuch«. Die bezaubernde Kronprinzessin Marie Gabriele von Bayern wohnte einige Tage bei uns. Sie gewann im Sturm alle Herzen, vor allem meines, das ihr begeistert entgegenflog.

Unser Haus war umgeben von einem Garten, in dessen Mitte ein Springbrunnen plätscherte. Zu meinem Entsetzen fiel mein junger Dackel ins Wasser. Ich sprang ihm nach, um ihn zu retten, trug den nassen kleinen Kerl ins Haus. »Damit er keine Lungenentzündung bekommt«, meinte Lina, die Köchin, »stekke ich ihn über Nacht ins warme Bratrohr.« Es war für mich eine schreckliche Nacht, da ich fürchtete, mein Hündchen könnte gebraten werden. Doch am Morgen kam es mir gesund entgegengesprungen.

An eine wirkliche Untat erinnere ich mich. In Nürnberg spielte damals der Kommandierende General gesellschaftlich eine wichtige Rolle. So mußten meine Eltern jedes Jahr einen großen Ball geben. Auch in diesem Jahr mußten alle Vorbereitungen getroffen werden. Zusätzlich zu unserem Personal wurden Kellner engagiert. Eine Musikkapelle war bestellt. Mehrere hundert Gäste wurden erwartet. Meine Schwester, sechzehn Jahre alt, bekam ein Festgewand. Sie durfte den dekorierten Wagen mit den Kotillonschleifen und -sträußchen in den Ballsaal fahren und dann wohl auch tanzen. Nur ich – die Kleine – war ausgeschlossen von allen Herrlichkeiten. Großer Ärger, der gerächt werden mußte. Meine Rache bestand darin, daß ich auf dem Höhepunkt des Festes die elektrische Hauptsicherung des Hauses herausnahm. Stockdunkles Chaos unter den Gästen, Kellnern, Musikern. Die Diener schlichen mit Kerzen umher, bis sie den Schaden und die Sicherung fanden. Ich wurde von Papa sehr getadelt, aber nicht, wie verdient, streng bestraft. Nein, ich glaubte zu fühlen, daß mein Vater ein wenig stolz auf die »geniale« Idee seiner kleinen Tochter war. Manchmal frage ich mich, wie es möglich war, daß bei solcher Verwöhnung noch ein halbwegs brauchbarer Mensch aus mir werden konnte.

In den Sommerferien ging es wie immer nach Tann. Diese glücklichen Wochen sollten sich noch viele Jahre wiederholen. Allerdings gab es im Herbst 1910 einen bitteren Bruch – wohl den ersten wirklichen Schmerz meines Lebens: die Trennung von Mademoiselle Cécile. Mein Vater hatte nach Erreichen seines zweiundsechzigsten Lebensjahres den Abschied genommen. Das bedeutete, daß meine Eltern von Nürnberg nach München übersiedelten. Für mich bedeutete es, daß ich wirklich anfangen mußte zu lernen. Wir alle nahmen in Fulda den Zug nach München. Dort stieg Cécile in den Zug nach Paris – Abschied für immer, Tränen und herzzerbrechender Jammer. Ich meinte, unter dem Schmerz zusammenbrechen zu müssen, und war tagelang verstört.

In München erwartete mich Fräulein Kaufmann, eine stattliche deutsche Lehrerin, die nun meine Erziehung und Schulung übernahm. Eigentlich war sie gutmütig, aber so erschreckend anders als meine feingliedrige, lebhafte Cécile. Doch mit der Zeit befreundete ich mich mit dem neuen Fräulein und nützte ihre Gutmütigkeit weidlich aus, so daß meist nur geschah, was ich mir in den Kopf gesetzt hatte. So lernte ich fast nur für die Fächer, die mich interessierten, und unsere Spaziergänge führten lediglich dorthin, wo ich hin wollte. Auch gab sie meinem freundlichen Drängen nach, wenn wir an einer der vielen katholischen Kirchen Münchens vorbeikamen, für ein kurzes Gebet hineinzugehen. Eine Freundin meiner Eltern, selbst Katholikin, hatte uns im Dom entdeckt und gesehen, wie ich mich bekreuzigte. Sie erzählte es meinem Vater. Fräulein Kaufmann wurde daraufhin ernst gerügt. Sie solle nicht vergessen, daß ich ein evangelisches Kind sei. Sie nahm sich's wohl zu Herzen, aber ich setzte weiter meinen Willen durch. Ich glaube, daß mich wohl der Tabernakel in den katholischen Kirchen so sehr anzog. Außerdem waren ja die protestantischen Kirchen wochentags geschlossen. Fräulein Kaufmann wurde nach einiger Zeit selbst katholisch.

Unser Münchener Leben war ganz anders als das in Nürnberg. Alles war persönlicher, weniger »offiziell«. Mein Vater saß oft im Arbeitszimmer über seinen militärischen Büchern oder vertiefte sich in seinen geliebten Goethe; den ganzen *Faust* kannte er auswendig. Mama war häufig in ihrem Atelier. Sie war eine begabte Malerin und Schülerin von Lenbach, mit dem meine Eltern befreundet waren. Mama sah oft ihre Jugendfreundin Annette Kolb, die geistreiche Schriftstellerin. Sie war häßlich, aber so voller Charme, daß man es nicht sah. Es kamen viele Künstler zu uns, in den ersten Jahren der Dirigent Felix Mottl, später Bruno Walter, auch der menschlich so angenehme Bildhauer Adolf von Hildebrand, der den schönen Wittelsbacher Brunnen und das Reiterstandbild des Prinzregenten Luitpold geschaffen hatte.

Den Prinzregenten durfte ich als Kind auch kennenlernen. Wir gingen, Mama und ich, im Englischen Garten spazieren. Da kam er auf uns zu, begrüßte Mama herzlich, ich machte einen tiefen Knicks. Er strich mir übers Haar, war sehr lieb zu mir und sagte: »Ich werde dir eine Schokolade schicken.« Da dachte ich im stillen: Der hat doch anderes zu tun, der vergißt das sicher. Doch noch am selben Tag erschien bei uns ein Lakai in hellblauer Livree und übergab eine große Schokoladentafel, geziert mit einer Königskrone. Da schämte ich mich meiner Zweifel.

Meine Familie hatte ein ehrfürchtiges, beinahe freundschaftliches Verhältnis zum Königshaus. Meine Großmutter, Gräfin Mikes, die in München lebte, war befreundet mit Prinzessin Marie Therese, der späteren Königin. Sie nahm mich öfters mit zu ihr ins sogenannte Wittelsbacher Palais, einen roten Backsteinbau an der Brienner Straße (ein Haus, das später eine traurige Rolle in meinem Leben spielen sollte; die Nazis machten es zum Gestapo-Hauptquartier). Ich durfte dort mit den Prinzessinnen spielen. Noch schöner freilich war es, wenn Großmama mich ins Nymphenburger Schloß mitnahm. Wir waren auch in die Königliche Residenz eingeladen, um dort vom Fenster aus die große Fronleichnamsprozession anzusehen. Da erkannte ich gleich hinter dem Allerheiligsten meinen »Freund«, den Prinzregenten, andachtsvoll seine brennende Kerze haltend. Beim Verlassen der Residenz war ich sehr beeindruckt von den Wache haltenden riesigen Hartschieren in ihrer schönen Uniform.

Das Leben in München schien mir viel farbiger als in Nürnberg. Die Eltern hatten einen weiten Freundeskreis. Es gab Einladungen, bei denen ich den Gästen zu Handkuß und Knicks vorgeführt wurde. Ich erinnere mich an ein merkwürdiges Detail des gesellschaftlichen Lebens meiner Eltern. Jeden Monat fuhr der Diener allein in unserer Equipage zu allen Bekannten und gab dort Visitenkarten von Papa und Mama ab. Das gleiche geschah an unserer Haustür, wo in einer Schale Berge von Visitenkarten lagerten. Diese Sitte des Karten-Abgebens war anscheinend in der sogenannten Hofgesellschaft und bei den Diplomaten ein »Muß«.

Mein größtes Glück war, daß ich einmal im Monat in die Oper durfte. Als ich viermal hintereinander um *Figaro* gebeten hatte, meinte Papa, ich solle endlich einmal etwas anderes auswählen. Da bat ich um *Don Giovanni*. Nur bitte nicht Wagner! Mama nahm mich oft mit in die Alte Pinakothek zu meinen Lieblingen, den sehr frühen Gemälden, Lochners Madonna zum Beispiel. Aber bitte nicht Rubens!

Auch in Konzerte durfte ich öfters mit Mama gehen. So erinnere ich mich an das bestürzende Erlebnis der *Matthäus-Passion* unter Bruno Walter. Diese erste Begegnung mit Bach ist mir unvergeßlich; ich war in Tränen aufgelöst. Trotzdem führte mich Mama nach vorn, wo die alte Königin saß. Ich mußte meinen Hofknicks machen, und die Königin streichelte mein verweintes Gesicht. Einmal nahm mich meine Großmutter mit in ihre Loge im Hoftheater. Ich hörte Caruso singen!

Bald entdeckte ich meine tiefe Liebe zur Musik, und mein sehnlicher Wunsch, Violine spielen zu lernen, wurde erfüllt. Papa schenkte mir eine schöne alte italienische Geige. Ich machte mich mit Übereifer ans Studium, übte oft stundenlang. Je älter ich wurde, desto ernster nahm ich mein Geigenspiel. Zuerst lernte ich bei der Virtuosin Herma Studeny, später beim berühmten Professor Felix Berber. Ich glaube, mein Musikstudium war wohl das einzige, das ich mit vollem Einsatz und ganz konsequent leistete.

So gingen die Jahre in München freudig dahin. Im Frühjahr 1913 gab es ein großes Fest: die Hochzeit meiner Schwester Hilda mit Baron Wolfgang Schaezler. Es sollte ein Freudentag werden. Für mich endete er in Tränen und bitterem Abschiedsschmerz.

Eine Welt in Brand

Warum wir im Sommer 1914 nicht nach Tann fuhren, habe ich vergessen. Jedenfalls durfte ich diesmal mit meiner Großmutter und Fräulein Kaufmann zu meinem Onkel, dem Bischof, nach Ungarn fahren, um dort den Sommer zu verbringen. Ich war glücklich und stolz, mit meiner Großmutter reisen zu dürfen. Sie war noch im Alter sehr schön und muß in ihrer Jugend bezaubernd gewesen sein. Damals war mein ungarischer Großvater, Graf Mikes, in Italien auf Reisen. Er sah die junge Schweizerin im Eisenbahnzug, fuhr ihr nach bis Schaffhausen, hielt um ihre Hand an und entführte sie auf das Mikesische Schloß Zabola in Siebenbürgen. Meine Großmutter erzählte von ihrer langen Hochzeitsreise von Zürich bis ins tiefste Ungarn, meist in einer Pferdekutsche. Eigentlich sollte sie die lange Fahrt in ihrer Krinoline überstehen. Aber kurz entschlossen entledigte sie sich ihres Reifrocks und reiste im schmal gewordenen Kleid. Diese Bekleidung sei ihr allerdings als schockierend, ja beinahe unanständig vorgeworfen worden.

Mit dieser interessanten Großmutter fuhren wir über Wien in die westungarische Bischofsstadt Szombathely (Steinamanger). Großmama war immer am glücklichsten, wenn sie bei ihrem Sohn sein konnte. Die beiden standen einander sehr nahe und hielten oft lange Zwiegespräche. Als meine Großmutter einige Jahre später starb, wurde sie im Dom beigesetzt, und der Bischof ließ ein Epitaph modellieren, das – wohl im Gedenken an diese Zwiegespräche – den heiligen Augustinus und seine Mutter Monika darstellt. Unter diesem Epitaph ruhen nun Mutter und Sohn in der Kathedrale.

Wir blieben die ersten Tage im bischöflichen Stadtpalais, einem fürstlichen Louis-XVI-Schloß. Damals war in Ungarn ein Bischof noch ein Kirchenfürst. So wurde mein Onkel zur großen Messe in der Kathedrale, die direkt neben dem Palais war, in einer von vier Pferden gezogenen Staatskarosse gefahren. Wir sahen ihn mit Hirtenstab und Mitra im hermelinbesetzten Rauchmantel in den Dom einziehen. Orgelklang und Weihrauch, dann eine ungarische Predigt, von der ich kein Wort verstand, die mich aber – zu meinem Erstaunen – zu Tränen rührte. Es muß die liebevolle Kraft und überzeugende Ausstrahlung gewesen sein, die mich so anrührte, wohl ein Beweis dafür, daß Persönlichkeit und Überzeugungskraft eines Predigers wichtiger sind als seine Worte: wahrscheinlich eine rein geistige Übertragung, wie sie ähnlich in der Musik vom Dirigenten ausgeht.

Nach einigen Tagen im Palais fuhren wir hinaus zum bischöflichen Landsitz Répce Szent Györgyi, eine schöne Fahrt durch weites, sonniges Land, reiche Felder, Akazienwälder, Blumen vor den sauberen weißen Bauernhäusern. Wenn wir durch ein Dorf fuhren und die Leute den Bischof erkannten, sanken sie am Wegrand auf die Knie, und er segnete sie vom Wagen aus. Das Volk in dieser Region war gläubig und arbeitsam, sehr traditionsgebunden. Es ging den kleinen Leuten nicht schlecht, und sie hielten den adeligen Grundbesitzern neidlos die Treue. Das war nicht überall so in Ungarn.

Wir erreichten das reizende kleine Barockschloß, das uns, umgeben von einem großen Park, freundlich empfing. Mein Onkel, der junge Bischof, war ein liebenswürdiger Hausherr, der uns verwöhnte. Ich genoß die vielen Blumen, das Obst im Garten, Schwimmen und Tennisspielen. Täglich las mein Onkel in der Hauskapelle die Messe. Nur am Sonntag zelebrierte er in der Dorfkirche. Zu meinem Stolz durfte ich hier den Blumenschmuck übernehmen.

Wir fuhren zu den benachbarten Schlössern, im Jagdwagen, gezogen von leichten, schnellen ungarischen Pferden. Auf dem Bock der Kutscher in der ungarischen Livree, einem engen grünen, verschnürten Wams mit vergoldeten Knöpfen und einem Käppi mit fliegenden Bändern. Auf einer solchen Fahrt hatten wir ein besonderes Erlebnis. Schon von weitem hörten wir Zigeunermusik, bis wir einer langen Prozession begegneten: zahllose geigende Zigeuner, die einen der Ihren zu Grabe trugen. Auch ins Schloß kamen öfters Zigeuner und spielten uns ihre hinreißenden Weisen vor.

Gäste kamen und gingen: Geistliche, adelige Freunde, Politiker. Es war hier, daß ich zum erstenmal politische Gespräche mit anhören durfte. Mein Onkel hatte seine kleine Residenz zu einem gesellschaftlichen und geistigen Mittelpunkt gemacht. Ja, er selber war solch ein Mittelpunkt durch seine menschennahe, vitale Klugheit. Ich fühlte mich sehr glücklich unter seiner »Schirmherrschaft«.

Eines Abends nahm er mich mit zu seinen »jungen Gästen«, wie er eine Gruppe von Pfadfindern (Czerkéz) nannte. Sie waren in einem Zeltlager im Wald untergebracht. Es war eine helle Nacht, erfüllt vom süßen Duft der Akazien. Schon von weitem hörten wir die jungen Stimmen. Sie sangen ein schönes altes ungarisches Volkslied. Als aber der Bischof aus dem Wald auf sie zukam, setzten sie den Gesang fort – nur umgestimmt auf das »Te Deum«, »Großer Gott wir loben Dich«. Sie liebten meinen Onkel als ihren hilfreichen Freund. Einer ihrer Anführer war ein junger Mann, den mir mein Onkel als Kaszap István vorstellte. Bis heute ist mir der Ausdruck seines Gesichts unvergeßlich. Später erfuhr ich, daß er sehr jung im Ruf der Heiligkeit gestorben sei.

Die Freuden dieser ersten Wochen in Répce Szent Györgyi waren keineswegs nur geistiger Art. Da waren zum Beispiel die herrlichen, von livrierten Dienern servierten Frühstücke. Schon um neun Uhr morgens gab es neben dem üblichen Tee und Kaffee mit knusprigen Brötchen Rebhuhn, Eierspeise, Hasenpastete – Herrlichkeiten, die meine schon rundliche Statur noch runder machten. Das hatte zur Folge, daß mich mein Onkel »Körperchen« nannte, im Gegensatz zur Hauptfigur eines damals vielgelesenen Buches von Agnes Günther, die »Seelchen« hieß. Dabei fühlte ich mich doch so sehr als »Seelchen«. Seine Bischöfliche Gnaden konnten manchmal recht »spitz« sein. Als ich einmal barfuß an ihm vorbeilief, rief er mir nach: »Lieserl, du hast ja Beine wie ein Reh.« Ich war stolz – Beine, schlank wie ein Reh. Dann allerdings kam der bischöfliche Nachsatz: »Nicht so schlank – aber so behaart!« Doch solche betrüblichen, liebevollen Feststellungen konnten mein Glück, bei Onkel János zu sein, nicht trüben – bis zu dem schicksalsschweren Juni-Tag, der das Ende unserer bisherigen Lebensform herbeiführen sollte.

Mein Onkel ließ mich zu sich rufen, sein sonst so heiteres Gesicht war von tiefem Ernst gezeichnet. Er sagte: »Etwas Furchtbares ist geschehen. Unser Thronfolger, Erzherzog Franz Ferdinand, und seine Frau wurden in Sarajewo ermordet. Das kann ein böses Ende nehmen.« Wie kann etwas so Böses geschehen, fragte ich mich. War hier »das Böse«, nach dem ich immer gefragt hatte?

Von diesem Tag an schlug die frohe Atmosphäre in Szent Györgyi um in Ängste, die jedem anzusehen waren. Mein Onkel mußte täglich nach Szombathely, seinem Amtssitz. Es kamen Gäste mit sorgenvollen Mienen. Bei Tisch hörte ich ernste Diskussionen – wohl Gerüchte, aber auch Tatsachen. So: Wien hat ein Ultimatum an Belgrad geschickt. Dann: Es heißt, daß das ganze politische Problem durch das Tribunal in Den Haag geklärt werden soll. Vielleicht kommt es doch nicht zum Krieg. Oder: Es wird behauptet, daß russische Truppen sich auf die österreichische Grenze zu bewegen.

Mein Onkel war nicht im Haus, als am 28. Juli die Nachricht der österreich-ungarischen Kriegserklärung an Serbien eintraf. Anschließend folgte eine Kriegserklärung der anderen. Zwischen Deutschland und Rußland bestand nun Kriegszustand, in Deutschland allgemeine Mobilmachung. Am 1. August erklärte Deutschland Frankreich den Krieg. Wir waren verängstigt und ratlos. Gottlob kam der Bischof kurz zu uns. Natürlich mußte er mir sagen, daß wir sofort nach München zurückkehren sollten. »Du mußt zu deinen Eltern, Elisabeth. Die Schüsse von Sarajewo haben die Welt in Brand gesetzt.«

Die folgende Nacht lag ich in Tränen, irgendwie ahnte ich das fürchterliche Ausmaß der Katastrophe. Ich sagte mir: Hier ist es, das Böse, das Furchtbare, das ich immer kommen gefühlt hatte. Es war in Wahrheit der Beginn einer Zeit, die viel Leid und Tränen bringen sollte – Leid, das vielleicht hätte verhindert werden können.

Meine Cousine, Erna Szécsen, deren Mutter vor ihrer Verheiratung Hofdame der Kaiserin Elisabeth gewesen war, erzählte mir später, daß ihr Vater, Graf Szécsen, österreich-ungarischer Botschafter in Paris, einige Jahre zuvor von Kaiser Franz Joseph als Außenminister vorgesehen war, daß aber Graf Berchtold auf Betreiben von Erzherzog Franz Ferdinand ernannt wurde. Nach dessen Ermordung habe der Kaiser Szécsen zu sich berufen. Bei dieser Audienz habe mein Onkel den Kaiser angefleht, zu einem Round-Table-Gespräch den Zaren, den deutschen Kaiser, den König von England und den französischen Präsidenten einzuladen, um den Krieg durch Verhandlungen zu verhüten. Der Kaiser schien geneigt. Aber es muß Kräfte gegeben haben, die diesen Plan zu verhindern wußten.

Eilige Reisevorbereitungen, eilige Abreise mit Fräulein Kaufmann. Unser Zug fuhr von Osten nach Westen. Die Züge, die uns vom Westen her entgegenkamen, waren überfüllt mit Soldaten. Auf den Bahnsteigen, besonders in Wien, Soldaten, Soldaten, Blumen am Gewehr, Blumensträußchen an der Kappe, junge Burschen, die, singend und lachend, voller Begeisterung in den Krieg zogen. Ich fragte mich: Wissen sie denn nicht, was ihnen bevorsteht? Wissen sie denn nicht, daß es vielleicht eine Fahrt in den Tod ist?

In München angekommen, konnte uns mein Vater nicht am Bahnhof erwarten. Er hatte den Posten des Stellvertretenden Kommandierenden Generals des I. Armeekorps in München übernommen. So sandte er nur einen Adjutanten, der uns durch die unruhige Stadt nach Hause brachte.

Wie hatte sich das Leben in München verändert! Die frohen, unbekümmerten Tage gehörten der Vergangenheit an. Statt ihrer waren unsere Tage erfüllt von ernsten Gedanken, Sorgen, Hoffnung, Trauer. Gleich in den ersten Kriegstagen kamen Todesnachrichten von Verwandten und Freunden, aber bald auch Siegesnachrichten, die mich in diesem Krieg noch mit Stolz erfüllten. (Im Zweiten Weltkrieg konnten uns Siege nicht erfreuen.)

Mein Vater hatte als Stellvertretender Kommandierender General der Münchener Region eine schwere Verantwortung zu tragen. Seinem Generalkommando unterstand nicht nur die militärische Verantwortung für die Truppe und deren Nachschub an die Front, sondern auch die Aufgabe, die wirtschaftlichen Schwierigkeiten der Region zu meistern. Die Lebensmittelversorgung der Bevölkerung wurde schon bald zum ernsten, schnell erschreckend zunehmenden Problem. Die Rationierung der immer knapper werdenden Lebensmittel war nicht zu umgehen. Schwer lastete all dies auf meinem Vater. Wir sahen ihn nur, wenn er am Abend erschöpft nach Hause kam.

Wir hatten wirklich Hunger; denn mein Vater verlangte rigoros, daß wir die Lebensmittelrationierung, die er ja verhängen mußte, streng einhielten. Das bedeutete, daß unsere Köchin Lina zu ihrem Entsetzen Fuchsfleisch und Raben braten mußte; denn sogar unser eigenes Wildbret war rationiert. Junge Raben waren zwar eßbar, doch das Fuchsfleisch abscheulich. Schlimm war das beinahe tägliche Gemüse, die »Dotschen« (Rüben). Schlimmer freilich als der Hunger und die allmähliche Verknappung aller Waren bedrückte uns, daß sich schon bald die Siegesbotschaften zu Nachrichten über Rückschläge und Niederlagen wandelten. Immer öfter kamen die schwarzgeränderten Briefe mit Todesnachrichten.

Mein Vater wurde immer ernster und sorgenvoller, er sah den bitteren Ernst der Situation sehr klar. Meine Mutter beschäftigte sich mit Hilfsmaßnahmen für die Soldaten, die warme Kleidung brauchten, und mit Hilfeleistungen für die Hinterbliebenen. Auch ich wollte nicht tatenlos sein und half in einer Kinderkrippe für Soldatenkinder, deren Mütter zur Arbeit gehen mußten. Ich fuhr mit der Trambahn in den Vorort, wo sich der Kinderhort befand, und erinnere mich, daß das Billett zehn Pfennige kostete und man dem Schaffner dazu ein Trinkgeld von fünf Pfennigen gab, das mit Dank angenommen wurde.

Jetzt widmete ich mich doch etwas ernster meinem Unterricht, stürzte mich auch mit Feuereifer in mein Violin-Studium und übte täglich stundenlang. Ich las viel und mit Begeisterung: Eichendorff, Jean Paul, und vor allem verschlang ich Goethes Werke. Mit meiner Freundin, die mit einem Vetter meines späteren Mannes verlobt war, hatte ich lange, »tiefgründige« Gespräche über Religion, Philosophie, Mystik, auch über die Gabe des »Zweiten Gesichts«. Da erzählte sie mir von ihrer zukünftigen Tante, der Baronin Marie Guttenberg, die mit ihrem jüngsten Sohn Karl Ludwig stundenlang rastlos im Englischen Garten umhergeirrt sei und immer wiederholt habe: »Es ist eine schwere Seeschlacht im Gange, Enoch ist in großer Gefahr. Die Schlacht, die Schlacht.« So ging es stundenlang, bis sie sagte: »Es ist vorüber.« Genau während dieser Stunden, am 31. Mai 1916, tobte die Seeschlacht am Skagerrak. Das war das erste, was ich von meinem späteren Gatten hörte, der als junger Seeoffizier (Flaggleutnant) an der Schlacht teilgenommen hatte. Nach einem Seegefecht bekam er vom Kommandanten seines Schiffes das Ruderrad eines gegnerischen Schiffes geschenkt. Diese Trophäe steht noch heute im Waffensaal in Guttenberg.

Während des Krieges gab es trotz allem Schw Trost: in der Hofoper herrliche Aufführungen u Walter, im Odeon wunderbare Konzerte, dem Od so schöner, harmonischer Musikraum war und heute, be unverändert, den offenen Hof des Innenministeriums bildet.

Meine Musikbegeisterung wuchs von Jahr zu Jahr. Sie war mein größter Trost in der Trübsal des Krieges. Trotzdem behauptete meine Mutter, ich würde »trübsinnig« über all dem Kriegsgeschehen. Darum wolle sie mich im Sommer doch nach Tann, das ich so liebte, bringen.

Wir wollten aber erst meines Vaters siebzigsten Geburtstag feiern, der von der Bürde seiner Verantwortung und der bitteren Erkenntnis, daß der Krieg verloren war und die Moral der Truppe gebrochen, sehr gealtert und müde geworden war. Trotzdem wurde sein Geburtstag liebevoll gefeiert, und sogar der König kam, um zu gratulieren. Ludwig III. war wegen seiner Einfachheit beim Volk sehr beliebt, aber die wenigsten wußten, wie hochgebildet und auf allen Gebieten bewandert und informiert er war. Sein Besuch war uns allen eine Freude und sein Humor eine Wohltat.

Ich war damals siebzehn Jahre alt und die Fahrt nach Tann, natürlich nur mit Mama, eine angenehme Unterbrechung des trüben Münchener Lebens. Aber sogar in meinem geliebten Tann wich das Düstere, Beklemmende nicht. Da hatte meine Mutter einen Plan, um mich von meinen allzu ernsten Gedanken abzulenken. Sie schlug vor, in das nahegelegene Weimar zu fahren und dort die Goethe-Gedenkstätten aufzusuchen; sie wußte, wie sehr ich Goethe bewunderte und daß ich ihn nicht nur als Dichter, sondern auch als Mensch liebte.

So fuhren wir. Und wirklich, im bezaubernden, von Blumen umgebenen Gartenhaus Goethes ließ sich das schwere Geschehen beinahe vergessen. Man fühlte sich seinem Besitzer nahe, nahe dessen Geistesgröße und Weisheit. Wir besuchten ebenas Goethes Stadthaus. Auch hier erinnerte mich alles lebendig an den Menschen, der hier gelebt hatte.

Vom großherzoglichen Schloß kommend, gingen wir durch den Hofgarten in unser Hotel zurück. Müde und beglückt wollte ich mich für den Abend umkleiden. Da bemerkte ich mit Schrecken, daß ich das kleine Medaillon mit dem Bild meines Vaters verloren hatte, das ich seit Jahren getragen hatte. Ich suchte überall vergebens und rief meine Mutter zu Hilfe: »Ach Mama, das ist schrecklich. Ich weiß, der Verlust bedeutet, daß Papa etwas Böses geschehen ist.« Meine Mutter suchte mich zu beruhigen, ich solle nicht so abergläubisch sein. Bei unserer Rückkunft nach Tann erwartete uns ein Telegramm: »General schwer erkrankt. Bitte gleich kommen.«

Auf schnellstem Wege fuhren wir nach München und fanden dort meinen Vater im Krankenhaus. Sein Anblick – wie er da so blaß, so alt, so krank in seinen weißen Kissen lag – traf mich ins Herz. Ich war überzeugt, daß nicht nur Überlastung, sondern vor allem die schwere Sorge und der Kummer über die ausweglose Lage Deutschlands seinen Zusammenbruch herbeigeführt hatten. Wir mußten Gott danken, daß er zu krank war, um das Ausmaß der Tragik, die Deutschland zutiefst bedrohte, zu realisieren. Am 3. September 1918 wurde ihm der erbetene Abschied gewährt.

Die geschlagene Armee strömte zurück in die Heimat, demoralisierte, zu Tode erschöpfte Soldaten, Verwundete. Hunger und Armut. Die Revolution brach an allen Enden aus. Bayerns König und Königin mußten bei Nacht und Nebel fliehen (7./8. November). Am 10. November floh der Kaiser ins Exil nach Holland.

Kurt Eisner, der Vorsitzende der Unabhängigen Sozialistischen Partei Deutschlands in München, rief am 7. November 1918 die Republik Bayern aus und übernahm als Ministerpräsident die Regierungsgeschäfte. Er brüstete sich, er habe »den

Plunder der Wittelsbacher Königlichen Monarchie hinweggefegt«.

Es herrschte eine gefährliche Unsicherheit, und es geschahen Gewalttätigkeiten. Dem zu begegnen, hatte sich eine Gruppe von Offizieren zusammengetan, der auch mein zukünftiger Mann, der junge Seeoffizier Enoch Guttenberg, angehörte. Er wurde auf dem Weg zu einer Besprechung erkannt, von den Roten verhaftet und in Zelle 46 des Münchener Gefängnisses in der Ettstraße inhaftiert. So erzählte es mir meine Freundin, die Braut seines Vetters. Es ging dramatisch weiter. Guttenberg gelang es, aus dem Gefängnis zu entkommen. Er floh in das Hotel am Karolinenplatz, wo seine Mutter abgestiegen war, verkleidete sich dort und verließ das Hotel. Ein Liftboy erkannte ihn trotz Verkleidung und alarmierte die Rote Garde, die Guttenberg, gefolgt von einer johlenden Menge, auf der Straße zu fassen suchte. Guttenberg aber verschwand – eingedenk einer Krimi-Erzählung – in einem offenen Torbogen und mischte sich unter seine Verfolger, laut rufend: »Dort läuft er, fangt ihn, den Kerl!« So entkam er und konnte sich nach Franken absetzen.

Als am 29. Oktober 1918 die Meuterei in der Marine ausbrach, hatte Enoch Guttenberg den Entschluß gefaßt, in Bayern gegen die rote Gefahr zu arbeiten. Auf Guttenbergs Schiff, dem Schlachtschiff »Großer Kurfürst«, hatte die Revolte damit begonnen, daß eines Abends in der Offiziersmesse ein gebratener Hund als Hasenbraten serviert worden war. Es war der Dackel des Kommandanten.

Die Situation in Bayern wurde immer bedrohlicher und verworrener. Eisner hatte bei der Machtübernahme versprochen, ein Volksparlament zu bilden; er wolle aber erst abwarten, daß sich die Arbeiter-, Bauern- und Soldatenräte gefestigt hätten. Erst dann könne vielleicht an eine Nationalversammlung gedacht werden. Er hielt sein Versprechen nicht. Es gab wohl eine Landtagswahl, bei der Eisners Partei freilich schlecht abschnitt.

So setzte er weiter auf seine Arbeiter- und Soldatenräte und schien gegen den gewählten Landtag eine »zweite Revolution« vorzubereiten, um so aus dem Freistaat Bayern eine Räterepublik zu machen. Man befürchtete, daß dies Chaos bedeuten würde. Es war die Situation, die zu seiner Ermordung führte. Man hoffte, durch die Beseitigung Eisners eine bürgerliche, zuverlässige Regierung bilden zu können. Die Ausführung des Mordes fiel dem jungen Grafen Toni Arco zu. Er erschoß Eisner auf dessen Weg zum Parlament und wurde selbst von Rotgardisten schwer verwundet. Doch nach Eisners Tod wurde die Situation nur noch schlimmer.

Die rechtmäßig am 17. März 1919 vom Landtag gewählte Regierung unter Ministerpräsident Johannes Hoffmann mußte nach Bamberg ausweichen. Am 7. April wurde Bayern vom spartakistischen Arbeiter- und Soldatenrat zur Räterepublik erklärt. Jetzt hatten Terror und rohe Gewalt freie Bahn.

Mein Vater war, noch immer schwerkrank, vom Krankenhaus nach Hause gebracht worden, wo er einige Wochen später einen Schlaganfall erlitt. Er konnte nicht mehr sprechen, doch noch klar denken. Die Straßen Münchens wurden höchst unsicher, immer wieder hörte man Schüsse. Wahllos griffen sich die Rotgardisten Geiseln, von denen einige in Münchener Hinterhöfen erschossen wurden. Wir erwarteten jeden Tag, daß auch mein Vater abgeholt würde, und wirklich erschien eine Rotte Roter. Als sie jedoch meinen schwerkranken Vater bleich und hilflos in seinem Bett liegen sahen, verließen sie schweigend das Haus.

Wir lebten im Finstern, denn es wurde oft in die Fenster der Wohnungen bekannter Persönlichkeiten geschossen, so daß wir mit heruntergelassenen Jalousien viele in jeder Hinsicht dunkle Tage verlebten. Man hörte von Terrorakten und wußte, daß die roten Banden zügellos Gewalt ausübten. Die Atmosphäre in München war gezeichnet von lähmender Angst; innerhalb der Stadt gab es keine Möglichkeit, gegen die bewaffnete Macht der Spartakisten vorzugehen.

Eines Tages vermeinten wir, ein fernes Feuergefecht zu hören. Die Roten hatten in den Straßen Barrikaden errichtet. Wir wußten freilich nicht, gegen wen. Zwei Tage lang hörten wir nicht wie bisher einzelne wilde Schüsse, sondern den Lärm von Gefechten. Wir blieben im Krankenzimmer meines Vaters. Es war beruhigend, bei ihm zu sein. Da hörten wir eines Morgens – es war der 1. Mai – alle Kirchenglocken läuten. Instinktiv wagten wir die dunklen Fensterläden zu öffnen. Strahlende Frühlingssonne schien ins Zimmer, auf der Straße sahen wir Menschen miteinander reden, wir öffneten das Fenster, und es wurde uns zugerufen: »München ist befreit!«

Viele Tage lang hatten wir nicht gewagt, das Haus zu verlassen. Jetzt hielt uns nichts mehr. Mama und ich machten uns auf den Weg. Ein unvergeßlicher Gang. Es war eine Auferstehung aus Düsternis und Angst. Als hätte auch der Frühling auf diesen Tag gewartet, war über Nacht das erste Grün an den Bäumen und Büschen hervorgesprossen. Wir gingen die Leopoldstraße entlang, deren Pappeln sich im frischen Grün wiegten, auf dem Weg nur frohe Menschen. In der Ludwigstraße wehten von allen Gebäuden weiß-blaue Fahnen. Die Menschen fielen sich um den Hals. Jubel, Jubel, wohin man sah. Es wurde gesungen auf der Straße: »Großer Gott, wir loben Dich« und auch die Bayernhymne »Heil unserm König, heil!« Aber es gab keinen König mehr. Er und die Königin waren nach Ungarn auf das wittelsbachische Gut Sárvár geflohen, das ein Nachbargut von Szent Györgyi war. Doch daran dachte man nicht in der Freude der Befreiung.

Voll dieses Jubels kehrten wir heim und berichteten meinem Vater, der glücklich lächelte. Trotz unserer Freude gab es mittags wieder einmal Dotschen und Kartoffeln. Doch dafür kam vorher eine Überraschung. Es erschien unser Freund Oberst Baron Franz von Gagern. Glücklich lachend betrat er den Salon. Auch wir mußten bei seinem Anblick lachen; der große, starke Mann stak in einer merkwürdigen Art veralteter Uniform, an seiner Mütze eine weiße Kokarde, das Abzeichen der sogenannten Weißen Armee. An seinem Gürtel glänzten zwei Pistolen. In der Hand hielt er eine mittelalterlich aussehende schwere Keule, die ihm gute Dienste geleistet hatte. Der Abt des Benediktinerklosters Scheyern, das die von Gagern geführte Gruppe befreit hatte, gab ihm diesen merkwürdigen Gegenstand zum Kampf mit. Er hatte einem afrikanischen Stamm als Waffe gedient. Ich umarmte meinen Onkel Gagern, während Mama ihn wegen seines merkwürdigen Aussehens auslachte. »Ihr habt gut lachen über mich, wo ich mich doch halb zu Tode geängstigt habe über Euer Schicksal. Ich habe Euch schon beinahe ermordet geglaubt. Aber, Gottlob, seid Ihr wohlauf, und du, Elisabeth, bist inzwischen eine ›junge Dame‹ geworden.« Gagern hatte die Avantgarde der Weißen Armee geführt, die sich in Nordbayern formiert, in Gefechten den Weg nach München zurückgelegt und endlich die Landeshauptstadt befreit hatte.

Jung in die Ehe

Die Anwesenheit von Onkel Gagern gab uns ein Gefühl der Geborgenheit, und wir hätten gern mehr über den dramatisch erkämpften Weg der Weißen Armee erfahren. Aber Baron Gagern sagte: »Ich kann nicht lange bleiben; denn mein bester junger Offizier, Enoch Guttenberg, wird gleich kommen, um mich zum Essen zu begleiten.« Er meinte lachend: »Nach all dem Zeug, von dem wir uns ernährt haben, freuen wir uns auf ein richtiges Essen.« Ich fragte mich, wo sie das in München finden wollten. Zu unserem Dotschen-Diner konnten wir die beiden Herren nun wirklich nicht einladen.

An der Haustür läutete es, und kurz darauf meldete der Diener: »Baron Guttenberg ist gekommen, um den Herrn Oberst abzuholen.« »Ich lasse ihn bitten«, sagte Mama, und herein kam ein junger Mann, groß, schlank, mit strahlendem Lächeln – einem Lächeln, das, wie ich später hörte, ihm den Beinamen »der Sonnige« eingetragen hatte. Auch er war merkwürdig gekleidet; er trug die Jacke eines Seeoffiziers über grauen Reithosen und hohe braune Reitstiefel. Die Avantgarde Gagern hatte sich zu Pferd nach München durchgekämpft. An seiner Marinemütze trug Guttenberg auch die weiße Kokarde, und in seinem Gürtel steckten ebenfalls zwei Pistolen. Onkel Gagern stellte ihn meiner Mutter vor, ein höflicher Handkuß und zu mir hin eine flüchtige Verbeugung. Guttenberg entschuldigte sich bei Mama wegen seines Eindringens und seines komischen Aufzugs. Ich fand ihn auch in dieser merkwürdigen Kleidung elegant und so schön, wie ich kaum je einen Menschen gesehen hatte. Onkel Gagern deutete auf uns und sagte: »Diese hier zu retten war wohl der Hauptgrund, warum ich es als Avantgarde so eilig hatte, München zu erreichen.« Er wandte sich einen

Moment mir zu, und ich konnte den Ernst seiner grauen Augen erkennen. »Das kann ich verstehen«, sagte Guttenberg zu Gagern, »aber es gab wohl noch einige andere Gründe für unseren ›Kleinen Krieg‹.«

Nun hörten wir doch noch etwas mehr über diese mutige Unternehmung einer verhältnismäßig kleinen Truppe, die sich um eine Anzahl von Offizieren geschart hatte, um Bayern vom Terror der Spartakisten zu befreien. Guttenberg berichtete noch, wie heldenhaft Franz Gagern seinen Vortrupp geführt und angespornt hatte, und erzählte, wie die Avantgarde ihren Einsatz zu Pferd leisten mußte. Erschüttert sprach er auch davon, daß sein Freund, Baron Tannstein, im Kampf neben ihm gefallen sei.

Die beiden Herren waren in das Gespräch mit meiner Mutter vertieft und schienen mich ganz vergessen zu haben. Ich aber war fasziniert von dem, was ich hörte, und bezaubert von diesem, wie ich ihn nennen wollte, »jungen Helden«. Doch Franz Gagern stand plötzlich auf und sagte: »Enoch, auf zum wohlverdienten Essen!« Und beide verabschiedeten sich. Als sie gegangen waren, wäre ich am liebsten zum Fenster gelaufen, um ihnen nachzusehen, bezwang mich aber und wiederholte in Gedanken jedes Wort des Gesprächs. Dabei fürchtete ich, daß ich den jungen Guttenberg wohl kaum je wiedersehen würde. Oder doch? Bei der Hochzeit meiner Freundin?

Ich brauchte nicht so lange zu warten; denn schon am nächsten Tag kam er wieder, um meiner Mutter seine Aufwartung zu machen, diesmal in korrekter Marineuniform. Mama bestellte mich in den Salon. Als ich hörte, »Er« sei da, suchte ich mein bestes Kleid hervor. Als ich ins Zimmer kam, schien er mich kaum zu bemerken. Wieder die kleine Verbeugung wie das letzte Mal. Ich hörte schweigend zu, wie meine Mutter und Guttenberg über viele Probleme diskutierten. Er zog mich nicht ins Gespräch, und als er sich endlich mit einer Frage an mich wandte, fühlte ich, wie ich errötete, und fand nur notdürftig eine Antwort. Wirklich – er mußte mich für ein besonders dummes Geschöpf halten.

Merkwürdigerweise kam Guttenberg jedoch öfters zu uns in den folgenden Wochen – wie er Mama sagte: jedesmal, wenn er nach München komme. Er mußte immer wieder nach Nordbayern fahren, wo er sich um die Guttenbergschen Besitzungen zu kümmern hatte, die ihm durch den Tod seines älteren Bruders Maximilian zugefallen waren. Dieser war, als der junge Majoratsherr, schon in den ersten Tagen des Krieges in Lagarde in Frankreich gefallen, so daß Enoch Guttenberg mit einundzwanzig Jahren das Majorat übernahm. Wenn ich hörte, daß er schon wieder einmal zu Besuch kam, war es für mich immer ein Schwanken zwischen Hoffnung und Zweifel, ob er mich endlich einmal bemerken würde oder ob der Besuch wieder ausschließlich meiner Mutter gelten würde. Er war höflich zu mir, schien mich aber kaum zu bemerken.

Ich war sehr unglücklich und versuchte mir einzureden, daß ich nicht Träumereien nachhängen sollte, daß er kaum wüßte, daß es mich gab, und außerdem sei er mindestens zehn Jahre älter als ich. All diese weisen Gedanken halfen wenig – ich hatte eben mein Herz an ihn verloren. Ich aß kaum und schlief nicht mehr, wagte auch nicht das Haus zu verlassen aus Angst, ich könnte einen seiner Besuche versäumen. Bis er sich einmal – drei Wochen, nachdem ich ihn das erste Mal gesehen hatte – unvermittelt an mich wandte: »Meine Schwester Elisabeth Stauffenberg ist gerade mit ihrem Söhnchen in München. Sie würde sich freuen, wenn Sie sie morgen besuchen würden, und das Bübchen ist wirklich einen Besuch wert.« Natürlich versprach ich zu kommen, und am nächsten Tag wanderte ich klopfenden Herzens in die Königinstraße, wo Elisabeth Stauffenberg abgestiegen war. Sie empfing mich an der Tür, eine bezaubernde Frau, schlank, mit einer besonderen Grazie und einem verhaltenen Lächeln, das mich an die Mona Lisa erinnerte. Sie führte mich zu ihren Kindern, Marie Gabriele und dem kleinen Karl Berthold, dann in den Salon, wo Tee für zwei Personen gedeckt war. Nun verschwand sie, und statt ihrer kam Enoch Guttenberg, setzte sich zu mir und sagte: »Ich möchte mit Ihnen sprechen.« Dieses »Gespräch« wuchs sich zum ersten und längsten Interview meines Lebens aus.

Guttenberg fragte, er erkundigte sich über alle Gebiete meines damals sehr jungen Lebens; ich war achtzehn Jahre alt. Anscheinend wollte er alle meine Gedanken über Papa und Mama wissen, über Religion, Philosophie, Kunst, Musik, ja Politik, Tradition, unser Leben in Tann. Und er wollte wissen, wie ich mir mein künftiges Leben vorstellte. Am Ende dieses freundlichen »Verhörs« – es dauerte einige Stunden lang – war ich erschöpft und den Tränen nahe. Jetzt wußte er wirklich alles über mich. Wozu wollte er es wissen? Als ich – es war Abend geworden – aufstand und mich verabschieden wollte, sagte er so nebenbei: »Ich habe Sie so ausgefragt, weil ich daran denke, Sie zu heiraten.«

Recht ärgerlich fragte ich zurück: »Bis wann werden Sie denn wissen, ob Sie das wollen?«

Ein Lächeln und ein leichtes Schulterzucken.

Ziemlich wütend und unglücklich trat ich meinen Heimweg an. Ich werde diesen Weg nie vergessen: Königin-, Ludwig-, Leopoldstraße bei sinkender Nacht. Bei meiner Mutter angekommen, fiel ich ihr weinend um den Hals. »Enoch Guttenberg war da statt seiner Schwester. Er hat mir die Seele aus dem Leib gefragt, stundenlang. Und ich war so dumm, ihm alles, alles zu sagen, und jetzt weiß ich, daß ich ihn nie mehr sehen werde. Am liebsten würde ich sterben; denn ich liebe ihn. Weißt du, Mama, ich werde von hier fortgehen und Krankenschwester in Afrika werden.«

Damit lief ich weinend in mein Zimmer und sagte mir: Wie kannst du so gedankenlos sein, einem fremden Mann alle deine Geheimnisse preiszugeben? Ich wollte ins Bett und mich dort ausweinen. Schon halb ausgezogen, hörte ich die Hausglocke, und kurz darauf kam eiligen Schrittes Gretchen, Mamas Kammerjungfer, und sagte: »Sie sollen gleich in den Salon kommen. Der junge Baron Guttenberg ist in voller Uniform da, mit einem Riesenstrauß roter Rosen.«

Nie war ich so schnell wieder angezogen. Ich bat Gretchen um Mamas Parfüm, von dem ich viel zu viel über mich schüttete, und kam als wandelnde Duftwolke in den Salon. (Später erfuhr ich, daß Enoch Parfüm haßte.) Dort stand er mitten im Zimmer. Alles, was er sagte, war: »Elisabeth, jetzt wären wir so weit.«

Eigentlich hat er mich nie gefragt, ob ich ihn heiraten wollte. Er schien seiner Sache sicher zu sein. Diesmal bekam auch ich einen Handkuß und obendrein noch einen leichten Kuß auf die Stirn. Ich begann zu verstehen, warum er mich nach dem »Verhör« entlassen hatte, ohne zu fragen, ob ich ihn heiraten würde. Er wollte, wie es die Sitte verlangte, offiziell bei meiner Mutter um mich anhalten.

Mama wollte am kommenden Morgen meinem Vater die glückliche Nachricht bringen, und mittags sollte Enoch Guttenberg ihm vorgestellt werden. Als er sich verabschiedet hatte, ging ich in mein Zimmer. Ich konnte kaum glauben, daß, was ich eben erlebt hatte, Wirklichkeit war, daß nach den Wochen voller Hoffen, Bangen und Enttäuschung ich diesen wunderbaren Menschen heiraten würde. Ich saß vor meinem Spiegel und blickte auf mein Ebenbild: Dieses Wesen wird er zu seiner Frau machen, dachte ich, noch immer ungläubig.

Bevor er uns verließ, hatte er sehr ernst zu mir gesagt: »Du mußt wissen, daß es für dich nicht einfach sein wird, meine Frau zu sein. In unserer Welt sind alle Teufel los, und wir müssen gegen sie kämpfen. Da wirst du ›den Steigbügel halten‹ müssen für all meine politischen Ritte.« Ich war natürlich bereit, an seiner Seite durch alle Gefahren mit ihm zu gehen. Ich wußte, daß dieses Steigbügelhalten sich nicht nur auf den Ritt zu Münchens Befreiung, sondern auf viele künftige Kämpfe bezog. Freilich konnte ich nicht ahnen, daß es zum Symbol unseres gemeinsamen Lebens werden sollte. Doch schon an diesem glücklichen Tag unserer Verlobung wußte ich, daß es nichts gab, was ich nicht für ihn, den ich liebte, tun würde.

Am nächsten Morgen kam Enoch wieder – abermals mit einem Arm voller Rosen. Wir führten ihn zu meinem Vater, der ihn liebevoll, aber natürlich wortlos begrüßte. Dann setzten wir uns in den Salon. Es gab viel zu besprechen. Enoch sagte, er wolle so bald wie möglich heiraten: für mich eine Freude, aber noch mehr ein Erschrecken. Ich fühlte, daß ich Papa nicht verlassen konnte, solange er so krank war; ich meinte sogar zu wissen, daß mein Weggehen seinen Tod bedeuten würde. Konnte ich Enoch das sagen? Würde er es nicht für kindische Einbildung halten? Ich sprach meine Befürchtung aus und fand bei ihm volles Verständnis. Trotzdem bestand er auf einer baldigen Heirat, und er hatte eine Lösung für jedes Problem. So schlug er vor, daß meine Eltern im Schloß Weisendorf bei Erlangen wohnen sollten, wo für Papa keine Treppen zu steigen wären und er von seinem Zimmer aus direkt ins Freie gelangen könnte. Mein Vater konnte inzwischen wieder langsam an zwei Stöcken gehen. Nach unserer Hochzeit würden wir dann abwechselnd in Weisendorf und in Guttenberg leben.

Ebenfalls wurde geplant, die Hochzeit meinem Vater zuliebe in Weisendorf und die Trauung dort in der schönen Schloßkapelle zu feiern. Bei einer Hochzeit in Tann hätte mein Vater nicht anwesend sein können; denn Tann hat die meisten und steilsten Treppen, und ohne Treppensteigen ist es unbewohnbar.

So wurde beschlossen, daß meine Eltern umgehend nach Weisendorf übersiedeln sollten. Dort würde Mama die Vorbereitungen für die Hochzeit treffen, die für den Juli 1919 vorgesehen war.

Mama nahm sogleich die vielen Schwierigkeiten auf, und in ihrer ruhigen, sicheren Art meisterte sie alle: das Auflösen des Münchener Hauses, den Transport des Haushalts nach Weisendorf und in das Guttenberg-Palais nach Würzburg. Auch mußte sie für mich eine Aussteuer beschaffen, was bei der durch den Krieg bedingten Verknappung aller Waren ein Kunststück war. Trotzdem konnten wir zu meiner Freude einige Kleider der Haute Couture erwerben – die ersten schönen Kleider meines Lebens. Wir gingen in alteingesessene Geschäfte, wo Mama gut bekannt war, und es war rührend zu sehen, wie dort aus verschwiegenen Winkeln doch noch ein gutes Stück, »der Braut zu Ehren«, hervorgezaubert wurde. So konnten sogar die vielen Meter Chiffon für den Brautschleier beschafft werden. Die einfachen Dinge durfte ich mit Gretchen, der Jungfer meiner Mutter, besorgen, so die »Dessous«. Da waren Gretchen und ich verschiedener Meinung. Wenn es nach ihr gegangen wäre, hätte ich nur sehr harte, unschöne Wäschestücke kaufen dürfen; denn sie sollten »ewig« halten. Ich aber siegte und kaufte feinere Dinge.

Dieser Sieg war wichtig für die Zukunft; denn meine liebe Mutter überließ mir ihr Gretchen und auch noch die Köchin Lina für meinen jungen Haushalt in Guttenberg. Dazu gesellte sich der Kammerdiener meines Onkels, der würdige Herr Wagner. Um diese drei Säulen gruppierten sich dann die jüngeren Dienstboten. Diese perfekte Einrichtung hatte nur den Nachteil, daß mein neuer Haushalt ganz ohne meine Mitwirkung funktionierte und ich infolgedessen bis heute noch nicht gelernt habe, eine gute Hausfrau zu sein.

Vor unserer Abreise nach Weisendorf mußten wir uns als Brautpaar bei Verwandten und Freunden vorstellen. Am wichtigsten aber war, daß Enoch mich zu seiner Mutter brachte. Sie bemühte sich, mich freundlich zu empfangen, aber es fiel ihr sichtlich schwer. Heute kann ich nachfühlen, warum. Sie war jung Witwe geworden, und Enoch war ihre große Liebe. Den

Krieg über hatte sie um ihn gebangt. Nun kam er heim, und sie freute sich, mit ihm in Guttenberg zu leben, ihm das Haus zu führen und ihn für sich zu haben. Da brachte er ihr statt dessen so ein junges Geschöpf, das nun an ihrer Stelle Hausfrau und Schloßherrin in Guttenberg sein würde. Es hat lange gedauert, bis mich Enochs Mutter wirklich akzeptieren konnte.

Mama hatte tatsächlich innerhalb von drei Wochen alles in Ordnung gebracht, so daß wir nach Weisendorf aufbrechen konnten. Ich werde die Freude unserer Ankunft nie vergessen. Es war ein sonnendurchleuchteter Nachmittag. Das kleine Barockschloß – ein viereckiger Bau um einen offenen Innenhof, an den Ecken runde Türme mit Zwiebeldächern – lag inmitten eines Parks, in dem Rosen und Rhododendron blühten. Die Zimmer, mit Rokokomöbeln ausgestattet, waren voller Sonnenschein, und hier empfing mich der von Tann her so geliebte Duft alter Bücher und Gobelins. Ich war begeistert von diesem Haus. Es ist mir immer das liebste Zuhause geblieben, wohl auch, weil die kleine Schloßkirche besonders schön und intim war und im Tabernakel das Allerheiligste mit mir unter einem Dach. Das Haus war ursprünglich ein Jagdschloß des Fürstabtes von Fulda, und von ihm stammten die schönsten Möbel, Porzellane und Gobelins. Mein Vater bekam ein bequemes Zimmer im Erdgeschoß und schien darüber sehr erfreut.

Enoch kam aus Guttenberg, von dem er mir nur wenig erzählte. Er zeigte mir auch keine Bilder; Guttenberg sollte für mich die große Überraschung sein. Wir planten keine Hochzeitsreise, sondern wollten direkt nach der Hochzeit – noch im Hochzeitskleid – nach Guttenberg fahren.

Eine erschreckende Nachricht trübte das Glück dieser Wochen. Sie kam aus Ungarn. Dort herrschten Revolution und kommunistischer Terror. Mein Onkel, der Bischof, und andere prominente Persönlichkeiten waren durch die Kommunisten verhaftet, mein Onkel zum Tod verurteilt worden. Seine Haare waren über Nacht ergraut, aber es gelang einem seiner Diener, ihn zu retten. Dieser Getreue konnte Zivilkleider in die Gefängniszelle des Bischofs schmuggeln. Verkleidet konnte mein Onkel unbemerkt das Gefängnis verlassen. Mit einer roten Kokarde an der Mütze passierte er die Wächter mit dem Ruf: »Hallo, Genossen!« Unter einer Ladung Heu wurde er in einem versiegelten Lastwagen von Budapest nach Steinamanger in seine Diözese transportiert, wo er von Freunden in einer Waldhütte verborgen wurde. Nach einigen Wochen konnte er offiziell zurück in seine Residenz. Es war eine triumphale Rückkehr, bejubelt von seinen treuen Diözesanen. Er sollte noch sechsundzwanzig Jahre lang ihr Oberhirte sein – um dann bei einem kommunistischen Überfall getötet zu werden.

Wir genossen die warmen Juniabende im Park und saßen oft bis in die Nacht im Gobelinzimmer, vertieft in meist ernste Gespräche, und immer wieder war es eine Freude, zu entdecken, wie sehr wir übereinstimmten – von den wichtigsten Lebensfragen bis zu unseren Vorlieben in Kunst und Lebensstil. Es war eine unendlich glückliche Zeit. Sogar meinem Vater schien es etwas besser zu gehen; er konnte kleine Gänge in den Garten unternehmen.

Die Hochzeit sollte am 16. Juli, dem Fest Maria vom Carmel, stattfinden. Natürlich sollte der ganze Ort teilnehmen. Am Vorabend tanzten die Jungen des Dorfes einen Reigen, bei dem ein Ziegenbock eine Hauptrolle spielte. Das Schloß war mit Girlanden und Fahnen in den Familienfarben der Tanns und der Guttenbergs geschmückt. Über dem Eingang prangten unsere Wappen: die goldene Rose auf blauem Feld für die Guttenberg, die silberne Forelle auf rotem Feld für die Tann.

Am Abend zuvor waren schon die meisten Hochzeitsgäste eingetroffen, die Räume von vielen Kerzen erleuchtet. Nach dem Dinner spielte ich mit meiner früheren Violinmeisterin ein Doppelkonzert von Bach, am Klavier als Begleiter Michael

Raucheisen, mit dem ich viel musiziert hatte. Mir schien gerade dieses Werk von Bach so ganz zu dieser Stunde zu passen. Darum war ich sehr erstaunt und erschrocken, daß meine Schwiegermutter dieses kleine Konzert schockierend fand.

Dann kam der nächste Morgen. Sonnenschein durch das hohe Fenster. Kaum war ich wach, kam Mama ins Zimmer. Sie hatte einen Kranz echter Myrten und Orangenblüten an das schöne Diadem gewunden, das mir Enochs Mutter zur Hochzeit geschenkt hatte. Eigentlich war es Sitte, viel echte Spitze an Brautkleid und Schleier zu tragen. Doch ich wollte mein Hochzeitskleid schlicht und streng, mit langen Ärmeln und bis zum Hals geschlossen. Hoffentlich war Enoch mit meiner Erscheinung einverstanden. Gretchen half mir in die weiten Mengen weißer Seide, und Mama befestigte liebevoll den langen zarten Schleier mit Diadem und Myrtenkranz auf meinem Haar. Im anderen Flügel des Schlosses wurde, einer Marinetradition entsprechend, Enoch von Admiral Ernst von Gagern in seine Marine-Gala eingekleidet.

Die kleine Weisendorfer Schloßkirche ist ein Rokoko-Juwel. An diesem Tag war sie herrlich geschmückt mit vielen brennenden Kerzen und einer Unzahl von Lilien, deren Duft die Kirche erfüllte. Durch hohe Fenster fiel Sonne ein. Wir knieten vor dem Altar – ganz nahe dem Tabernakel.

Ich empfinde es noch heute, wie mein Glück beinahe schmerzhaft war und wie froh ich mich fühlte, unter meinem Schleier geborgen zu sein; denn mein Herz war schalenlos geöffnet in Liebe zu Gott – so nahe dem Tabernakel – und in Liebe zu meinem Georg Enoch, der andächtig neben mir kniete. Tränen der Freude flossen verborgen unter dem Schleier, der neben meinem verweinten Gesicht noch eine harmlose Fliege beherbergte. Mein Herz war erfüllt von Dank; denn ich wußte, daß der Himmel Enoch und mich einander zugeführt hatte. Diese Gewißheit war mein Leben lang in mir, wie ich es schon damals ahnte. Von der Predigt hörte ich nicht viel. Aber der Klang der Geige und der Orgel – Studeny und Raucheisen spielten Bachs Musik – erfüllte mich, und ich betete: Mein Gott, mach mich würdig dieses Glücks – würdig, geliebt zu werden.

Nach der Trauung Umarmungen, Gratulationen – und viele Handküsse; denn jetzt, als »verheiratete Frau«, gehörte es sich, daß mir die Herren die Hand küßten. Dann kam das Dinner, an einer großen U-förmigen Tafel im Speisesaal serviert. Ich saß zwischen meinem Mann und meinem Vater, der wortlos, aber freudig lächelnd an meinem Glück teilnahm. Lina, die Köchin, hatte mit ihrem Stab ein Meisterwerk vollbracht, von dem ich jedoch vor lauter Erschütterung nur nippen konnte. Enoch an meiner Seite schien es zu meinem Erstaunen köstlich zu munden. Das Hinsetzen mit langer Schleppe und Schleier war gelungen, doch Diadem und Myrtenkranz begannen zu rutschen und zu drücken. Enoch bemerkte, daß ich immer wieder versuchte, Ordnung auf meinem Kopf zu schaffen. Da löste er kurzentschlossen die Tiara von den Myrten – und steckte sie lachend in die Tasche.

Es wurden viele Reden gehalten, meist sehr ernste: über Tradition und Verantwortung. Es wurde gesagt, Enoch habe wohl die richtige Frau gefunden, die an seiner Seite mithelfen werde, eine neue Zukunft zu bauen. Hier war es wieder, dieses ›Die-Steigbügel-Halten‹. Ich war stolz und glücklich, dazu berufen zu sein. Aber ich fühlte mich doch noch sehr jung und hilflos. Würde ich stark genug sein, der Aufgabe, die vor mir lag, gerecht zu werden? Enochs lächelnder Blick beruhigte meine Ängste. Seine Augen sagten, daß er mir vertraue, und ich fühlte, daß ich neben ihm, der so mutig und stark war, gestärkt sein würde für die schweren Stunden des Lebens.

Endlich wurde die Tafel aufgehoben. Enoch war es gelungen, ein Auto zu erwerben. Das stand blumengeschmückt zur Abfahrt bereit. Er wollte mich als Braut, das heißt im Brautkleid, in sein Guttenberg führen. Abschied von Mama und von meinem Vater. In zwei Wochen wollten wir wiederkommen. Dann zwei Stunden Autofahrt, der Wagen tat es schlecht und recht mit leisem »Stöhnen«, bis er kurz vor Guttenberg an einer leichten Steigung den Geist aufgab. Damals gab es noch kaum Verkehr auf den Straßen. Niemand war da, der helfen konnte. Wir waren hoffnungslos steckengeblieben, und es blieb uns nichts anderes übrig, als das Auto zu schieben – Enoch in seiner Gala-Uniform, ich mit meterlanger Schleppe und meterlangem Schleier. Es muß ein merkwürdiger Anblick gewesen sein. Tatsächlich brachten wir den Wagen den Hügel hinauf, und bergab entschloß er sich, das kurze Stück bis zum Ortseingang von Guttenberg zu fahren. Von hier aus konnte man hoch oben das bewehrte Schloß sehen. Wissend, daß es banal klingen würde, mußte ich es doch sagen: »Ein Märchen!«

Wir stiegen nun in den wartenden Pferdewagen, der uns durch das Dorf hinauf ins Schloß bringen sollte. Die Glocken der beiden Kirchen läuteten, an den Häusern Fahnen, und aus den Fenstern regnete es Blumen in unsere Kutsche. Oben angelangt, fuhren wir durch eine Allee blühender Lindenbäume, dann durch das hohe dunkle Burgtor in den hellerleuchteten Schloßhof. Hier, vor der Haustür, stand Enochs Mutter mit ihrem jungen Sohn Karl Ludwig. Sie überreichte mir auf einem roten Seidenkissen den alten Schlüssel für das hohe Burgtor. Wie schwer muß ihr das gefallen sein! Meine Schwiegermutter, Karl Ludwig und Enochs Schwester bestiegen dann nach Umarmungen und guten Wünschen unsere Kutsche, die sie an den Zug bringen sollte.

Nun waren wir allein, und Enoch trug mich über die Schwelle. Wie recht hatte er, mich mit Guttenberg überraschen zu wollen! Es war Abend geworden, aber das Haus lag im hellen Mondschein. Enoch führte mich über die steinerne Treppe an ein Fenster des sogenannten Kleinen Saales. Ein zauberhafter Blick tief hinunter ins Tal, von Hügeln begrenzt, durchzogen von der weißen Straße, auf der wir gekommen waren. Alles im silbernen Licht des Mondes. Da begannen aus den Wäldern Hornisten alte Lieder zu blasen. Ich dachte an ein Gedicht von Eichendorff:

Denkst du des Schlosses noch auf stiller Höh?
Das Horn lockt nächtlich dort, als ob's dich riefe,
Am Abgrund grast das Reh,
Es rauscht der Wald verwirrend aus der Tiefe –

Als die Musik verklungen war, begann ein Feuerwerk rund um das Schloß Sterne und Lichtfontänen zu versprühen. Das hatten sich die Guttenberger uns zur Freude ausgedacht. Es bestand eine treue und freundschaftliche Bindung zwischen der Bevölkerung und der Familie Guttenberg, die seit fast achthundert Jahren dort ansässig war. Dann gingen wir in den Schloßhof, wo wir mit Winken und Gesang begrüßt wurden. Der Bürgermeister hielt eine reizende Ansprache, ein kleines Mädchen im starrgestärkten weißen Kleidchen sprach ein Gedicht und gab mir einen Rosenstrauß. Enoch stand unterm Tor des Hauses, groß, schlank und – wie ich dachte – so schön. Er sprach in bewegenden Worten zu den Guttenbergern von der jahrhundertealten Treue zueinander, von seiner Liebe zu ihrem Land, von den schweren Jahren des Krieges und von der gemeinsamen Verantwortung, das Zerschlagene wieder aufzubauen. Er war so ergriffen, nun wieder hier zu sein, daß ihm beinahe die Tränen kamen, und viele der Zuhörer hatten feuchte Augen.

Alles erschien mir unwirklich; mir war, als träumte ich. Nun aber hieß es aufzuwachen aus dem Traum und sich mit Gretchens Hilfe aus Schleier, Kleid und lädierter Schleppe zu schälen. Dann führte mich Enoch hinauf in mein Schlafzimmer – es war ein Turmgemach. Auch hier, aus dem gotischen Turmfenster, ein weiter Blick auf die mondbeschienenen Wipfel der

Bäume. Das Schloß liegt auf einer Felsennase, so daß die Fenster höher sind als die Bäume ringsum. Unten im Tal fließt ein Bach, dessen Plätschern herauftönt. Das gute Gretchen hatte schon alle meine Sachen ausgepackt und sogar die von ihr verpönte seidene Wäsche ausgebreitet.

Am nächsten Morgen führte unser erster Weg in die Schloßkirche, die auch die Pfarrkirche für die Katholiken Guttenbergs ist. Die evangelische Kirche ist die eigentliche Patronatskirche. Nach dem Gottesdienst zeigte mir Enoch alle Räume seines Hauses. Er erzählte, daß die Guttenbergs – genau wie die von der Tann – schon Anfang des 12. Jahrhunderts genannt werden, daß sie aber erst 1341 das alte Schloß in Guttenberg bauten. Zuvor hatten sie als Burggrafen auf der Plassenburg gelebt. Er führte mich in den großen Ahnensaal, wo mich viele Generationen im Bild begrüßten. Ich fragte mich, ob ich mit ihnen auch zu einer so engen Freundschaft finden würde wie mit den Tanner Ahnen. Übrigens hatte Enoch herausgefunden, daß ich im Laufe der Jahrhunderte schon die dritte Tann war, die einen Guttenberg geheiratet hatte.

Es folgten Tage des Glücks. In allen Gesprächen zeigte es sich, wie wir in wirklich allem übereinstimmten. Die Schönheit des Schlosses war eine große Freude – aber ich fühlte auch den Ernst des Anspruchs, den dieses Haus an mich stellen würde.

Es waren »Tage der Freude« – nur Tage. Eines Morgens wachte ich auf, und alles um mich schwamm in einem Nebel, die uralten Heiligenbilder an den Wänden schienen lebendig zu werden. Ich hatte hohes Fieber und wurde so schwer krank, daß ich nicht mehr transportfähig war und im Hause operiert werden mußte. Nach der Operation stieg das Fieber derart an, daß die Ärzte das Schlimmste befürchteten. Ich war so krank, daß Enoch es nicht wagte, mir den Tod meines Vaters mitzuteilen. Drei Wochen nach meiner Hochzeit war er einem weiteren Schlaganfall erlegen.

Mama kam in tiefer Trauer von der Beisetzung in Tann nach Guttenberg, wo Enoch ihr mit Tränen in den Augen sagen mußte, daß kaum Hoffnung auf mein Überleben bestünde. Enoch bat Mama, die Trauerkleider abzulegen, um mir nicht die traurige Nachricht bringen zu müssen. Im Haus wurde es sehr still. Aber das kaum mehr Erhoffte geschah – die Krise war überwunden, und langsam fand ich ins Leben zurück. Dann mußte ich es natürlich erfahren. Mein geliebter Vater war tot, war ohne mich gestorben. Ich war überzeugt, daß er sich ans Leben geklammert hatte, um meinen großen Tag noch zu erleben. Dann kam das Ende.

Meine Gesundung machte langsam Fortschritte. Ich war umgeben von viel Liebe, so daß auch diese Wochen, bei aller Trauer um meinen Vater, Glück bedeuteten. Enoch brachte jeden Tag die schönsten Blumen aus dem Garten, Mama verwöhnte mich, und Gretchen verlangte sogar, ich solle die »fragilen« seidenen Nachthemden tragen.

Eines Tages geschah etwas Merkwürdiges. Ich erhielt ein kleines Päckchen mit einem Brief:

Liebe Baronin!
Vor ein paar Tagen fand ich hier in Weimar im Hofgarten dieses kleine Medaillon mit dem Bild Ihres Herrn Vaters. Ich habe ihn gekannt, und als ich vom Tode Ihres Vaters informiert wurde, erfuhr ich Ihre Adresse, und so freue ich mich, Ihnen das kleine Andenken zusenden zu können.

Ihr sehr ergebener
von Miltitz

Dieses Bild von Papa auf so besondere Weise wiederzubekommen schien mir wie ein liebevoller Gruß von ihm aus einer anderen Welt.

Nach einigen Wochen der Rekonvaleszenz war ich wieder »einsatzfähig«, und Enoch fuhr mit mir auf die anderen Güter, auf denen wir überall festlich empfangen wurden. Wir reisten auch nach Deidesheim in der Pfalz. Daß der dortige Besitz ebenfalls zu den Guttenbergschen Ländereien gehörte, hatte eine erstaunliche Vorgeschichte: Während der Monarchie gab es in Bayern eine Art »House of Lords«, die Kammer der Reichsräte der Krone Bayern. Mein Mann war nach dem Tod seines Bruders der jüngste »erbliche Reichsrat«, und dem Protokoll gemäß saß bei den Sitzungen neben ihm der älteste der lebenslänglich vom König ernannten Reichsräte, Franz von Buhl. (Auch während des Krieges hatten Sitzungen stattgefunden.) Nachdem Herr von Buhl bei einigen Sitzungen neben Enoch gesessen hatte und natürlich mit ihm über Politik und Wirtschaft geredet hatte, wandte er sich an ihn: »Lieber Guttenberg, ich habe eine Bitte an Sie. Würden Sie akzeptieren, daß ich Ihnen meinen Besitz in der Pfalz hinterlasse? Ich habe keinen Sohn, und ich weiß, daß der Besitz in Ihrer Hand sicher und der Tradition gemäß fortleben würde.«

Enoch war sprachlos und bat um Bedenkzeit. Nach einigen Tagen mußte er – wie er meinte – ablehnen: »Ich habe die Verantwortung für den Guttenbergschen Besitz hier rechts des Rheins und fürchte deshalb, nicht freie Zeit genug zu haben, um Ihre Güter in der (damals noch bayerischen) Pfalz gut genug zu betreuen.« (Es handelte sich beim Besitz von Buhls immerhin um eines der größten und berühmtesten Weingüter Deutschlands.) Aber der kluge Franz von Buhl ließ nicht nach. Wir waren schon verlobt, als Enoch mit mir das Für und Wider dieses Angebots besprach. Ich meinte – hauptsächlich Franz von Buhl zuliebe –, er solle annehmen, was er dann auch tat.

So war er Erbe des Hauses Buhl, als er mich nach Deidesheim brachte, um mich dort Franz und dessen Frau vorzustellen. Etwas erschrocken fragte ich mich, ob ich hier eine zweite schwierige Schwiegermutter finden würde. Aber Frida von Buhl nahm mich freundlich auf, obgleich man ihr anmerken konnte, daß ihr der Entschluß ihres Gatten, den Besitz an eine fremde Familie und nicht an jüngere Mitglieder ihrer Familie zu geben, nicht leichtgefallen war.

Nach dieser »Rundreise« kehrten wir zurück nach Guttenberg, wo das »normale Leben« beginnen sollte. Wenn ich aber jetzt daran zurückdenke, sehe ich, daß es äußerst selten normal war. In den ersten Jahren unserer Ehe hing es wohl damit zusammen, daß Enoch neben der Aufgabe, den durch den Krieg geschädigten Besitz zu sanieren, seine ganze Kraft für die beschränkten Möglichkeiten einsetzte, aus den Scherben des zerstörten Reiches das Brauchbare zu retten und mit einer Gruppe Gleichgesinnter um den Wiederaufbau Deutschlands zu kämpfen. Der Versailler Friedensvertrag legte der geschlagenen Nation eine nahezu unerträgliche Bürde auf; eine Erkenntnis, die Enoch und seine Freunde zutiefst beunruhigte.

Getroffen waren sie auch vom Mißlingen des sogenannten Kapp-Putsches. Im März 1920 hatte unter der politischen Leitung von Wolfgang Kapp sowie der militärischen Führung von General Walther Frhr. von Lüttwitz eine über ganz Deutschland verzweigte Gruppe den Versuch unternommen, die Monarchie wieder einzuführen. Angesichts der Unfähigkeit der Regierung, der völlig unübersichtlichen Situation und der weitgehenden Demoralisation Herr zu werden, hoffte diese ansehnliche Gruppe, daß mit der Monarchie wieder Ruhe eintreten, eine sichere Führung den Zustand der Beruhigung einleiten würde. Unter Kapitän Hermann Ehrhardt marschierte eine Marinebrigade in Berlin ein. Die Regierung war nach Weimar geflohen. Es schien, als könnte das Ziel des Putsches erreicht werden.

Mein Mann war am Rande dieser Bewegung mitbeteiligt, nahm auch teil an Gefechten, die in der Pfalz und andernorts links des Rheins zwischen Kapp-Anhängern und Kommunisten ausgefochten wurden. Kapp gab eine Proklamation heraus, daß die Republik überwältigt sei. Doch die Regierung rief die Gewerkschaften von Weimar aus zum Generalstreik auf, und diese Gewalt der Linken brachte den Putsch zum Erliegen – wohl weil es Kapp nicht zum Bürgerkrieg kommen lassen wollte. Die geflohene Regierung kehrte nach Berlin zurück.

So war Enoch viel unterwegs bei politischen Zusammenkünften und für die Verwaltung der Familiengüter. Oft saß ich abends am Fenster des Kleinen Saales und wartete, daß auf der weißen Straße im Tal die Lichter seines Wagens aufblinkten und dann der Gruß der Autohupe heraufklang. Die Freude des Wiedersehens machte den Kummer der Abschiede wieder gut.

Ich hatte gefürchtet, der Führung eines großen Haushalts nicht gewachsen zu sein; denn eigentlich war ich ahnungslos. Aber die Furcht war unbegründet; denn mein »altes« Dreigespann, Köchin Lina, Kammerjungfer Gretchen und Butler Wagner, nahmen alles in die Hand und leiteten die »Jungen« an. Wagner hatte jahrelang bei meinem Onkel Tann, der Diplomat in Rom war, gedient und war ein Faktotum. Wir nannten ihn »Mister Sozusagen«, weil er kaum einen Satz ohne diesen Ausdruck über die Lippen brachte.

Da in Guttenberg alles Notwendige vorhanden war, stand ich nicht vor der Aufgabe des Neu-Anschaffens, was sowieso bei der noch anhaltenden Warenknappheit problematisch gewesen wäre. Dagegen ließ mir Enoch freie Hand, die Räume nach meinem Geschmack mit den vielen antiken Möbeln – meist Renaissance und Barock – neu einzurichten, eine Aufgabe, die mich beglückte; denn Innendekoration hat mich von jeher interessiert, und hier erwies sich einmal mehr die absolute Übereinstimmung unseres Geschmacks. Es war eine Freude, wenn Enoch, heimkommend, meine Umgruppierungskünste bewunderte.

Eines Tages fand ich bei einem Antiquar ein gotisches Halbrelief des heiligen Georg im Kampf mit dem Drachen. Ich hängte es über Enochs Schreibtisch. Georg war sein Schutzpatron, da er ja mit vollem Vornamen Georg Enoch hieß. Der ritterliche Kampf des Heiligen gegen den Drachen war für Enoch zu einem Symbol seines Kampfes gegen »das Böse« auch in der Politik geworden.

Manchmal, wenn mein Mann länger abwesend war, fuhr ich nach München, um mich bei dem klugen und guten Franziskanerpater Bertrand Bühler auf meinen Übertritt zur katholischen Kirche vorzubereiten. Pater Bertrand meinte: »Sie sind ja schon so katholisch, daß ich Ihnen kaum noch viel sagen muß.« Aber noch heute fühle ich, daß ich zu wenig weiß von der Tiefe der Religion.

Enoch war an meiner Seite, als ich durch Pater Bertrand in der kleinen St.-Anna-Kirche zu München in die katholische Kirche aufgenommen wurde. Ein glücklicher Tag. Ich fühlte, daß mein Vater in der Ewigkeit meinen Schritt verstehen würde, der ihn, den überzeugten Lutheraner, sehr betrübt hätte, wäre er noch am Leben gewesen.

Ich war erfüllt von Freude und übernahm die Pflege und den Blumenschmuck der Schloßkirche. Besonders schön war es, daß ich von der Bibliothek direkt auf die Kirchenempore gehen und so öfters am Tag zu einem kurzen Besuch hineinschauen konnte. Jeden Abend gingen Enoch und ich zum Abendgebet in die Kirche. Später erfuhr ich, daß die Leute im Dorf darauf achteten, wenn abends aus den Kirchenfenstern Licht kam. Dann hieß es: »Jetzt gehen die Barons ins Bett.«

Die Bibliothek liebte ich nicht nur als Zugang zur Kirche. Sie war mein besonderer Stolz; ich hatte sie »erfunden«, indem ich den Raum, der ursprünglich ein sehr häßlicher, kahler Vorplatz mit scheußlicher Holztreppe gewesen war, völlig umgestaltete. Ich liebte offenes Kaminfeuer und hatte einen schönen Barock-Kamin aus rotem Marmor erworben. Um ihn herum hatte ich alle Wände für hohe Büchergalerien verwendet und darüber bis zur Decke einen Fries aus alten Landkarten anbringen lassen. Zu diesem Zweck – welche Sünde! – hatte ich ein Buch, eine

Art Atlas aus der frühen Barockzeit, kurzerhand »geschlachtet«. Der Fries sah wunderschön aus, aber erst nach vollzogener Tat erfuhr ich, welchen Wert ich da zerstört hatte. Gottlob, Enoch fand es schön – und verzieh.

Die Bibliothek hatte außer dem so erfreulichen direkten Zugang zur Kirche eine weniger schöne Eigentümlichkeit. Auf dem häßlichen Vorplatz, aus dem sie entstand, befand sich das einzige WC des ganzen Stockwerks, und es gab keine Möglichkeit, es zu verlegen. So blieb nichts anderes übrig, als den Zugang zu diesem notwendigen Ort durch eines der hohen Bücherregale zu schaffen. Man mußte also zwischen Folianten den Weg finden. Das hat viele unserer Gäste erstaunt und zuweilen auch ein wenig beunruhigt.

Anschließend an die Bibliothek konnte ich das Musikzimmer einrichten in einem nach außen halbrunden Raum, der ganz in mattem Rot gehalten und, wenn die Sonne schien, den ganzen Tag durchsonnt war. Hier stand der Bechstein-Flügel, und hier konnte ich auch ungestört Violine spielen.

Unser Leben in Guttenberg gestaltete sich nicht so ruhig, wie ich gedacht hatte. Außer Enochs Abwesenheiten war es notwendig, daß wir zeitweise auf den anderen Gütern zugegen waren. So verlegten wir den Haushalt für ein paar Wochen nach Weisendorf und in das schöne Stadthaus in Würzburg. Dieses Gebäude war ursprünglich ein Domherrenhof, gleich neben dem Dom ein barocker Bau, der jedoch innen ganz im Louis-XVI-Stil gestaltet war und dessen Möblierung aus derselben Zeit stammte. Ich liebte dieses Haus besonders.

Eine Stunde von Würzburg entfernt, gehörte ein damals noch kleines Kurbad zum Besitz. Das reizende Rokokoschloß war zum Kurhotel umfunktioniert. Auch hier eine barocke Schloßkirche. Zum Besitz gehörte über dem Tal eine riesige Burgruine, die Salzburg, die zum Teil noch aus der Zeit Karls des Großen stammt. Schon damals war diese Gegend eines der wenigen Gebiete der Salzgewinnung. Das Heilwasser des Bades ist noch heute außerordentlich salzhaltig.

Von diesem Bad Neuhaus fuhren wir in die Rhön, in »meine« Rhön; denn dort war ein Guttenbergscher Waldbesitz, Schackau, der direkt an den Tannschen Besitz grenzt. Erst bei diesem Besuch erfuhr ich, daß Enoch und ich schon »Nachbarn« gewesen waren, bevor wir voneinander wußten. Natürlich machten wir jedes Jahr von Schackau aus einen Abstecher nach Tann, das nach dem Tod meines Vaters an meinen Onkel gefallen war (Kondominat).

Die Frühjahrsbesuche in Schackau bargen einen ganz besonderen Anziehungspunkt. In den dortigen Wäldern gab es noch Auerhähne, und Enoch, der begeisterte Jäger, konnte hier auf die Pirsch dieser riesigen, urigen Vögel gehen, und auch für mich war diese Jagd ein Erlebnis. In aller Frühe ging es, noch bei Dunkelheit, hinauf in den Hochwald, hinauf auf den Hochstand. Beim ersten Tagesschimmer konnte man eine Auerhenne erkennen, dann das Rauschen des Anflugs, jetzt der ersehnte Laut, das merkwürdige »Knacken« des Hahnes, das wohl sein Liebesangebot bedeutete, sein Werben – dann Enochs Schuß. Er trug den herrlichen Vogel stolz nach Hause. Heute hängen er und einige seiner Artgenossen ausgestopft an der Wand in Guttenberg.

Zu all diesen Fahrten kamen jetzt auch noch die Herbsttage in Deidesheim; denn Enoch mußte zur Weinlese anwesend sein. Ein recht bewegtes Leben, das für mich anstrengend war; schließlich erwartete ich mein erstes Kind.

Ich war gerührt zu sehen, wie diese doch keineswegs so erstaunliche Tatsache bei den Guttenbergern und auch in Weisendorf freudig aufgenommen wurde, und ich konnte mich kaum retten vor Ratschlägen für meine Gesundheit.

Trotz vieler Unterbrechungen war Guttenberg unser Hauptdomizil, und unser Leben dort verlief glücklich und harmonisch. Nur Enochs Sorge um die politische und wirtschaftliche

Situation trübte. Die gesamte Wirtschaft lag darnieder. Die Mark verlor immer mehr an Wert, die Arbeitslosigkeit nahm bedrohlich zu, und so wuchsen auch Ratlosigkeit und Hoffnungslosigkeit. Heute wundert es mich, daß trotz aller Gefahren unsere gemeinsamen Tage in Guttenberg so froh und unbelastet sein konnten. Wahrscheinlich waren es eben unsere Liebe und unser absoluter Gleichklang, die uns trugen. Enoch hatte viel zu tun mit der schwierigen Führung der Güter und seinem politischen Engagement; stundenlang saß er an seinem Schreibtisch in der Verwaltung im sogenannten »Herrschaftsgericht«. Aber am Abend fanden wir uns vor dem Kamin. Der Abend war immer ein wenig festlich; wir zogen uns um – Enoch in einem grünen Jagdsmoking, ich in einem langen Kleid mit bauschigen Ärmeln. Wir hörten schöne Platten oder lasen. Es gab viel zu besprechen.

Zu Jagdzeiten freilich war es anders. Da zog es Enoch hinaus in die Wälder. Ich folgte ihm. Weil ich aber nicht schießen wollte, ging ich auf leisen Sohlen hinter ihm her, darauf bedacht, daß ja kein Zweiglein krachte und so das Wild verscheuchte. Diese Jagdgänge waren für mich ein zweischneidiges Glück; wenn Enoch einen Rehbock verfehlte, tat er mir leid, und wenn er ihn traf, tat mir der Rehbock leid. Einmal fragte ich Enoch, wieso er, der die Tiere doch so liebte, eine solche Freude daran haben könne, sie zu töten. Seine Antwort ist mir noch immer ein Rätsel: »Eben weil ich sie liebe.«

Die Monate vergingen, und endlich im Mai kam der glückliche Tag der Geburt unseres Sohnes. Das Läuten der Kirchenglocke brachte die frohe Botschaft ins Dorf, und es regnete Blumen und Gratulationen, zu unserer Freude auch ein Glückwunschtelegramm der Guttenberger Sozialdemokraten. Unser Sohn sollte auf die Namen Philipp Franz getauft werden: Philipp, ein alter Guttenbergscher Name, und Franz nach Franz von Buhl, der auch sein Taufpate sein sollte und zur Taufe nach Guttenberg kam. Er war glücklich, daß nun ein Erbe für seinen

Familienbesitz geboren war, und er war sehr froh, Guttenberg kennenzulernen. Der Schloßberg blühte, überzogen von wilden Rosen. Auch die Festtafel war mit unzähligen wilden Rosen geschmückt. Vor mir lag nun eine ruhigere Zeit, die ich hauptsächlich dem kleinen Sohn widmete. Enochs Schwester hatte mir eine ausgezeichnete Kinderpflegerin verschafft, die meine Anwesenheit im Kinderzimmer allerdings als sehr störend empfand. Sie wurde Detta genannt.

Im Herbst mußten wieder Reisen unternommen und Nachbarn besucht werden. Besonders gern fuhren wir nach Greifenstein, dem Schloß des alten Grafen Stauffenberg. Er war der Schwiegervater von Enochs Schwester Elisabeth und für uns ein wunderbarer Freund. Berthold Stauffenberg war der Chef des Hauses Schenk von Stauffenberg, aufrecht, mit klarem Blick und von ausgeprägtem rechtlichem Denken. Für uns alle, ja für den ganzen fränkischen Adel war er ein Fels der Zuflucht. Wenn es Familienzwistigkeiten oder wirtschaftliche Schwierigkeiten zu klären gab, suchte man seinen Rat – und der war wohl manchmal hart, aber immer klar. Für uns war Onkel Berthold geistig und auch seiner Erscheinung nach die Personifizierung des Ritterlichen.

Die Burg Greifenstein liegt mit Burggraben und Zugbrücke hoch über einem blühenden Tal. Wenn wir dort ankamen, erwartete uns der Onkel unter dem hohen Tor am Eingang zum Schloß, an der Seite sein Jagdhund. Ich freute mich immer auf diese Besuche, und ich muß gestehen, daß ich junges Ding von neunzehn Jahren doch sehr geschmeichelt war durch die liebevolle Höflichkeit, die mir dieser alte Herr entgegenbrachte. Er reichte mir den Arm und führte mich fast zeremoniell über die steinerne Wendeltreppe hinauf zum sogenannten Fürstenzimmer, wo wir – es war eine Auszeichnung – immer einquartiert wurden. Im Winter hatte diese Ehrung eine Schattenseite. Die Sicht aus den bleiverglasten Fenstern war zwar märchenhaft schön – doch die antiken Scheiben konnten den scharfen Wind nicht daran hindern, eiskalt bis in unsere Prunkbetten zu wehen. Der gutgeheizte Barockofen kämpfte einen aussichtslosen Kampf gegen die Kälte. Frierend lagen wir im Bett und wünschten, Graf Berthold hätte uns nicht so ehrenvoll im Fürstenzimmer einquartiert.

Onkel Berthold war auch oft Gast in Guttenberg. Da saß er bei Tisch an meiner rechten Seite, und ich konnte viel für mich Wichtiges über Politik, Tradition und das Leben in Franken lernen. Ihn als Tischherrn zu haben war eine Freude. Sonst machte mir das Protokoll der Tischrunde, über das Wagner, »Mister Sozusagen«, streng wachte, gelegentlich Kummer. Wir hatten oft Gäste, junge und alte, meist Politiker oder auch an der Wirtschaft interessierte Herren, und zu meinen Seiten saßen dann, da ich ja die Hausfrau war, meist die ältesten und, wie ich meinte, die langweiligsten. Wenn ich versuchte, an dieser Etikette etwas zu ändern, bekam ich es mit Wagner zu tun. Seine strenge Antwort war: »Als ich in der Diplomatie mit dem Herrn Onkel in Paris, Petersburg und Rom war, haben wir die korrekte Tischordnung beherrscht und genau gewußt, wer neben der Hausfrau zu sitzen kam. Wenn aber Frau Baronin das zu ändern wünschen, bin ich dafür nicht verantwortlich – sozusagen.« Natürlich gab ich nach, wie immer; denn er hatte immer recht. Überhaupt übte er ein strenges Regiment. Die jüngeren Diener trugen Livree, er stolzierte im schwarzen Frack. Bei aller Strenge war er liebenswert und mir eine große Stütze.

Ein Kummer der Tischordnung bestand darin, daß Enoch wünschte, daß ich als Hausfrau ihm gegenüber am Kopf der langen Tafel saß. Das war bis zu unserer Hochzeit der Platz seiner Mutter gewesen, die nun meist zu seiner Rechten saß. Es war für mich peinlich, ihr den Platz der Hausfrau zu nehmen; denn ich versuchte wirklich alles, um die Spannung, die zwischen uns herrschte, nicht zu verschärfen. Sie und ihr Sohn Karl Ludwig, der einige Jahre jünger war als ich, kamen oft für längere Zeit nach Guttenberg.

Es war wirklich nicht leicht für mich, den richtigen Weg zu finden, um die Schranke, die sich zwischen uns gesenkt hatte, zu überwinden. Enochs Mutter war eine geborene Gräfin Rottenhan. Sie muß in ihrer Jugend sehr schön gewesen sein und war auch in ihren älteren Jahren noch eine elegante und vornehm aussehende Dame. Leider trug sie über ihrem weißen Haar eine gelbliche Perücke. Sie hatte es schwer mit ihrer Umgebung; denn sie war von Kindheit an völlig taub. Das mag mitgewirkt haben an ihrem stürmischen Temperament und wahrscheinlich auch an ihrem starken Mißtrauen den meisten Menschen gegenüber. Trotzdem erkannte ich sehr bald, daß sie eine Persönlichkeit von bewundernswerter Opferbereitschaft und Opferfähigkeit war. Sie konnte es nur nicht verzeihen, daß ich ihr den liebsten Sohn Enoch »geraubt« hatte. Meine Bemühungen um sie waren oft ungeschickt, primitiv und schlugen fehl. Was ich tat, war falsch: Wenn ich ihr zum Tee Kuchen anbot, traf es sie, weil ich die Hausfrau herauskehre; bot ich ihn nicht an, »übersah« ich sie geflissentlich. Schon Enoch zuliebe wollte ich alles tun, um sie fühlen zu lassen, daß sie in Guttenberg nicht Gast, sondern zu Hause war. Aber alles mißlang. Zum Beispiel hatte sie einmal geäußert, daß sie es nicht leiden könne, jemanden gähnen zu sehen. Der Erfolg war, daß, sowie sie das Zimmer betrat, mich ein wahrer Gähnanfall überkam – natürlich reine Hysterie. Daß ich »ihre« Guttenberger Zimmer in Enochs Sinn umgestaltet hatte, mußte sie natürlich verletzen. Am verwerflichsten aber war, daß ich einige neue Badezimmer einbauen ließ. Später sagte uns der alte Schloßwart, dem meine Schwiegermutter oft ihr Herz ausschüttete: »Die Baronin-Mutter hat sich bei mir bitter beklagt. Sie meinte, die junge Frau Baronin wird mit ihrem Einbau all dieser unnötigen Badezimmer noch so lange weiter umbauen, bis das Schloß zusammenfällt.« Dieser Einsturz war allerdings wegen der sehr dicken alten Mauern ziemlich unwahrscheinlich.

Eine große Erschwernis im Verhältnis meiner Schwiegermutter zu mir war die Geschwister-Freundschaft, die sich zwischen Enochs Bruder und mir anbahnte. Er studierte in München und kam in den Universitätsferien zu uns. Er war groß und schlank, dunkelhaarig, mit lachenden Augen. Enoch und er waren einander zutiefst verbunden. Ich hatte nie einen Bruder gehabt und genoß das Zusammensein und die Gespräche mit Karl Ludwig, der gebildet und kultiviert war und dessen Interessen sehr ähnlich denen von Enoch waren; auch im festen Vorsatz und im Eifer, dem Wiederaufbau ihres Vaterlandes zu dienen, stimmten die Brüder überein. Wenn Karl Ludwig bei uns war, bewegten sich die Gespräche von Höhenflügen über Politik, Religion und heroischen Einsatz hinüber in die ebenen Gefilde des Humors und des Gelächters über alberne Geschichten.

Diese Freundschaft zwischen Karl Ludwig und mir war meiner Schwiegermutter ein Dorn im Auge. Die schmerzhaft tiefe Ablehnung, die sie mir gegenüber empfand, erfüllte mich mit Schrecken, so sehr, daß – wenn Enoch abwesend war – ich es nicht wagte, mit ihr allein im Zimmer zu sein. Ich bat Wagner, unter irgendeinem Vorwand mit uns im Zimmer zu bleiben; denn die Zornausbrüche der im Grunde gutherzigen Frau waren furchterregend.

So erzählte mir Enoch, daß sie, als er ihr im Mai 1919 erklärte, er beabsichtige sich zu verloben – er hatte ihr nicht einmal gesagt, mit wem – in Zorn und Enttäuschung einen Stuhl ergriff und ihn zertrümmerte. Der gute Wagner berichtete mir jeden Morgen, wie die Stimmung der Baronin-Mutter war. Meistens hieß es: »Sozusagen stürmisch.« Höchster Sturm aber war ausgebrochen, wenn er meldete: »Frau Baronin-Mutter wünscht alle ihre Mahlzeiten auf ihr Zimmer serviert. Ganz schlechtes Wetter, sozusagen.«

Eine besondere Freude machte es mir, mit den vielen Blumen aus dem Garten die Zimmer zu schmücken. Ich pflückte sie meist selbst. Auf dem Weg zum Garten durch die Lindenallee und durchs Dorf traf ich liebe Bekannte; sehr bald hatte ich viele Guttenberger kennengelernt: den evangelischen Pfarrer, den katholischen Kuratus, die Lehrerfamilie und viele der alteingesessenen, meist bäuerlichen Familien. Wo Hilfe und Fürsprache nötig war, versuchte ich einzuspringen.

Ich hatte mir ausgedacht, jeweils zu Weihnachten die Kinder zu einer Christbaumfeier einzuladen und sie dabei mit kleinen Gaben zu beschenken. Ich dachte mir, daß es ihnen Freude machen müßte, einmal ins Schloß zu dürfen und unter dem großen geschmückten Baum zu singen. Noch heute erzählen mir manche der jetzt recht alten »Kinder«, wie sie von dieser Erinnerung zehren.

Ich erwartete unser zweites Kind. Enoch wünschte zu meiner Freude, daß es in Weisendorf zur Welt kommen solle. So zogen wir im Frühjahr 1921 mit dem gesamten Personal dorthin. Die Sonne schien, im Park blühte der Flieder und die hohen Rhododendronbüsche. Wir waren guter Dinge und erwarteten recht sorglos das freudige Ereignis. Wir warteten täglich, viele Tage, zwei Wochen lang, aber nichts geschah. Da wollte Enoch meiner trägen Natur etwas nachhelfen. Er kutschierte mich im Jagdwagen auf den holprigsten Wegen, so holprig, daß der Wagen umstürzte – die Räder nach oben, ich unter dem Wagen. Mühsam kroch ich hervor. Nicht einmal diese Gewalttour beschleunigte die Ankunft unseres Kindes, doch hatte sie einen betrüblichen Effekt. Ein Freund, der mit uns gefahren war, wollte Enochs Dackeldame aus dem Wagen heben. Er ließ sie dabei so unglücklich fallen, daß sie sich den stolzen Schwanz brach. Am nächsten Tag legte der Tierarzt einen Gipsverband um diesen edlen Körperteil mit dem Versprechen, er werde bald heil sein. Es sollte leider ganz anders kommen.

Endlich kam der lang erwartete Tag, und ich dachte, die Geburt würde so problemlos vor sich gehen wie die vor kaum einem Jahr. Aber die »weise Frau«, die so lange mit uns gewartet hatte, mußte all ihr Können einsetzen und noch einen Erlanger Arzt herbeirufen. Bei der Geburt unseres ersten Kindes war Enoch hilfreich und tröstend an meiner Seite, und deshalb war es mir unverständlich, warum er sich diesmal nicht blicken ließ. Ich schickte Gretchen in sein Zimmer, um ihn zu bitten, er möge doch kommen. Aber Gretchen kam zurück: »Der Herr Baron läßt sagen, daß er sich gar nicht wohl fühlt, wahrscheinlich eine Erkältung. Er fürchtet, die Frau Baronin anzustecken, und bleibt deshalb liegen.«

Damit beruhigte ich mich eine Weile, bis aus Enochs Zimmer, das neben meinem lag, ein Angst-, ja ein Hilfeschrei seines Dackels ertönte. Ich schickte gleich hinüber. Man fand Enoch bewußtlos in seinem Bett. Der Hund hatte offenbar bemerkt, wie sein Herr, im Bett liegend, ohnmächtig wurde. Ein Arzt kam auf schnellstem Weg. Er konstatierte etwas Erschreckendes: Schwarze Pocken! Ein Krankenwagen brachte Enoch in die Infektionsabteilung des Erlanger Krankenhauses. Mir gegenüber versuchte man die Situation zu verharmlosen. Aber ich fühlte genau den Ernst der Lage.

Nach vielen qualvollen Stunden kam dann unser zweiter Sohn zur Welt. Er sollte Karl Theodor genannt werden. Mein junger Schwager Karl Ludwig sollte Taufpate sein. Er kam auch gleich angereist und versuchte mich zu beruhigen. Meine Mutter war bei mir, und ihr ausgeglichenes, heiteres Wesen war eine große Hilfe. Sie hatte es nicht weit nach Weisendorf; denn sie hatte nach ihrer Witwenschaft Onkel Franz Gagern geheiratet, dessen Schloß Neuenbürg nur eine halbe Stunde entfernt lag.

Langsam begann ich mich zu erholen, wollte aber nicht begreifen, warum ich kein Wort, keinen Gruß von Enoch bekam. Ich grämte mich halb zu Tode. Ich wußte einfach nicht, wie absolut die Sperre zur Außenwelt in einer Infektionsabteilung war. Zuerst, hörte ich später, war Enochs Erkrankung den Ärzten ein Rätsel. Die Pocken zeigten sich kaum auf seiner Haut, aber die Luftröhre und der Magen waren voll davon. Schließlich löste sich das Rätsel. Da Philipp Franz die gesetzlich vorgeschriebene Pockenimpfung noch vor der Geburt des neuen Babys erhalten sollte, war der Kinderarzt zu uns gekommen. Enoch verabschiedete ihn mit einem Händedruck, und einige Tage später erschien an seiner Hand eine Blase, an der er sog. Es scheint etwas Serum an eine kleine Wunde gekommen zu sein. Die ausgesogene Blase war eine Pocke. So gelangte das Gift in Luftröhre und Magen.

Nach angsterfüllten Wochen kam Enoch geheilt nach Hause. Alles war nun eitel Glück. Nur eine behielt einen Denkzettel aus dieser Zeit: Enochs Dackeline. In all den Aufregungen dieser Tage war vergessen worden, den Gips von ihrem Schwanz abzunehmen. So faulte darunter die Wunde, und der Schwanz mußte amputiert werden. Nach dieser Operation kam der brave Hund gesund zurück. Doch wenn er auf ein Ziel loslaufen wollte, verfehlte er es immer. Offenbar fehlte ihm der Schwanz als Steuer.

Sorge um Deutschland

War wirklich alles »eitel Glück«? Ja: in unserem persönlichen Leben, in unserem Ineinander-Aufgehen, in unserer Freude an den Söhnen. Aber dieses Glück war überschattet von der Sorge um Deutschland. Da war die schmerzliche Enttäuschung über den mißlungenen Kapp-Putsch. Man hatte gehofft, daß die Wiederherstellung der Monarchie Ruhe und langsame Genesung der Moral und auch der Wirtschaft herbeiführen würde. Es hatte an der Ruhr Schießereien zwischen Anhängern Kapps und Kommunisten gegeben. Enoch sprach von verschiedenen Gruppen, die versuchten, gegen das Cuno-Regime anzugehen, das zu kraftlos war, um der immer drohender werdenden politischen und wirtschaftlichen Situation Herr zu werden.

Im Januar 1921 beschloß die Reparations-Kommission, daß Deutschland die ungeheuere Summe von 223 Milliarden Goldmark innerhalb von zweiundvierzig Jahren an die Siegerstaaten zu zahlen hatte, eine unmögliche Forderung, da die gesamte deutsche Wirtschaft zusammengebrochen war. Bereits gegen Ende des Krieges war der Wert der Mark gefährlich gesunken. 1922 stand die Mark schon bei vierhundert für einen Dollar. Das Arbeitgeber-Kapital war so gering, daß die Industrie beinahe ganz zum Stillstand kam, was eine Millionenzahl Arbeitsloser bedeutete. Innenpolitisch war die Lage völlig unübersichtlich. Zu viele Parteien stritten um Parlament, Mitsprache und Vorherrschaft. Bald war es offensichtlich, daß Deutschland nicht in der Lage war, die geforderten Reparationssummen zu zahlen. Antwort war die Besetzung des Gebietes links des Rheins durch französische und belgische Truppen. Enoch wußte von Widerstandsgruppen in den besetzten Gebieten. Durch Geldentwertung und Arbeitslosigkeit herrschte im ganzen Reich Hunger, Armut und drückende Zukunftsangst.

Enoch war beinahe pausenlos beschäftigt. Er mußte den Guttenbergschen Besitz durch die so schwierige Wirtschaftslage hindurchsteuern. Noch mehr Kraft kosteten die vielen Versammlungen, Sitzungen und Besprechungen, die politische Lage betreffend. Mein Die-Steigbügel-Halten bestand aus vielem Alleinsein, vielem Warten auf meinen Mann und vielem Sitzen am Fenster von Guttenberg, Ausschau haltend nach dem Aufleuchten der Autolichter auf der Straße im Tal. Wally, Enochs Dackeline, war in die »ewigen Jagdgründe« eingegangen. Ich hatte ihm zum Trost einen Rauhaardackel, Schlupf, geschenkt, der, getreulich mit mir auf den Herrn wartend, zu meinen Füßen saß, von Zeit zu Zeit zu mir aufschauend, als wollte er sagen: »Wir verstehen uns!« Und wirklich, noch bevor ich die Autolichter im Tal aufleuchten sah, hatte das Hündchen schon das Motorgeräusch erkannt – da irrte es nie. Schlupf begann zu zittern und zu winseln, und wenn dann das große Tor geöffnet wurde, stürzte er mit lautem Freudengebell die hohe Steintreppe hinab, dem Herrn entgegen. Das Kläffen hallte bis ins obere Stockwerk, wo das Kinderzimmer lag, und prompt kam ein laut gezischtes »Pfui Schlupf« von Detta, die für den Schlaf ihrer Schützlinge fürchtete. Dann gab es das Glück des Wiedersehens – nur war es meist ein kurzes Glück; denn Enoch mußte gleich weiter zu wichtigen Terminen, politischen und wirtschaftlichen.

Manchmal begleitete ich ihn, wenn er in München zu tun hatte. Wir waren beide anwesend, als Bayerns letzter König zu Grabe getragen wurde. Er war 1921 in Ungarn auf dem Wittelsbacher Gut Sárvár gestorben. Mein Onkel, der Bischof von Steinamanger, brachte ihm das Sterbesakrament. Unvergeßlich ist mir der lange Trauerzug, der den König zur Wittelsbacher Gruft in die Frauenkirche begleitete. Die Teilnahme der Bevölkerung war beeindruckend; man fühlte, daß die Tränen nicht nur dem toten König galten, sondern auch der verlorenen Krone.

Im Herbst 1921 erfüllte sich mir ein großer Wunsch: ich konnte Enoch zu meinem Onkel, dem Bischof, nach Ungarn bringen. Dort war gerade die Zeit der großen Jagden. Wir wohnten diesmal im Bischofspalais in der Stadt, und ich war glücklich zu sehen, wie gleich vom ersten Tag unseres Aufenthalts an sich zwischen Enoch und meinem Onkel eine herzliche Zuneigung, die zur Freundschaft werden sollte, entwickelte. Sie hatten vieles gemeinsam.

Nach den schönen ungarischen Wochen eilte Enoch zurück zu all seinen Aufgaben, ich zurück zu meinen Söhnchen und zu den Guttenberger Pflichten.

Im Sommer 1923 entschlossen wir uns – zum erstenmal, seit wir verheiratet waren – zu einem Erholungsaufenthalt. Enoch war trotz seiner Jugend – er war gerade neunundzwanzig Jahre alt – urlaubsreif, und da es ihn an das Meer zog, machten wir uns auf den Weg nach Westerland, wir beide, Detta und die Söhnchen. Es war ein Genuß, in dem schönen Hotel zu leben, Sonne, Strand, Kinderfreude. Abends gingen wir tanzen, und irgendwie gelang es, in dieser hellen Atmosphäre die bedrückenden Sorgen beiseite zu schieben und »jung« zu sein. Es machte mir Spaß, daß uns, wenn die Kinder außer Sicht waren, die Leute oft für ein Paar auf Hochzeitsreise hielten.

Nach glücklichen Wochen traten wir die Heimreise an. Enoch wollte ein paar Tage in Hamburg bleiben, um dort einige Kameraden und Freunde aus der Marinezeit zu sehen. Wir stiegen im eleganten Hotel »Atlantik« ab. Dort überfiel uns die rasend wie eine Flut hereinbrechende Inflation. Wir waren mit einer recht ansehnlichen Summe Geldes angekommen, doch die Hotelpreise verdoppelten sich über Nacht und vervielfachten sich innerhalb von Tagen. Wir hatten nicht einmal mehr das Geld für die Fahrt nach Hause. Enoch telegrafierte an unsere

Verwaltung um große Summen, die auch sofort überwiesen wurden. Während der kurzen Zeit, die das Telegramm von München nach Hamburg brauchte, schrumpften die Summen zu Pfennigen. Mehrmals wiederholten sich diese erschrecken-den »Transaktionen«. Wir waren derweil zu bewegungslosem Verbleib im Hotel gezwungen. Die Hotelrechnung stieg ins Uferlose. Ohne Geld konnten wir nicht auswärts essen und blieben oft möglichst lange im Bett. Endlich gelang es Enoch, ein wahres Vermögen überwiesen zu bekommen. So konnten wir uns Hotel und Fahrkarten zu nahezu unerschwinglichem Preis leisten.

Wieder in Guttenberg, fanden wir das Hungern im eleganten Hotelbett zwar recht amüsant, aber es war gewiß keine Zeit zum Lachen, die in diesen Tagen einen Kulminationspunkt der Nachkriegskatastrophe erreichte. Durch die rasende Geldentwertung stand am 22. Oktober 1923 ein Dollar vierzig Milliarden Papiermark gegenüber. Eine Trambahnkarte, die noch vor wenigen Jahren zehn Pfennige gekostet hatte, war jetzt unerschwinglich.

Innerhalb weniger Tage verloren die meisten Deutschen alles, was sie an Geld und Kapital besaßen. Was an wirtschaftlicher Sicherheit die Wirren der Nachkriegszeit überlebt hatte, war beinahe von heute auf morgen zunichte gemacht. Kaum jemand konnte dem völligen finanziellen Zusammenbruch entgehen. Die Arbeitslosigkeit auch des Mittelstandes wurde allgemein. Man lebte in einer Atmosphäre von Ratlosigkeit, Existenzangst und Demoralisierung. Nur Grund- und Hausbesitz behielten ihren Wert, und das war für uns Grundbesitzer und die Besitzer bäuerlicher Güter eine besonders gnädige Fügung. Freilich war es sehr schwierig, die Güter ohne den geringsten Rückhalt eines Bankkapitals zu führen.

Das Volk war heimgesucht von hoffnungsloser Ratlosigkeit, gebrochenem Glauben an eine Gesundung, verlorenem Glauben an die Werte des Lebens, da für viele das tägliche Überleben auf dem Spiel stand. Vor uns die bange Frage: Kann dieses so erniedrigte, so zerrüttete Deutschland je wieder erstehen? Ist nicht zu viel verlorengegangen an moralischer Kraft und gesundem politischem Denken? Der Zusammenbruch hatte ein zutiefst verunsichertes, zuinnerst geschwächtes Volk getroffen. Die Leiden des Krieges hatten Wunden geschlagen, die viele ohne den Trost des Glaubens tragen mußten. Das Jahrhundert der Aufklärung hatte den Fundus an selbstverständlicher Gläubigkeit als Lebensbasis weitgehend dezimiert. Der verlorene Glaube an Gott war zur Vergötterung der Technik, des Fortschritts, des Wohlstands geworden. Und nun hatten diese Idole Technik und Fortschritt den Zusammenbruch, die Not und die Ratlosigkeit gebracht. Die Verarmung hatte zur Folge, daß der Kampf um die Existenz, um Geld und Gut den Materialismus geradezu zum Lebensprinzip werden ließ.

Zur moralischen Verunsicherung kam die politische Verwirrung. Der Verlust der Monarchie bedeutete einen Verlust der Sicherheit. Das Volk hatte sich bisher, beruhigt und geborgen, unter der demokratischen Monarchie »gehalten« gefühlt. Es war seit Generationen gebunden und getragen von der Treue zum Monarchen. Jetzt war alles ins Schwanken geraten, eine Regierung löste die andere ab. Es gab im Reichstag acht einander befeindete Parteien. Es fehlte die Kraft, um zerstörerischen Kräften entgegenzutreten.

Im August 1923 trat Reichskanzler Cuno zurück. Sein Nachfolger wurde Gustav Stresemann. Er bildete die »Große Koalition«. Endlich, nachdem die Inflation ihren Höhepunkt erreicht hatte (ein Dollar kostete am 15. November zweieinhalb Billionen Papiermark), gelang es der Stresemann-Regierung, die deutsche Währung zu stabilisieren. Die Rentenmark wurde in Umlauf gesetzt. Stresemann tat sein möglichstes, um Verständigung und Frieden zwischen Deutschland und den anderen Völkern Europas zu festigen. Leider war er nur kurze Zeit

Kanzler, als Außenminister blieb er im Kabinett. Ihm ist zu danken, daß durch den Dawes-Plan die Reparationskosten tragbarer wurden. Auch hatte der Vertrag von Locarno eine außenpolitische Verbesserung herbeigeführt. Es war Stresemann wohl gelungen, die Katastrophe aufzuhalten, doch die innenpolitische Situation blieb nach wie vor verworren und gefährlich. Noch immer herrschten Arbeitslosigkeit, Hunger, Armut und in deren Folge Unruhe und Aufbegehren. Zudem wuchs in Bayern die Verärgerung und der Widerstand gegen den Reichszentralismus unter Präsident Ebert. Ein kaum zu bewältigendes Gegeneinander verschiedenster linker und rechter Kräfte hatte unter dem bayerischen Ministerpräsidenten Gustav von Kahr (bis September 1921) geherrscht. Um für Ruhe und Ordnung zu sorgen, wurde er im September 1923 zum Generalstaatskommissar bestellt. Ihm unterstand die Bayerische Landespolizei, die er bald zu wichtigem Einsatz befehlen würde.

Immer öfter hörte man den Namen Hitler. Schon 1919 fanden die ersten Zusammenkünfte der Deutschen Arbeiterpartei (DAP) statt. Ihr Gründer war Anton Drexler. 1920 wurde der Name von DAP in NSDAP geändert. Die Partei bestand zunächst (Januar 1921) aus knapp 3000 Mitgliedern. Drexler wurde im Juli 1921 Ehrenvorsitzender, Hitler übernahm die Führung. Durch seine aufputschenden Ansprachen gelang es ihm, schnell viele Tausende zu gewinnen. Eines seiner ersten Ziele war die Aufstellung der sogenannten Sturmabteilung, der SA, deren Mitglieder seine politische Armee wurden. Ohne diese Sturmtruppe wäre es ihm nicht möglich gewesen, so schnell zur Macht zu gelangen.

Enoch und seine Freunde sahen den wachsenden Einfluß dieses kleinen redegewaltigen österreichischen Anstreichers mit Sorge. Wie berechtigt sie war, zeigte sich im Herbst 1923. Am 9. November hörten wir von einem mißlungenen Hitler-

Putsch in München. Ein Vetter meines Mannes hatte sich angesagt und wollte den Ablauf berichten. Er kam am 10. November und erzählte, was sich in München am 8. und 9. November abgespielt hatte. Generalstaatskommissar von Kahr sollte abends im großen Saal des Bürgerbräukellers vor einer Zuhörerschaft von Regierungsmitgliedern, hohen Beamten und Parteigrößen sprechen. Die Versammlung war keineswegs eine Veranstaltung der NSDAP. Kurz nachdem Kahr seinen Vortrag begonnen hatte, erzwang Hitler unter dem Schutz einer Gruppe bewaffneter SA-Leute den Zugang zum Saal. Er schwang eine geladene Pistole und schoß damit in die Luft, ging auf von Kahr und die ihn umgebenden Herren von Lossow und von Seißer zu, die Pistole in der Hand. Nach einem laut geführten Wortwechsel schlug er Kahr und den führenden Herren vor, mit ihm in einen Nebenraum zu gehen, da er dort einen höchst wichtigen Plan mit ihnen besprechen wolle. Kahr und seine Herren gingen mit. Inzwischen hatte sich der Saal mit bewaffneten SA-Leuten gefüllt, die laut »Hitler Heil« brüllten. Die Besprechung im Nebenzimmer dauerte an. General Ludendorff, schon damals ein fanatischer Anhänger Hitlers, gesellte sich dazu. Zweck der Unterredung war, die Herren der Regierung zu gewinnen, am nächsten Tag gemeinsam mit den Nationalsozialisten eine »Deutsche Nationalregierung« für ganz Deutschland zu proklamieren. Kahr und die anderen Herren stellten sich nach längeren Verhandlungen »zur Verfügung« und wurden im Triumph von Hitler in den Saal zurückgeführt, wo sie mit stürmischem Gejohle empfangen wurden. Anwesend waren auch Göring und Heß. Hitler bestieg das Rednerpult und hielt eine seiner aufpeitschenden Ansprachen, allen alles versprechend: die deutsche Ehre solle wiederhergestellt werden, eine deutsche Militärmacht auferstehen. Freudengebrüll der Zuhörer.

Dann kam der nächste Tag, der 9. November. Hitlers angekündigter Propagandamarsch durch die Straßen Münchens hatte begonnen. Ihm sollte die Proklamation folgen: das Ausrufen der »Deutschen Nationalregierung«, der Aufruf zum Marsch nach Berlin. Kahr und die Herren, die am Vorabend gezwungenermaßen ihre Mitwirkung zugesagt hatten, waren nicht erschienen.

Es war geplant, daß der Zug vom Bürgerbräukeller zum Rathaus, also zum Marienplatz führen sollte. Aber Hitler änderte sein Vorhaben. Um seinem Freund Röhm eine Ovation zu bieten, sollte nun der Zug vom Marienplatz über den Odeonsplatz zum Armeeministerium in der Ludwigstraße führen. Als die Spitze die Feldherrnhalle erreichte, begegnete ihr dort eine Sperre der Bayerischen Landespolizei, die auf Anordnung von Kahr bereitstand. Es fielen Schüsse, es gab Tote. Schnell zerstob der Demonstrationszug. Hitler versuchte zu fliehen, wurde aber verhaftet. Später erfuhren wir, daß ihm der Prozeß gemacht und er zu fünf Jahren Festungshaft verurteilt worden sei. Die Haft sollte er auf der Festung Landsberg abbüßen.

Es ging ein Aufatmen durch die Reihen der Verantwortlichen, und man war Generalstaatskommissar von Kahr für sein überlegtes Handeln dankbar. Leider endete seine Amtszeit im Februar 1924. Er war ein überzeugter Monarchist. Neuer Ministerpräsident wurde im März 1924 Heinrich Held als Repräsentant der Bayerischen Volkspartei. Während in Berlin bis 1933 zehn Reichsregierungen wechselten, behielt Held sein Amt bis nach Hitlers Machtübernahme (bis 9. März 1933).

Nach dem Augenzeugenbericht, den unser Gast von den Ereignissen in München gegeben hatte, erschien mir Enochs Reaktion befremdend. Wir waren so glücklich über das Mißlingen des Putsches, aber Enoch schien unsere Freude nicht ganz zu teilen. Er ahnte wohl mit seinem politischen Spürsinn, daß die NS-Ideologie längst nicht überwunden war. Er meinte, mit Hitlers Verhaftung seien nicht die Probleme der Wirtschaft und der tiefen Volksbeunruhigung gelöst. Es müsse geplant und gehandelt werden. Der von Hitler entfachten hysterischungesunden Volksbewegung müsse eine bodenständige, echte Volksbewegung gegenübergestellt werden. Karl Ludwig nahm regen Anteil an der Diskussion, und ich war erstaunt, wie ernst und überlegt trotz seiner Jugend seine Ansichten waren. Unser Gast verließ uns am nächsten Morgen, um mit Enochs Vetter, Baron Erwein Aretin, zu verhandeln.

Um Aretin hatte sich eine ansehnliche Gruppe von überzeugten Monarchisten aus allen Schichten der bayerischen Bevölkerung gesammelt. Die Gruppe nannte sich »Bayerischer Heimat- und Königsbund«. Enoch und seine Freunde setzten sich überzeugt und aktiv als führende Mitarbeiter Aretins ein. Die Stimmung im Volk war in weiten Schichten für die Wiederherstellung der Monarchie. Viele dachten, daß, würde ein König regieren, die großen Probleme Armut, Arbeitslosigkeit, Unsicherheit gelöst werden könnten. Auch vom Religiösen her waren die meist traditionstreuen Bayern, vor allem die bäuerlichen Familien, überzeugt, daß der Staat einen König brauche. Zudem war der Thronprätendent nach dem Tod König Ludwigs III., sein Sohn Kronprinz Rupprecht, ein außerordentlicher, begabter und hochangesehener Mann, der alle Eigenschaften in sich vereinte, die ihn als einen seiner Verantwortung bewußten königlichen Regenten qualifizierten. Kronprinz Rupprecht war im Krieg als Oberbefehlshaber einer Heeresgruppe von seiner Truppe verehrt und auch jetzt in weiten Teilen des bayerischen Volkes wegen seiner gewinnenden Volksnähe sehr beliebt und als König ersehnt. So war es nicht erstaunlich, daß die monarchische Bewegung unter Aretin rasch zu einer ernstzunehmenden positiven Kraft wurde – eben zu der von Enoch erwähnten »bodenständigen, echten Volksbewegung«. Aretin, Enoch und ihre Freunde waren viel unterwegs, um auf sogenannten »Weiß-blauen Tagen« zu sprechen und für die Wiederherstellung der Monarchie zu werben. Im Jahr 1928 übertrug Aretin die Führung des Heimat- und Königsbundes meinem Mann, der dieser Bewegung zu einer politischen Macht verhalf. Ihre Anhänger reichten vom Bauern bis in hohe Regierungsämter und kirchliche Stellen, sogar hinein in führende Kräfte der Sozialdemokratie, denen ein König lieber war als ein Hitler.

Typisch für Aretin ist der Ausspruch: »Aus den bescheidenen Anfängen des Heimat- und Königsbundes wurde eine wirkliche Volksbewegung. Mit der Übergabe der Führung an Enoch habe ich eine Lokomotive vor einen Kinderwagen gespannt.« Er hat recht behalten: Die bescheidenen Anfänge des Heimat- und Königsbundes wurden zu einer Volksbewegung.

Hitler jedenfalls wurde, statt seine Festungshaft abzusitzen und so wenigstens fünf Jahre lang auf seine gefährlichen Reden verzichten zu müssen, schon Ende Dezember 1924 aus der Landsberger Festung freigelassen, um landauf, landab seine grellen Reden zu halten, mit denen er die Massen zu hysterischem Beifall und bedingungsloser Gefolgstreue anfeuerte. Ich habe nie begriffen, was die Zuhörer an diesen primitiven, in schlechtem Deutsch mit unangenehmer Stimme vorgebrachten Ansprachen so fanatisieren konnte. Ich glaube, die ungeheuere Faszinationskraft dieses so mittelmäßig erscheinenden Mannes kam aus dämonischen Kräften. Aus seinem Mund sprach die Macht des Bösen, eingehüllt in Worte eines scheinbaren Heils. Denn er gebärdete sich als Heilsbringer, versprach Arbeit und Brot, nationalen Ruhm und Frieden und behauptete sogar, sich für ein selbständiges Bayern einsetzen zu wollen. Gierig trank die Menge die Lügen von seinen Lippen.

Im Februar 1925 starb der sozialdemokratische Reichspräsident Friedrich Ebert. Sein Nachfolger mußte gewählt werden. Und hier fiel eine Entscheidung, die uns hoffnungsvoll schien, sich aber leider bald als eine gefährliche Falscheinschätzung des neuen Reichspräsidenten erwies, des greisen Generalfeldmarschalls Paul von Hindenburg.

Nach dem mißlungenen Putsch von 1923 war die NSDAP

verboten worden, wurde jedoch im Februar 1925 neu gegründet. Im Juli 1926 hielt sie in Weimar einen Parteitag ab, und Hitlers lauthals verkündete Versprechungen verbreiteten sich über das Land. Kurz darauf waren wir mit einer Gruppe von Freunden in der Guttenberger Waffenhalle, und das Gespräch drehte sich natürlich um Politik. Ich erinnere mich noch gut an einen jungen Besucher, der an Enoch die Frage stellte: »Warum lehnen Sie es ab, mit Hitler zusammenzuarbeiten? In vielem scheint er doch die gleichen Ziele zu verfolgen wie Sie.«

Enoch wurde sehr ernst: »Niemals, ich kenne den Mann«, war seine scharfe Antwort.

»Aber Hitler wird den Kommunismus bekämpfen«, argumentierte der junge Politiker.

Darauf Enoch: »Sein Kampf gegen den Kommunismus wird zu einer Diktatur führen, die, da sie verlogener ist, unter dem Deckmantel schönklingender Phrasen noch gefährlicher für uns werden kann als der Kommunismus.«

Der junge Mann bohrte weiter: »Er behauptet doch, die Religion schützen zu wollen; das muß doch von Ihnen anerkannt werden!«

»Hitler verachtet alle Religion. Er glaubt nur an eine ›Vorsehung‹, die für ihn operiert. Denken Sie an mich: Wenn Hitler zur Macht kommen sollte, wird das nicht nur mit Judenverfolgung, sondern auch mit Christenverfolgung enden.« Enochs Gesicht hatte jetzt den scharfen Ausdruck angenommen, den ich an ihm gut kannte, wenn er zutiefst besorgt war.

»Also, Sie sind überzeugt, daß Hitler unser gefährlichster Gegner ist?« fragte der junge Mann.

»Davon bin ich überzeugt. Er ist sogar besonders gefährlich, weil er geschickt und bewußt Gedanken ausspricht und Ideen verwendet, die der deutschen Mentalität, der deutschen Sehnsucht entgegenkommen. Er spricht die deutschen Tugenden Vaterlandsliebe, Dienstbereitschaft und Ehre an, aber er mißbraucht sie und setzt sie in den Dienst seines Machtstrebens. Es beunruhigt mich zutiefst, daß ein so integrer und gebildeter junger Mann wie Sie die große Lüge nicht durchschaut; und ich fürchte, es wird viele wertvolle Menschen geben, die sich blenden lassen von den heillosen Versprechungen dieses Monopathen. Sie und die vielen, die, um teilzuhaben an den Segnungen dieses teuflischen Regimes und die dafür ihre persönliche Ehrenhaftigkeit opfern, werden – wenn wir es nicht verhindern können – den bösen Mächten zum Sieg verhelfen. Wir müssen alle unsere Möglichkeiten einsetzen und alle Kräfte im Land mobilisieren, um diese Gefahr aufzuhalten.«

Die Atmosphäre im Raum war drückend geworden. Fast alle anwesenden Freunde teilten Enochs Sorgen, aber auch seinen Entschluß, gegen die wachsende Macht der Hitler-Ideologie zu kämpfen. Ich erinnere mich noch daran, wie erstaunt ich war, als nach dieser bitterernsten Nachmittagsstunde ein beinahe heiterer Abend mit den Freunden folgte. Heute, nachdem man die ganze schreckliche Entwicklung durchlebt hat, wundere ich mich, wie neben dem großen Ernst des Einsatzes und der Bedrohung ein beinahe normales und glückliches Leben einhergehen konnte: wohl ein gnadenhafter Selbstschutz, das Gefühl, in Gottes Willen geborgen zu bleiben – wären selbst alle Teufel losgelassen.

Selbstverständlich verlangte Enochs politischer Einsatz immer mehr Kraft und Zeit, und mein Mann war mehr unterwegs als zu Hause – Versammlungen, Sitzungen, Besprechungen, viele Ansprachen. Enoch war ein sehr guter Redner. Gerne wäre ich mit ihm gereist, doch war es mir klar, daß ich »die Festung« in Guttenberg zu halten hatte, und ich fühlte, welches Aufatmen jedes Heimkommen für Enoch bedeutete. Seine Wurzeln waren in Guttenberg. Hier holte er sich neue Kraft.

1925 kam unsere Tochter Maria Nives zur Welt. Ich hatte mir gewünscht, daß, wenn das Baby am 5. August geboren würde und ein Mädchen wäre, es nach dem Fest dieses Tages Maria

Schnee zu nennen. Das Kind wurde meist Nives genannt nach seiner Tante, der Fürstin Nives von der Leyen-Ruffo. Wir waren sehr glücklich, nun auch eine Tochter zu haben. Zur festlichen Taufe waren Freunde und Verwandte nach Weisendorf gekommen. Die Feier war in der Schloßkirche. Zum Dinner hatte Lina einen aus Versehen geschossenen Schwan gebraten und ihn dekorativ in ganzer Größe und inmitten seiner Federn auf einer Platte angerichtet. Enoch konnte nach der Geburt zwei Tage bei mir bleiben, doch dann rief ihn wieder die Politik, und ich höre noch, wie er sagte: »Liebling, vor lauter Politik scheine ich mich selbst zu vergessen, und beinahe sieht es so aus, als vergäße ich auch dich.« Die vielen Trennungen haben uns nicht getrennt, sondern nur noch tiefer verbunden. Erst zur Taufe in Weisendorf kam er wieder zurück.

Im September 1926 erreichte Außenminister Stresemann nach schwierigen Verhandlungen die Aufnahme Deutschlands in den Völkerbund. Er sprach in Genf von dem machtvollen Anruf neuen Denkens über eine Gemeinsamkeit der Nationen, sprach von der Seele der Nationen und von der Hoffnung, daß die Kraft der Nationen sich von nun an der Hilfe am Menschen zuwenden werde. Es schien eine Hoffnung auf ein friedlich vereintes Europa aufzuleuchten. Durften wir uns wirklich diesen Hoffnungen hingeben?

Hitlers kämpferisches Reden waren alles andere als eine Hilfestellung. Auch er hatte das schöne Wort des vereinten Europa aufgenommen; aber sein vereintes Europa wäre nicht aus friedlicher Völkerverständigung entstanden, es wäre ein blutig erkämpftes Hitler-Europa gewesen. Hitler versprach, Deutschland zur größten Nation der Welt zu machen, er versprach, die verlorenen deutschen Kolonien zurückzuerobern, da Deutschland ohne diese Kolonien nicht leben könne – allen alles versprechend: den Sozialisten ihren Aufstieg, den Monarchisten ihren König, den Nationalisten alle erdenklichen Siege. Dabei schien ihm und seinen betörten Zuhörern zu entgehen, daß er sich immer wieder selbst widersprach. Es war bezeichnend, daß die Regionen, in denen noch Glaube im Volk lebendig war, seinen Lügen am wenigsten verfielen. Der Verfall des Glaubens hatte jedoch in weiten Schichten das Gespür für Wahrheit und Lüge geschwächt, und viele, die den Glauben verloren hatten, griffen nach Hitlers Idolen als nach einem ersehnten Glaubensersatz.

Um Ungarns Thron

Obwohl Enoch so oft abwesend sein mußte, war ich in Guttenberg nie allein. Ich hatte meine beiden wilden Söhne und ihre reizende blonde Gouvernante, dazu mein Töchterchen. Meine Mutter und Onkel Gagern waren oft unsere Gäste, ich hatte meine guten Haushaltssäulen Mister Sozusagen, Lina und Gretchen – und ich hatte Schlupf, den Dackel, der inzwischen den Namen »Schlupf der Heilige« erworben hatte, da er gar so treu und für einen Dackel beinahe folgsam war. Als heiliger Hund hat er sich allerdings an einem Abend in Guttenberg nicht bewährt. Doch davon später.

Mein Onkel, der Bischof, hatte sich angesagt. Er wollte in Guttenberg mit seinem Freund, dem Dean of Windsor, zusammentreffen. Ich war glücklich, da es schon lange mein Wunsch war, daß der bischöfliche Onkel meinen Enoch näher kennenlernen sollte. Ich war sicher, daß sie sich wieder sehr gut verstehen würden; beide hatten einen ausgesprochenen Schönheitssinn, sie liebten das Leben und hatten denselben leichten Humor. Beide waren erfüllt von starkem Pflichtbewußtsein, von Verantwortung ihrem Land gegenüber, und beide waren treu ihrem König und bemüht, für ihr Volk die Krone wiederzuerlangen. So war die Ankunft meines Onkels für mich ein Fest. Wie ich erwartet hatte, zeigte sich sofort die spontane Zuneigung zwischen Enoch und dem Bischof, Sympathie, die bald zu tiefer Freundschaft führte. Ich freute mich sehr darüber, wie begeistert Onkel János von Guttenberg war. Am nächsten Tag traf der Dean ein, ein interessanter älterer Herr mit tadellosen englischen Manieren. Natürlich hatte sich Enoch für diese wichtigen Besuche einige Tage freigehalten. Ich tat mein Bestes, Guttenberg auf Glanz zu bringen.

Für den Abend erschien der Dean protokollgemäß in Escarpins, Seidenstrümpfen und Schnallenschuhen, Enoch im Smoking, ich in meinem Burgfrauen-Abendkleid, die anderen Gäste ebenfalls in elegantem Aufzug. Die Tafel war reich mit Blumen und Kerzen dekoriert. Wagner, sozusagen in seinem Element, dirigierte als Butler das Service, und Linas kulinarische Kunstwerke wurden nebst bestem Pfälzer Wein gereicht. Ich saß zwischen den zwei befreundeten Religionen, meinem katholischen Onkel und dem Dean, einem Großen der Anglikanischen Kirche.

Das Gespräch verlief angeregt. Der Dean, ein Freund des englischen Königshauses, entwarf uns ein sympathisches Bild des dortigen Lebens. Onkel János wurde immer ernster, ja traurig. Er sagte: »Welcher Segen für die Briten, daß ihre Monarchie überlebt. Unser König ist tot, begraben in einer kleinen Dorfkirche auf Madeira. Es war vor nicht langer Zeit nahe daran, daß Ungarn wieder seinen König hätte.« Dann berichtete er von den Ereignissen im März 1921:

»Mein Haus war voller Gäste, wir saßen bei Tisch, als mein Kammerdiener mir zuflüsterte: ›Zwei Männer sind unten in der Halle und wünschen Exzellenz zu sprechen.‹ ›Wer sind sie?‹ ›Sie nannten keine Namen. Der ältere ist nicht groß, aber stämmig, und er kommt mir bekannt vor. Der andere ist groß und trägt eine sehr dunkle Brille.‹ Eher ärgerlich folgte ich dem Diener in die Halle. Ich erkannte in dem Kleineren den Grafen Tamás Erdödy, der mir auf der Treppe entgegenkam. ›Tamás, was fällt dir ein, so einfach unangemeldet zu kommen, ich habe kein Zimmer mehr für dich, mein Haus ist voller Gäste‹, sagte ich lachend. ›Aber was führt dich her? Und wen hast du da mitgebracht?‹ ›Erkennen Sie mich nicht, Exzellenz?‹ fragte der Fremde. Ich antwortete: ›Ihre Stimme kommt mir bekannt vor – aber wem gehört sie?‹ Da nahm er Hut und Brille ab, und ich höre noch heute meinen Aufschrei: ›Majestät!‹

»Es war Kaiser Karl, unser ungarischer König, der mir den Ring küßte und mich umarmte. Er hatte allein, als portugiesischer Bauer gekleidet, mit einem portugiesischen Paß die Reise aus dem Schweizer Exil unternommen. Am Abend des Karfreitags erschien er an der Tür seines Freundes, des Grafen Erdödy. Der versuchte vergebens, ihm nahezulegen, doch zu seiner eigenen Sicherheit sogleich zurückzukehren ins Schweizer Exil. Aber der König widersprach und versicherte, daß sein Plan, den Thron Ungarns wieder zu besteigen, auch von Kaiserin Zita und deren Bruder Sixtus von Parma gutgeheißen sei, daß eine Zusage Briands aus Frankreich bestünde, daß eine Wiederherstellung der Monarchie akzeptiert würde, wenn der Coup gelänge. In Ungarn wußte niemand, selbst nicht die Monarchisten, von diesem Plan des Königs. Der aber stützte sich darauf, daß Horthy ja nur als Statthalter für die Krone regiere. Und wirklich war Ungarn legal noch Königreich. Nach den Karolyi- und Cim-Regierungen, die kommunistisch-diktatorisch und gefährlich waren, hatte es mit Hilfe der nach Österreich geflohenen Emigranten einen Rechtsrutsch gegeben, und so war Horthy an die Regierung gekommen. Wir alle waren der Meinung, daß Horthy ein überzeugter Monarchist sei. König Karl erkundigte sich bei Erdödy über die Generäle, von denen er Unterstützung erhoffte. Aber der Graf konnte ihm nur ein sehr trübes Bild der Situation in Ungarn geben. Nach dem kommunistischen Terror, der viel Blut gekostet hatte, herrschte allgemein Armut. Viele Freunde mußten als Arbeiter oder Kellner ihr Brot verdienen, da sie im Khun-Regime enteignet worden waren. Die Verwirrung, die unter dem Kommunismus geherrscht hatte, war noch lange nicht überwunden. Erdödy versuchte dem König klarzumachen, daß ihn seine Getreuen sicher zu gegebener Zeit als Herrscher zurückrufen würden, doch sei die Zeit dafür noch nicht reif. Als der König weiter auf seinem Plan beharrte, gab Erdödy schließlich aus Liebe zu ihm nach, obwohl er den Staatsstreich als höchst unsicher und gefährdet beurteilte. Der Graf verschaffte dem ›portugiesischen Bauern‹ einen Paß und half ihm, die ungarische Grenze zu passieren. Nach einer ermüdenden und gefährlichen Reise waren sie endlich in Szombathely, meiner Bischofsstadt, angelangt.

»Unglücklicherweise war einer meiner Gäste an diesem Abend der Sozialminister Voss aus dem Kabinett Horthy. Wie würde er dem König begegnen? Als ich mit meinen zwei Besuchern den Speisesaal betrat, erhoben sich alle Gäste, manche konnten es kaum fassen, vor ihrem König zu stehen. Das erste, was ich tat, war, Lingauer, der überzeugter Legitimist war, kommen zu lassen sowie den Kommandanten der Garnison, Anton Lehár. Gott sei Dank war die Truppe und die Bevölkerung von Szombathely absolut königstreu, so daß dort für den König keine Gefahr bestand. Aber wir hatten große Bedenken, wie das überraschende Vorhaben enden würde. Ich rief meinen Vetter, den Ministerpräsidenten Graf Teleki, herbei, der nahe Szombathely auf der Jagd war. Auch er warnte den König eindringlich vor dessen Absicht, Horthy in Budapest aufzusuchen. Man würde damit der Kleinen Entente den Vorwand liefern, Ungarn zu annektieren. Es würde Blutvergießen geben, und sogar, wenn Horthy dem Plan sympathisch gegenüberstünde, wäre es erste königliche Pflicht, für das Wohl des Landes zu sorgen. Während wir noch berieten, erschien Oberst Lehár mit seinen Soldaten als Ehrengarde für den König. Bis zum Morgen war noch keine Entscheidung gefallen, als aber der König den Hof meines Bischofspalais' betrat, erbot sich Oberst Lehár, ihn mit seinen Soldaten nach Budapest zu begleiten. Dieser lehnte ab, nicht einmal Graf Erdödy durfte ihn begleiten, er wollte allein vor Horthy hintreten und von ihm die Übergabe der Regierung verlangen.

»Der Besuch bei Horthy war eine tragische und bitter-demütigende Enttäuschung. Nach Stunden erfolglosen Verhandelns kehrte der König nach Szombathely zurück. Er hatte zwei Nächte ohne Schlaf und zwei Tage beinahe ohne Speise hinter sich. Bei all der Aufregung hatte man nicht daran gedacht, daß er hungrig sein könnte. Er kam als kranker, gebrochener Mann zurück; schon lange litt er an einem bösen Husten. Als er gegen Morgen ankam, glühte er von Fieber. Ich hatte aus Budapest die Nachricht vom Mißlingen des Gesprächs mit Horthy erhalten und war gebeten worden, den König festzuhalten und für seine Sicherheit zu sorgen. Tamás Erdödy und ich nahmen ihn, Tränen in den Augen, in Empfang. Er war so schwach, daß er beinahe in die Arme des weinenden Erdödy fiel. Ich ließ meinen Arzt kommen, der erklärte, der König sei schwerkrank, viel zu krank, um zu reisen. Tagelang lag er im Palais im Delirium. Als bekannt wurde, daß er in Szombathely war, kam das Volk aus der ganzen Umgebung. Eine Menschenmenge versammelte sich vor dem Palais, und der König konnte von seinem Krankenbett aus die Gesänge der Menge hören.

»Ein Sonderzug stand bereit, um ihn zurück ins Exil zu bringen, sobald er gesund genug wäre. Als er vom Fenster aus der Menge zuwinkte, erklang der Ruf: ›Heil dem König! Bleibe bei uns, Heil unserm König!‹ Im Hof waren Soldaten der Garnison, die Magnaten der Umgegend in ihren prachtvollen Gewändern. Sie salutierten mit ihren Degen. Die Ungarn würden ihn rufen; es war nicht zu spät, in Budapest einzumarschieren. Ich warnte ernst, es würde allzuviel Blut fließen. Da wußte der König, er dürfe nicht über die Leichen seiner liebsten Freunde, nicht über den Tod vieler seiner treuen Ungarn den Thron zurückerobern. Für ihn war die Liebe, die das Volk ihm in Szombathely entgegenbrachte, ein beglückender Triumph, nach allem Schmerz eine freudige Erinnerung, die er mitnehmen würde ins Exil und bis zu seinem frühen Tod.« (Jahre später hatte mich mein Onkel nach Madeira eingeladen. Dort war der Kaiser im Jahr 1922 gestorben. Wir besuchten die kleine Dorfkirche, in der er begraben ist. Die Bevölkerung schmückte immer sein Grab mit Blumen, sie verehrte ihn wie einen Heiligen, und das tut sie heute noch – nach über fünfundsechzig Jahren.)

Wir alle waren ergriffen, als mein Onkel seinen Bericht mit dem Satz beendet hatte: »Ich bin überzeugt, daß der Kaiser ein Heiliger war. Das wird sich gewiß erweisen.« Es ergab sich noch ein sehr interessantes Gespräch über den monarchischen Gedanken und den religiösen Aspekt der Krone.

So wurde es ein sehr ausgedehntes Abendessen. Als ich endlich die Tafel aufheben wollte, bemerkte ich, wie der Dean unruhig unter dem Tisch etwas zu suchen schien. Wagner fragte, ob er behilflich sein könne. Da erfuhr ich, daß unser Gast – was ich auch manchmal tue – einen seiner schönen Schuhe ausgezogen hatte und nun vergeblich nach ihm angelte. Daraufhin großes Suchen. Enoch kroch unter den Tisch – weit und breit kein Schuh! So wanderte der Dean mit einem Seidenstrumpffuß mit uns in den kerzenschimmernden Ahnensaal. Es war imponierend, mit welchem Humor er sein Mißgeschick trug. Wir bemühten uns, die Konversation wieder in Gang zu bringen, als nach geraumer Zeit ein Diener triumphierend den Lackschuh brachte. Er hatte ihn am anderen Ende des Hauses im Musikzimmer dem sehr betrübten »heiligen Schlupf« entrissen.

Wenn Mama in Guttenberg war, verbreitete sie eine entspannte, freundliche Atmosphäre. Sie half mir Blumen richten, ihre Sträuße waren immer besonders schön. Sie malte viel, durchsichtige Landschafts- und Blumenaquarelle, und sie liebte ihr Radio so sehr, daß sie es mit ihren Malsachen über Land schleppte, um auch beim Malen Musik hören zu können.

Onkel Gagern war ein interessanter Gast, besonders bei meinen Buben beliebt, da er mit ihnen Unfug trieb. Philipp Franz und Karl Theodor waren sehr liebe Kinder, aber sie brachten oft lautes Leben ins Haus, wilde Jagden, von bellenden Hunden begleitet, Rutschpartien mit schmutzigen Schuhen auf dem frischpolierten Parkett – dies sehr zum Unmut von Wagner, dessen besonderer Stolz das Parkett war.

So kam er eines Tages mit sehr ernstem Gesicht zu mir und

meinte: »Frau Baronin sollten wirklich diesen Buben – Verzeihung: den jungen Herren – verbieten, so unüberlegt das Parkett zu ruinieren. Ich kann es nicht verstehen, sozusagen, warum Frau Baronin so viel Geld für die Erzieherin ausgeben, wenn die jungen Barone wie die Zigeuner aufwachsen – sozusagen. Und das Parkett ist wirklich ruiniert.«

Da verteidigte sich Philipp Franz und sagte scharf: »Mama, das Parkett haben wir gar nicht uriniert. Wenn es wieder poliert wird, merkt man gar nichts mehr.« Sogar Mister Sozusagen mußte, trotz seiner Verbitterung, lächeln.

Ich war viel im Musikzimmer und übte auf meiner Geige. Wir hörten klassische Musik auf Schallplatten – am liebsten Bach und Mozart. Auch in der Musik liebten Enoch und ich die gleichen Werke.

An den vielen Tagen, an denen Enoch abwesend war, fühlte ich mich verpflichtet, seine Stelle einzunehmen, besonders der Guttenberger Bevölkerung gegenüber. Ich besuchte die Familien, versuchte zu helfen, wo Hilfe nottat, versuchte das rechte Wort der Tröstung zu finden, wo es zu trösten galt.

Glücklich war ich über die Kirche im Haus und die tägliche Messe. Daß sie aber allmorgendlich schon um sieben Uhr begann, nachdem wir am Abend oft lange mit Gästen gefeiert hatten, war doch recht mühsam. Ich schlüpfte nach dem Gottesdienst wieder ins Bett und ließ mir – was ich schon als Kind bei Mama so herrlich gefunden hatte – das Frühstück ans Bett servieren. Wenn Enoch zu Hause war, nahm er daran teil. Es war eine der gemütlichsten Stunden des Tages. Meine Schwiegermutter allerdings fand diese neuartige Gewohnheit »sittenwidrig«.

Der Zugang zu meinem Schreibzimmer führte durch Enochs Schreibzimmer, wo über seinem Arbeitstisch die Statue des heiligen Georg hing. Wenn mein Blick dorthin fiel, kam mir oft der Gedanke: O Gott, der Kampf mit dem Drachen, der Kampf mit dem Drachen!

Das Leben in Guttenberg nahm seinen normalen Lauf. Wie

immer war Enoch viel unterwegs für seine Politik und für die Verwaltung der Güter. Gäste kamen und gingen. Da saßen wir abends in der Bibliothek, und die Gespräche führten von Politik zu Kunst und Religion. Es waren meist Enochs Freunde, die mit ihm politisch zusammenarbeiteten. Sein Bruder Karl Ludwig hatte in München das Geschichtsstudium beendet und war ebenfalls politisch engagiert. Zu meiner großen Freude kam auch Elisabeth Stauffenberg, Enochs Schwester, zu uns. Zwischen uns bestand ein inniges, schwesterliches Verhältnis. Sie war eine kluge, verständnisvolle und vor allem großzügige Frau, und all diese Eigenschaften waren ihr in bezaubernder Weise anzusehen. Ohne wirklich schön zu sein, machten ihr Charme, ihre Grazie, die Ausstrahlung ihres Wesens sie zu einer Zuflucht für viele, die im Leben in Schwierigkeiten geraten waren. Mit ihr fuhr ich zu meinem Onkel Stauffenberg nach Greifenstein, dem sie eine geliebte Schwiegertochter war. Wenn ich, was leider selten vorkam, mit Enoch nach München fuhr, besuchte ich auch meine Schwester Hilda Schaezler im Schloß Scherneck bei Augsburg. Sie hatte inzwischen zwei Söhne und eine Tochter.

Ein recht mühsamer Gast war meine Schwiegermutter, die ja weiß Gott das Recht hatte, in Guttenberg eine wichtige Rolle zu spielen. Ich glaube, daß ich wirklich mein Allerbestes versucht habe, um ihr den Aufenthalt angenehm zu machen. Aber wie ich es auch anstellte, immer war es falsch. Freilich heute, da ich selbst alt bin, sehe ich vieles, was ich aus Unverstand verbrochen habe. So zum Beispiel fand ich beim Räumen auf dem Speicher riesige Stapel uralter Tageszeitungen, die ich für wertlos hielt und verbrennen ließ. Katastrophe! Sie waren von Schwiegermama liebevoll gesammelt. Und aus ihrer Zeit stammten abscheuliche schwarzlackierte Möbel – Stil 1870 –, die so gar nicht zu den anderen antiken Möbeln paßten. Ich ließ sie in die Dienstbotenzimmer stellen. Eine schmerzliche Beleidigung für die Schwiegermama! Heute kann ich verstehen, wie verletzt sie sein mußte, und ich bereue meine Gedankenlosigkeit.

Weniger verständlich waren andere Dinge. Eines Tages ließ Schwiegermama mich kommen; Enoch war unerreichbar. Sie lag schweratmend in ihrem Bett, sagte, sie fühle, daß sie den Tag nicht überleben werde. Ich war außer mir, schickte nach einem Arzt. Da ich aber fürchtete, daß Mama sein Eintreffen nicht mehr erleben würde – sie lag röchelnd im Bett –, schickte ich nach unserem Geistlichen, er möge ihr die Sterbesakramente bringen. Dann ging ich ans Telefon und versuchte verzweifelt, die Kinder der Sterbenden zu erreichen, Enoch, Elisabeth Stauffenberg und Karl Ludwig. Nun führte ich den Priester hinauf in ihr Zimmer. Wir öffneten vorsichtig die Tür – das Bett war leer, Mama und ihr Hund, eine graue Dogge, waren verschwunden. Nach ergebnisloser Suche im Haus fand sie der Förster, wie sie mit dem Hund um den Schloßberg spazierenging – sehr komisch, aber auch sehr traurig!

Das Erlebnis Konnersreuth

Enoch nahm meist im Herbst einige Wochen frei, um sich zu erholen und auf die Jagd zu gehen, auch in Ungarn. Zum Herbst 1927 waren wir zu Onkel János und unseren Freunden Erdödy eingeladen. Aber im Sommer vor unserer Abreise hatte ich ein Erlebnis, das für mein ganzes Leben richtunggebend werden sollte.

Im Frühjahr 1928 kam ein guter Freund des Onkels János, Bischof Waitz von Innsbruck, nach Guttenberg. Er war auf dem Weg nach Konnersreuth, wo er Therese Neumann, die er schon kannte, besuchen wollte. Nach dem Abendessen saßen wir in der Bibliothek, und natürlich kam das Gespräch auf Konnersreuth. Wir hatten zwar schon von der stigmatisierten Therese Neumann gehört; Enochs Vetter Erwein von Aretin hatte uns von ihr erzählt. Aber der Gedanke, sie zu besuchen, wäre mir nicht gekommen. Ich fühlte mich in Enochs Liebe trotz aller Sorgen und Ängste völlig geborgen. Und ich fühlte mich auch religiös geborgen. Die Kirche im Haus und die tägliche Messe schienen mir genügend Gottesnähe zu geben, als daß ich noch weitere Erfahrungen suchen wollte. So wußte ich nicht recht, wie ich auf des Bischofs Vorschlag, ihn nach Konnersreuth zu begleiten, reagieren sollte. Enoch konnte auf keinen Fall mitfahren, da er am folgenden Tag eine Versammlung leiten mußte. Und ich? Krampfhaft suchte ich nach einer Ausrede. Irgendwie fürchtete ich mich davor, mit dem, was sich anscheinend in Konnersreuth ereignete, konfrontiert zu werden – vielleicht fürchtete ich auch unterschwellig, daß dieser Besuch mir eine zu starke religiöse Bindung abverlangen würde.

Doch der Bischof gab nicht nach, und am Ende des Geprächs klang es beinahe wie ein liebevoller Befehl: »Natürlich kommen Sie mit!«

Da sprach ich es einfach aus: »Ich habe Angst, Exzellenz.«

»Da gibt es nichts, vor dem man Angst haben müßte. Ich bin überzeugt, daß Sie diesen Besuch nie bereuen werden.«

Und wie recht hatte der Bischof. Ich bin ihm mein Leben lang dankbar, daß er mich fast gezwungen hat, ihm zu folgen.

Natürlich wollten wir mehr über Therese Neumann, die allgemein »die Resel« genannt wurde, erfahren.

»Ich kann gern von dem berichten, was ich mit der Resel erlebt habe, und lege meine Hand ins Feuer für die Echtheit des Konnersreuther Geschehens. Ich kenne Resel und ihren Seelsorger, den Pfarrer Naber, schon seit einiger Zeit. Ich bin überzeugt, daß in Konnersreuth keine Täuschung geschieht. Aber Sie wissen selbst, ich kann nicht offiziell im Namen der Kirche sprechen, sondern nur meine Überzeugung ausdrücken. Therese Neumann hat fraglos außerordentliche religiöse Erfahrungen gemacht. Dabei bleibt sie das einfache Bauernmädchen. Sie ist von einer prachtvollen Einfachheit und kann sehr fröhlich sein.

»Sie wurde am Karfreitag 1898 als ältestes von zehn Kindern in Konnersreuth geboren, das vom Unglauben und Materialismus unserer Zeit kaum berührt war. So wuchs sie in einer Atmosphäre katholischer Tradition auf, und ihr Traum war es, Missionsschwester in Afrika zu werden. Als aber ihr Vater als Soldat in den Krieg zog, mußte sie als Älteste der Mutter in der großen Familie beistehen. Ihr Vater brachte ihr eine Reliquie der heiligen Theresia von Lisieux mit, da er wußte, daß Resel eine besondere Liebe zu dieser Heiligen hatte. Es ist interessant, wie stark die Heilige von Lisieux in Resels Leben eingreift, wie ineinander verwoben das spirituelle Leben dieser beiden Frauen ist. Ich meine, daß die Botschaft, die Therese Neumann unserer entgöttlichten Welt bringt, eines der schönsten geistigen Geschenke der ›kleinen‹ heiligen Theresia ist.

»Als der Vater zurückkehrte, hoffte Resel, daß sich nun ihr großer Wunsch erfüllen würde. Doch statt Missionsschwester zu werden, mußte sie zur Arbeit gehen, um die Familie ernähren zu helfen. Sie war fleißig und kräftig und arbeitete als Magd auf dem benachbarten Bauernhof. In diesem Anwesen brach ein Feuer aus, und Resel – immer eifrig – hob stundenlang, auf einem Hocker stehend, schwere Eimer voller Wasser zum brennenden Dach hinauf. Nach zwei Stunden Arbeit fühlte sie plötzlich einen schneidenden Schmerz im Rücken, ließ den Eimer fallen und fiel zu Boden. Vornübergebeugt konnte sie sich mit Mühe nach Hause schleppen. Das geschah im März 1918. Sie hatte zwei Rückenwirbel verstaucht und das Rückenmark gequetscht. Trotz dieser Verletzung versuchte sie ihre Arbeit wieder aufzunehmen. Aber ihr Zustand verschlimmerte sich so sehr, daß sie bald bis zur Taille gelähmt war. Dann erblindete sie. Jahrelang lag sie blind und gelähmt zu Bett. Durch das lange bewegungslose Liegen bildeten sich an ihrem Rücken schwere Wunden. Ein Fuß lag bewegungslos abgewinkelt über dem anderen Bein, so daß auch hier eine tiefe Wunde entstand. Vorbei war der Missionstraum. Resel litt sehr unter der völligen Untätigkeit, seelisch und körperlich, fünf Jahre lang. Später sagte sie, daß sie in diesen Leidensjahren gelernt habe, alles, was Gott ihr auferlegen würde, willig anzunehmen. Dieses Annehmen des göttlichen Willens wurde zum Inhalt ihres Lebens.

»Fünf Jahre nach ihrer Erblindung konnte sie plötzlich wieder klar sehen. Es war der Tag der Seligsprechung der heiligen Theresia. Aber die Lähmung und die Schmerzen dauerten noch zwei Jahre an. Auf einmal sah Resel ihr Krankenzimmer von Licht erfüllt. Sie hörte eine Stimme: ›Willst du wieder gesund werden?‹ Resel antwortete: ›Mir ist alles recht, leben oder sterben, krank oder gesund sein. Wie Gott will. Er weiß es am besten.‹ ›Heute wirst du eine Freude erleben. Du kannst dich aufsetzen ... versuch es. Ich werde dir helfen.‹ An ihrer rechten Hand wurde sie emporgezogen und konnte sitzen. Die Stimme aus dem Licht sagte: ›Du wirst noch viel leiden müssen. Kein Arzt wird dir helfen können. Aber durch Leiden werden viel mehr Seelen gerettet als durch die schönsten Predigten. Ich habe das früher schon geschrieben.‹ Therese Neumann konnte aufstehen und sogar mit einem Stock gehen – nach fünfjähriger Lähmung. Diese wunderbare Heilung geschah 1925 am Heiligsprechungstag der Theresia von Lisieux – und wirklich hatte die Heilige diese Worte der Seelenrettung durch Leiden in einem ihrer Briefe geschrieben. Resels erster Weg war die Dorfkirche. Sie konnte gehen, auch die schweren Rückenwunden waren sofort geheilt.«

Wir hörten dem Bericht des Bischofs zu, der mit solcher Überzeugung sprach, daß auch für uns kein Zweifel an der Wahrheit seiner Worte aufkam. Nach einer Weile fuhr er fort: »In der Fastenzeit 1926 erlebte Resel dann ihre erste Vision der Passion. In Ekstase sah sie Jesu Leid im Garten am Ölberg. Aus Mitleid fühlte sie einen heftigen Schmerz, und als sie aus der Ekstase erwachte, bemerkte sie, daß warmes Blut aus ihrem Herzen rann. Um die Blutflecken vor ihrer Schwester zu verbergen, legte sie ein Leinentuch auf die Wunde. Sie wollte die Familie nicht beunruhigen, die fürchten würde, daß sich eine neue Krankheit anbahne. Daß es sich bei ihr um eine Stigmatisation handeln könnte, kam ihr nicht in den Sinn. Am nächsten Freitag hatte sie eine zweite Vision. Sie war länger und ausführlicher: die Gefangennahme und Geißelung Jesu. Auch diesmal blutete die Herzwunde. An allen folgenden Freitagen der Fastenzeit wiederholte sich die Passionsvision. Vom Gründonnerstag bis zum Karfreitag schaute Therese die ganze Passion bis zu Jesu Tod am Kreuz. Die Wunde am Herzen blutete stark, und an Händen und Füßen zeigten sich ebenfalls die Wundmale des Herrn. Nun konnte das Geschehen nicht mehr verheimlicht werden. Man bat den Pfarrer um Hilfe und Aufklärung.«

Ich sah, wie erschüttert Enoch den Worten des Bischofs

folgte, und schrak noch mehr vor dem Gedanken zurück, am nächsten Tag mit diesem Geschehen konfrontiert zu werden.

»Bald erschienen auch die blutenden Wunden der Dornenkrone an Resels Stirn und Kopf«, fuhr der Bischof fort. Er wandte sich uns zu und sagte: »Ich kann mir denken, daß es Ihnen schwerfällt, meinen Worten Glauben zu schenken. Aber ich weiß, daß es Wirklichkeit ist, daß Therese Neumann nun drei Jahre lang weder ißt noch trinkt. Ihre wirkliche Nahrung ist die tägliche Kommunion. Dabei ist sie kräftig und gesund – körperlich wie seelisch. Die Hostie ist für sie wirklich Speise, und wenn aus irgendeinem Grund die Austeilung der Kommunion unterbleibt, leidet Resel starken physischen Hunger. Seit ihrer ersten Vision im Jahr 1926 erlebt Therese die Passion an jedem Freitag, nur nicht, wenn der Freitag auf ein Kirchenfest fällt, auch nicht in der nachösterlichen Zeit. Resel ist so klar, so einfach, daß man das Gefühl hat, ihr so ungewöhnliches Leben sei absolut normal und daß es natürlich ist, daß in einem so gottverbundenen Leben auch die Gesetze der Natur nicht mehr gelten.«

Enoch wurde sehr ernst, und er fragte den Bischof: »Exzellenz, was ist die Botschaft, die diese Frau unserer Welt bringt?«

»Ihr ganzes Leben ist eine Botschaft – eine sehr einfache, sehr große Botschaft. Sie zeigt, daß in absoluter, liebender Annahme des Willens Gottes kein Ding unmöglich ist. Ihr Leben beweist, daß bei völligem Aufgehen in Gott die Grenzen zwischen unserer Welt und dem Leben der Ewigkeit aufgehoben sind. Zeit, Raum und die Begrenzungen des menschlichen Lebens sind nicht mehr relevant. Außerdem bin ich überzeugt, daß Thereses Leben gerade für unsere gottferne Zeit als greifbarer Gottesbeweis von größter Wichtigkeit und gottgewollt ist.«

Der Bischof sah mich an: »Eigentlich wollte ich erst auf dem Rückweg von Konnersreuth nach Guttenberg kommen. Aber etwas hat mich bewogen, zuerst zu Ihnen zu kommen. Baronin, wirklich – Sie müssen mich morgen begleiten!«

Mit zitterndem Herzen dachte ich: Nein, ich werde die erschreckende Wirklichkeit von Konnersreuth nicht ertragen. Ich werde, wenn ich dem Anblick von Resels Passion ausgesetzt sein werde, dem Anruf nicht genügen. – Doch ich mußte wohl nachgeben, dem Bischof zuliebe.

Am nächsten Morgen fuhren wir durch die schönen fränkischen Täler, durch bewaldete Hügel die zwei Stunden nach Konnersreuth, einem bescheidenen Dorf nahe der tschechischen Grenze. Die Menschen dort scheinen ihr Leben zu leben wie vor hundert Jahren: an den Straßenrändern alte Kreuze und Bildstöcke, die Frauen in bäuerlicher Kleidung, ein Kopftuch über den Haaren. Beinahe in jedem Dorf eine stattliche alte Kirche. Eine der schönsten steht in Konnersreuth, erbaut in der Barockzeit vom Abt des nahen Waldsassener Klosters. Neben der Kirche hielten wir vor dem Pfarrhaus an, schon erwartet und freundlich begrüßt von Pfarrer Naber, weißhaarig, hochgewachsen, ein gütiges Gesicht mit hellen, wachen Augen und einem beinahe kindlich einfachen Wesen. Nach ein paar freundlichen Worten meinte Pfarrer Naber, wir sollten gleich mit ihm hinübergehen zum Heim der Familie Neumann. Er führte uns durch den Hintereingang ins Haus, da auf dem Platz vor der Haustür eine große Menge stand, lauter Menschen, die hofften, für einen kurzen Augenblick in Resels Zimmer eingelassen zu werden und einen Bruchteil ihrer Passionsvision miterleben zu dürfen.

Thereses Mutter begrüßte uns, vor allem den Bischof, sehr ernst und bei aller Bescheidenheit mit einer selbstverständlichen Würde. Sie führte uns eine schmale steile Treppe hinauf vor Resels Tür. Es war etwa zwölf Uhr mittags, die Zeit, in der Therese visionär das Sterben Jesu am Kreuz erlebt. Pfarrer Naber öffnete leise die Tür, der Blick fiel auf zwei schmale Fenster. (Zwischen beiden stand später ein kleiner Altar, an dem die Messe gelesen werden konnte, wenn Resel zu elend war, um zur Kirche zu gehen.) Rechts an der Wand ein einfaches Sofa, darüber ein großer Käfig mit Resels geliebten Vögeln, zugedeckt, um sie zum Schweigen zu bringen. Auf der gegenüberliegenden Seite in ihrem Bett Therese, halb sitzend, die Arme Jesus entgegengestreckt, den sie in Todesnot ans Kreuz geschlagen sah. Ich konnte den Anblick des verzweifelten Schmerzes in Thereses Antlitz kaum ertragen. Von ihren ausgestreckten Händen floß Blut, ihr weißes Kopftuch zeigte einen Kranz von blutigen Flecken. Aus ihren Augen flossen in zwei breiten Rinnsalen die blutigen Tränen, die sie immer weinte, wenn sie in der Ekstase das Leiden des Herrn erlebte. Wir standen eine Weile an Resels Bett. In ihrem Ausdruck spiegelte sich in herzzerreißender Deutlichkeit die Todesqual des Heilands. Manchmal griff sie sich an den Kopf, als wollte sie die schmerzenden Dornen entfernen. Obwohl ihre Augen geschlossen waren, war es ganz deutlich, daß sie jede Einzelheit des bitteren Leidens am Kreuz sehen konnte. Ich war in Tränen und meinte, das Mitleid kaum mehr ertragen zu können. Dann war wohl Resels Schau für kurze Zeit unterbrochen; denn sie sank zurück in die Kissen. Da flüsterte Bischof Waitz mir zu, ich solle ihre Hand berühren, aus deren Wunde das Blut floß.

Ich wundere mich noch heute, daß ich es wagte, dem Bischof zu folgen. Zaghaft berührte ich Resels Hand. Da sagte sie leise mit kindlicher Stimme: »Die liebt den Heiland ...«, und bald darauf: »Er liebt sie auch.« Ich war so überwältigt, daß ich am liebsten vor Resels Bett gekniet hätte. Kann es wirklich wahr sein, daß ich Jesus genug liebe, daß es in einem solch großen Augenblick wert ist, erwähnt zu werden? »Und Er liebt sie auch.« Zeit und Raum schienen in der kleinen Stube ins Unendliche zu wachsen. Ich begann zu begreifen, welche Liebe das Herz des Heilands ausströmt, die Er dem Kleinsten, der Ihm nahe ist, schenkt.

Es war erstaunlich, daß trotz des erschütternden Erlebens der kleine Raum so erfüllt sein konnte von Frieden und Harmonie.

Jetzt verstand ich, daß Liebe das Größte und das einzig wirklich Wichtige ist. Würde mein Herz jemals genug lieben können? Die kurze Ruhe endete, und Therese neigte sich wieder nach vorn, die Arme der neuen Vision entgegengestreckt. Sie sah den Tod des Herrn. Der Schmerz auf Resels Antlitz war so grausam, daß ich für einen Moment die Augen schloß. Plötzlich sank sie mit einem qualvollen Seufzer zurück in ihre Kissen, lag steif und leblos da. Ihr Gesicht hatte sich verändert, völlig farblos jetzt, die Nase wächsern und scharf, die Lippen blau – das Gesicht einer Toten. Erschrocken griff ich nach dem Arm des Bischofs und flüsterte: »Sie stirbt.« Instinktiv wollte ich helfen, wollte dieses kostbare Leben retten.

Aber der Bischof winkte ab: »Sie wird nicht sterben, aber sie stirbt beinahe mit Christus, jedesmal, wenn sie Jesu Tod in der Vision miterlebt. Sie wird wieder zu sich kommen.«

Wir verließen die Stube, meine Knie zitterten so sehr, daß ich dem Bischof und Pfarrer Naber kaum die steile Treppe hinunter folgen konnte. Ich bat, wir sollten in die Kirche nebenan gehen. Schweigend knieten wir dort eine Weile vor dem Kruzifix.

Über Nacht blieben wir in Konnersreuth in dem kleinen, bescheidenen Gasthaus, um am nächsten Nachmittag nochmals zu Resel gehen zu können. Therese erwartete uns vor der Tür und führte uns ins Haus. Welch erstaunliche Veränderung! Ihr gestern schmerzverzerrtes, alt wirkendes Antlitz war heute das Gesicht einer strahlend freudigen jungen Frau, die eine Atmosphäre einfacher, heiterer Ruhe ausstrahlte. Resels Augen, die gestern unter blutigen Tränen geschlossen waren, leuchteten heute. Solange ich sie kannte, ging von ihren Augen immer ein besonderes, klares Licht aus, als spiegelten sie das Leuchten der Ewigkeit wider, das Resel visionär schaute.

Dieser erste Besuch im Neumann-Haus ist mir unvergeßlich. Wir saßen auf Resels Sofa, über uns im Käfig sangen und zirpten ihre Vögel. Es war mir, als hätte ich Therese schon ein Leben lang gekannt. Bischof Waitz erzählte von seiner Diözese, ich sprach von meinen Kindern, von der Kirche in Guttenberg und natürlich von Enoch und seinen politischen Sorgen und Zielen. Resel hatte ihre Hände im Schoß gefaltet, und ich mußte immer wieder auf die großen Wundmale schauen, die, scharf begrenzt und ohne die geringste Entzündung, nie zuheilten. Sie sind von einer dünnen Haut geschützt und gehen durch vom Handrücken bis in die innere Handfläche. Resel war herzlich ohne jede Pose, das sehr kluge, aber sehr einfache Bauernmädchen. Ich hatte den Eindruck, noch nie ein so absolut wahrhaftes Gesicht gesehen zu haben, so offen, so ganz ohne »Maske«. Ich fühlte, daß von nun an Resel irgendwie immer bei mir sein würde.

Als wir gingen, nahm sie meine Hände und sagte:

»Beten wir füreinander.«

»Beten Sie für mich«, sagte ich; denn ich dachte, ein so gesegneter Mensch brauche doch kein Fürbittgebet.

Sie darauf, als hätte sie meine Gedanken gehört: »Man muß für mich beten.«

Erst nachdem ich verstanden hatte, wie schwierig und verantwortungsvoll Resels Leben war, verstand ich diesen Satz. Und ich wußte, daß es ihr sehr ernst war mit dem, was sie sagte. Sie redete niemals etwas nur so dahin.

Am nächsten Morgen fuhren wir zurück nach Guttenberg. Frühlingsbeginn mit knospendem Grün und nur wenigen Flecken Schnee, die ersten blauen Leberblümchen und Anemonen am Saum der Wälder. Jetzt hatte dieses wunderbare Erwachen der Natur nach ihrem Winterschlaf für mich einen neuen Sinn, die Schönheit der Natur war meinem Herzen näher. Der Heiland an den Feldkreuzen schien mir nach dem Erleben seiner Passion so lebendig nahe wie ein geliebter Freund.

»War es gut, daß ich Sie mitkommen ließ zur Resel?« fragte der Bischof.

»Nur gut? Ich glaube, daß jetzt mein Leben anders geworden ist, weil ich seinen Sinn einfacher und viel klarer erkenne. Weil ich jetzt weiß, daß es einzig um die Liebe geht, die Liebe Gottes zu uns, unsere Liebe zu Gott, und erst in dieser Liebe kann die Liebe zwischen uns Menschen vollkommen wahr werden. Freilich, was ich gefürchtet habe, ist auch geschehen; das Konnersreuther Erleben bedeutet Verpflichtung. Aber die Schwere der Aufgabe wird durch das Glück der Erkenntnis aufgehoben. Ich glaube, daß ich jetzt weiß, daß auch Leiden aus Gottes Liebe stammt – daß es Gnade sein kann.«

In Guttenberg erwartete ich sehnlich Enochs Rückkehr, um ihm berichten zu können. Kurz nach seiner Ankunft kam auch sein Vetter Erwein von Aretin. Beide hatten verschiedenes über die Königsbewegung zu besprechen. Abends saßen wir in der Bibliothek, und das Gespräch kam auf Konnersreuth. Aretin schien beinahe enttäuscht, daß Bischof Waitz mich dort »eingeführt« hatte. »Das hatte ich mir vorgenommen, dich zur Resel zu bringen«, meinte er. Von ihm, der für die größte süddeutsche Zeitung, die *Münchener Neuesten Nachrichten*, schrieb, war dort der erste detaillierte Bericht über Therese Neumann erschienen. Sein Besuch in Konnersreuth hatte ihn stark beeindruckt, und so war sein Artikel nicht nur aufsehenerregend, sondern auch der Ausdruck seiner Überzeugung von der Echtheit der Konnersreuther Geschehnisse.

Ein Freund Aretins, Dr. Fritz Gerlich, der für dieselbe Zeitung schrieb, sprach sein Erstaunen und seine Ablehnung über den Konnersreuth-Artikel unverblümt aus. »Wie kann ein hochintelligenter Mann wie Sie, Aretin, auf so einen Schwindel hereinfallen! Ich werde selbst zu diesem wunderbaren Ort fahren und Ihnen binnen zwei Tagen den Beweis erbringen, daß dort ein geschicktes Theater aufgeführt wird.« Gerlich ist tatsächlich gefahren. Er blieb nicht zwei Tage, sondern zwei

Wochen und kam bekehrt zurück, im wahrsten Sinne des Wortes, da er als Ungläubiger hingefahren war und als Gläubiger wiederkam. Von ihm stammt das wohl wichtigste und ausführlichste Buch über Therese Neumann. Gerlich verließ die *Münchener Neuesten Nachrichten* nach der Machtergreifung und gründete seine eigene, christlich orientierte und mutige Zeitschrift *Der gerade Weg*. Er mußte seine scharfe Ablehnung des Nationalsozialismus mit dem Leben bezahlen.

Nach Aretins Abreise kam Enochs Mutter mit Karl Ludwig. Wieder einmal konnte Wagner einige schwiegermütterliche Sturmböen ankündigen, aber im allgemeinen war das Leben schön. Das Frühjahr in Guttenberg ist immer eine besondere Freude; Flieder blüht über und über, und sein Duft erfüllt das ganze Haus.

Auf 1933 zu

Eine meiner frohesten Erinnerungen an Weisendorf ist der »Rosenball«, den wir dort im Jahr 1928 gegeben haben. Man wollte auf den Schlössern unserer Nachbarn ein Frankenfest veranstalten, ländliche Bälle bei Schönborn, Franckenstein, Schwarzenberg, Rechteren und bei uns in Weisendorf. Ich war begeistert von dem Plan, da ich ja noch nie einen Ball erlebt hatte, und wollte Weisendorf so festlich schmücken wie möglich. Die Rokokoräume sollten nur mit Kerzen beleuchtet werden, und in den Gobelinzimmern wie im Spiegelsaal war alles mit vielen Rosen geschmückt. Besonders freuten wir uns auf den Fürsten Schwarzenberg, der eigentlich in Österreich lebte, aber mit Familie für das Fest auf seine Stammburg Schloß Schwarzenberg nach Franken gekommen war. Seine Töchter kannte ich noch nicht, aber am Ballabend gefiel mir Therese, die jüngste von ihnen, besonders gut, dunkelhaarig, schöne, leider bebrillte Augen, doch groß gewachsen, sehr gescheit, witzig und schlagfertig. Ich war nicht die einzige, die sich für sie interessierte. Karl Ludwig schien ebenfalls von ihr fasziniert zu sein. Immer wieder sah man die beiden in Gespräche und Lachen vertieft, so daß ich häufiger darauf angesprochen wurde: »Schau nur, der Karl Ludwig und die Therese Schwarzenberg!«

Und wirklich – auf unserem Rosenball begann ihre Liebe. Einige Monate später waren Karl Ludwig, Enoch und ich nach Frauenberg in der Tschechoslowakei eingeladen, einem riesigen, kostbar eingerichteten Schwarzenbergschen Schloß. Wir waren sehr herzlich empfangen worden. Aber Karl Ludwig benötigte augenscheinlich Enochs und meine Anwesenheit, um seine zitternden Nerven zu beruhigen. Dann trat er beherzt vor den alten Fürsten und bat um die Hand seiner Tochter.

Therese wurde mir bald eine sehr liebe Schwester. Wir hatten viel Gemeinsames, unter anderem auch eine Schwiegermutter, für die sich die Tragödie wiederholte: das bittere »Hergeben« eines Sohnes an eine junge Frau. Leider konnte ich an der prachtvollen Hochzeit auf Schloß Schwarzenberg im Jahr 1929 nicht teilnehmen, da gerade in diesen Tagen unser jüngeres Töchterchen, Therese Benedicta, zur Welt kam. Da das Baby jeden Moment erscheinen mußte, konnte ich nur von einer Loge der Schloßkirche aus die Trauung verfolgen. Therese, die Braut, wurde von ihrem Vater zum Altar geführt. Enoch nahm als Chef der Familie die Stelle seines verstorbenen Vaters ein. Karl Ludwigs Trauzeuge war sein Freund Erbprinz Albrecht von Bayern. Unsere beiden Söhne in weißen Anzügen und die kleine Nives im langen weißen Gewand durften die Brautschleppe tragen. Am Abend nach der Trauung fuhr das junge Paar, begleitet von den nächsten Verwandten, auf die uralte Salzburg, die auf unser Bad Neuhaus als mächtige Ganerbenburg vom bewaldeten Schloßberg herabschaut. Enoch hatte seinem Bruder den einzig noch bewohnbaren Flügel als Hochzeitsgeschenk übereignet. Später ging der ganze Komplex an Therese und Karl Ludwig über. Teile der Burg sind über tausend Jahre alt. Der schönste Raum, der Kaisersaal, ist romanisch.

Im späten Herbst fuhren wir auf die Gamsjagd in die österreichischen Alpen. Enoch nahm, wenn er zum Jagen fuhr, immer seinen Schlupf mit. Diesmal aber war der Hund bei unserer Abreise krank. Kaum waren wir auf der Jagdhütte eingetroffen, kam ein Telegramm: »Schlupf gestorben.« Mein mutiger, so mannhafter Enoch weinte wie ein Kind. Er machte sich bittere Vorwürfe, nicht beim Sterben seines Hundes zugegen gewesen zu sein. Er bat mich, Schlupf vor den anderen Jagdgästen nicht zu erwähnen. Er fürchtete, sonst seine Tränen nicht zurückhalten zu können. Monate später wagte ich es, Enoch zum Geburtsag eine Auswahl junger Dackel vorzuführen. Er wählte einen kleinen, saufarbenen Rauhhaardackel, weil der lachen konnte. Gleich bei seiner Ankunft zeigte er lächelnd seine Zähnchen. Er wurde Purzel genannt.

Enochs politischer Einsatz forderte immer mehr von seiner Zeit. Er hatte oft länger in München zu tun, so daß wir dort ein Absteigequartier mieteten, wo wir wochenlang mit Kind und Kegel wohnten. Von hier war Jettingen, das Schloß, auf dem Elisabeth Stauffenberg lebte, leicht zu erreichen. Bei Augsburg, umgeben von Wiesen und Wäldern, stand der von Türmen flankierte Bau mit seinen hellen Zimmern, die das Harmonische ihres Wesens widerspiegelten. Das Zusammensein mit Elisabeth war für mich immer beglückend. Sie verstand den Ernst unserer Liebe; denn sie war in vielem Enoch ähnlich. Ihr Mann, Clemens, war ein stiller Mensch, viel beschäftigt mit der Führung des Gutes, ein liebenswürdiger Hausherr, aber irgendwie von der starken, dominierenden Persönlichkeit seines Vaters überschattet. Zu unseren Besuchen in Jettingen nahmen wir auch unsere beiden Buben mit; denn dort waren die Söhne Karl Berthold und Markwart und ihre ältere Schwester Marie Gabriele gute Spielkameraden. Elisabeths jüngster Sohn Otto Philipp wurde zu gleicher Zeit wie unsere Nives geboren. Das Haus war voller Lachen, Leben und Hundegebell.

Bei diesen Besuchen trafen wir auch öfter Claus Stauffenberg, einen klugen, sympathischen und sehr attraktiven jungen Mann, mit dem Gespräche zu führen eine Freude war. Seine Interessen reichten weit: von Mystik und Dichtkunst bis zu Politik. Er war dichterisch hochbegabt. Ich erinnere mich an sehr ernste Gespräche mit ihm, während wir auf der Jagd in Greifenstein auf den Hasentrieb warteten.

Von Jettingen aus fuhren wir öfter mit Elisabeth und Claus zusammen nach Greifenstein zu meinem verehrten väterlichen Freund Berthold Stauffenberg, wo sogar sein alter Jagdhund mich mit besonderer Freude begrüßte. Er wußte offenbar von der Sympathie seines Herrn mir gegenüber. Berthold Stauffenberg war auch für die monarchische Bewegung tätig.

Enochs selbstgewährter und sehr nötiger Herbst-Erholungsurlaub war fällig. Dieses Jahr fuhren wir schon etwas früher nach Ungarn, um in Budapest das Fest des heiligen Königs Stephan mitzuerleben. Mein Onkel, der Bischof, hatte uns für diesen Tag eingeladen. Spätabends erreichten wir Budapest. Die tausend Lichter der Gebäude am Ufer spiegelten sich in der Donau, und am Himmel funkelten die Sterne.

Am nächsten Tag, dem 20. August, war das Fest König Stephans, das alljährlich feierlich begangen wurde. Sankt Stephan war der erste König von Ungarn, er regierte von 997 bis 1038. Am Morgen des 20. August fuhren wir hinauf zur Burg von Buda und dort zur St.-Matthias-Kirche, von wo aus die Reliquie, der einbalsamierte Arm des Königs, in feierlicher Prozession hinunter über die Donau zur Basilika von Pest neben dem prachtvollen Parlamentsgebäude getragen wurde. In der Matthias-Kirche hatten sich der Statthalter Horthy, unser Onkel Teleki, der Ministerpräsident, seine Minister, die Bischöfe und die ungarischen Magnaten versammelt. Von dort aus setzte sich die Prozession in Bewegung. Ein unvergeßlicher Anblick frommer Pracht. Die herrlichen alten Bischofs- und Priestergewänder, die Magnaten – ungarische Adelige – in ihrer malerischen Tracht: hohe glänzende Stiefel, kurze Hose, ein über und über mit Gold, Perlen und Edelsteinen besticktes Jackett, das nur über eine Schulter hing, das feder- und juwelengeschmückte Käppi in der Hand. All diese Pracht wurde gefolgt von Tausenden von Betern. Für alle Ungarn, auch die Nichtkatholiken, ist ihr erster König und seine uralte Krone ein heiliges Symbol des Landes. Die Prozession endete mit einem feierlichen Gottesdienst in der Basilika am Donau-Ufer.

Erfüllt von diesem Erleben fuhren wir am nächsten Tag zurück nach Szombathely, durch das sonnendurchglühte Land an weiten Feldern vorbei, hie und da ein Ziehbrunnen. Die Ernte war schon eingebracht, aber die hohen grünen Maisstauden standen noch am Straßenrand. Wir fuhren durch lange Pappelalleen, Akazienwälder und durch die freundlichen Dörfer, niedrige, weißgekalkte Häuser, große Sonnenblumen und blühende Stockrosen an den Zäunen. Am Straßenrand wurden riesige Wassermelonen für zwei Filler, das sind zwei Pfennige, angeboten. Manchmal begegneten wir einem Karren, gezogen von den schönen, beinahe weißen Ochsen mit ihren weitausladenden Hörnern und den großen dunklen Augen. Sie zogen ihren Karren noch im Joch. Ein friedliches, liebenswertes Land.

Enoch und ich waren in dem Zimmer untergebracht, in dem vor Jahren König Karl, gebeugt und sehr krank, gelitten hatte. Mein Onkel führte mich zu dem Fenster, von dem aus er seinen Ungarn zum Abschied zugewinkt hatte: »Und von diesem Fenster aus sah ich ihm nach, meinem König, wissend, daß mit seinem Scheiden eine große Hoffnung für immer begraben war.«

Wir blieben einige Tage im klassizistischen Bischofspalais. Mein Onkel hatte es liebevoll im Louis-XVI-Stil eingerichtet; es gehörte zu den Kunstschätzen Ungarns. Am nächsten Morgen war ein feierliches Hochamt in der Kathedrale. Zum ersten Mal sah ich Onkel János im vollen Ornat mit Mitra und hermelinbesetztem Rauchmantel. Er betrat den Dom durch das Hauptportal, gefolgt vom Domkapitel ging er segnend mit leichten Schritten zum Altar. Chor und Orgelklang erfüllten den hohen Raum. Mein Onkel, den ich bisher nur am kleinen Altar seiner Privatkapelle als andächtigen Zelebranten erlebt hatte, feierte das Hochamt mit besonderer Würde. Er bestieg die Kanzel, und man fühlte, wie gebannt die Gläubigen seinen Worten folgten. Er schien von der Liebe Gottes und der Hingabe an diese Liebe zu sprechen. Obwohl ich kaum ein Wort der ungarischen Predigt verstand, hatte ich wieder das gleiche Erlebnis wie vor Jahren, als mich des Bischofs Worte zutiefst, ja zu Tränen rührten: ein geistiges Fluidum jenseits der Sprache.

Nach dem Gottesdienst fuhren wir zusammen mit dem Bischof nach Szombathely, seinem Landschlößchen, wo er seine Ruhetage verbrachte. Er und Enoch hatten lange Gespräche über Religion und Politik. Onkel János erzählte uns von seinen ausgedehnten Reisen. Enoch genoß das Jagen in den wildreichen Ländereien des Gutes nach Herzenslust. Oft begleitete ich ihn bis in den späten Abend durch die herbstlichen Wälder. Seine schönsten Jagderlebnisse hatte er aber bei unseren Freunden, den Grafen Erdödy, die Nachbarn meines Onkels waren. Dort war er eingeladen, einen kapitalen Hirsch zu schießen. Unvergeßliche Stunden: das Pirschen durch die weiten Wälder, durch das duftende Herbstlaub. Stille, bis das Röhren eines Hirsches ertönte, zuerst fern, doch bald sehr nahe unserem Hochsitz. Da stand im hellen Mondlicht das herrliche, königliche Tier. Ein Schuß – der Hirsch bäumte sich und verschwand im Gebüsch. Wir kletterten vom Hochsitz, Enoch führte den Hund zur Anschußstelle und ließ ihn dann von der Leine. Wie der Blitz war der Dackel fort, dann hörten wir ihn heulend bellen. Wir folgten seinem Ruf und fanden ihn vor dem waidwunden Hirsch. Mir tat das Herz weh, als ich sah, wie eine Träne aus dem Auge des herrlichen Tieres floß. Ein Fangschuß beendete seine Leiden. Enoch stand bewundernd vor dem prachtvollen Vierzehnender. Ich war dem Weinen nahe.

Einige Tage danach waren wir wieder in Vép, dem Erdödyschen Schloß, eingeladen zur großen Hasen- und Fasanenjagd. Den ganzen Tag ging es durch Feld und Wald. Schüsse, Schüsse. Jeder Jagdgast brauchte zwei Gewehre und einen Büchsenspanner. Gegen Abend kamen wir recht erschöpft zurück zum Schloß, wo im Hof eine ansehnliche Menge von Hasen und Fasanen in langen Reihen ausgelegt war. Der Hausherr, die Gäste und das Forstpersonal standen im Kreis, während die Hörner das Halali bliesen. Dann eine kurze Ruhepause vor dem festlichen Jagddinner. Ich zog mein schönstes Abendkleid an, Enoch seinen Jagdsmoking. An der blumengeschmückten Tafel brannten zahllose Kerzen. Diener in ungarischer Livree servierten Köstlichkeiten und kredenzten ungarischen Wein. Schon während des Essens spielte eine Zigeunerkapelle meine geliebten ungarischen Lieder. Aber erst nach dem Dinner wurde die Musik ganz lebendig, als sie zum Tanz aufspielte. Der Abend klang aus in einem rasenden Csárdás, den ich zu meinem eigenen Erstaunen mittanzen konnte. So etwas muß doch irgendwie im Blut liegen. Tatsächlich fühlte ich mich immer, wenn ich in Ungarn war, beinahe so dort hingehörig wie in Deutschland, und obwohl ich nur wenige ungarische Worte sprechen kann, habe ich merkwürdigerweise einen leichten ungarischen Akzent.

Wieder zurück in den politischen, nicht alltäglichen Alltag in München und Guttenberg. Die wirtschaftliche Erholung Deutschlands war nicht nachhaltig. Eine Zeitlang hielt das Einfließen fremden Kapitals die Industrie in Atem. Aber der Dawes-Plan erwies sich als eine zu schwere Bürde für die schwache Wirtschaft; er mußte durch eine tragbarere Lösung ersetzt werden. So wurde der Young-Plan an seine Stelle gesetzt. Auch er bürdete Deutschland eine schwere finanzielle Last auf, aber die Zahlungen waren über viele Jahre verteilt. So war für den Moment eine gewisse Entspannung erreicht. Als der Young-Plan veröffentlicht wurde, erhob sich ein Sturm von Protesten, besonders von seiten der Nationalsozialisten, die fürchteten, eine verbesserte Wirtschaftslage könnte ihren Plänen zuwiderlaufen. Gustav Stresemann setzte sich für den Young-Plan mit dem gleichen Ernst ein, wie er das schon für den Dawes-Plan getan hatte. Er hoffte noch immer, daß eine allgemeine Abrüstung und eine internationale Union erreichbar wären. Drei Monate vor Annahme des Young-Plans starb er, aufgezehrt von seinem rastlosen Engagement. Wäre er am Leben geblieben, wären Deutschland und der Welt vielleicht das furchtbare Erleben des NS-Terrors und des Krieges erspart geblieben.

Bis Ende 1929 schien es, als ob sich Deutschland erholen würde. Aber unglücklicherweise wirkte sich die amerikanische Finanzkrise auch auf die deutsche Wirtschaft verheerend aus, so daß es wieder zu chaotischen Zuständen kam. Die Regierung Brüning mußte die Bevölkerung ermahnen, weniger zu essen und mehr Steuern zu zahlen, um die Arbeitslosengelder aufzubringen. Gehälter wurden drastisch gekürzt. Es war ein Circulus vitiosus. Die Arbeitslosenzahl wuchs ins Unendliche. Viele meinten, der Kommunismus würde der Not ein Ende machen. Aber noch mehr sahen im Nationalsozialismus die große Hoffnung. Viele hielten Hitler für den Erlöser aus Not und Erniedrigung. Im deutschen Volk wuchs die Sehnsucht nach einem starken Führer, der die Ehre und den Stolz der Nation wieder herstellen und dem »Gerede« von deutscher Kriegsschuld, von Verträgen und Wiedergutmachungszahlungen ein Ende bereiten würde. All das versprach Hitler, und er nutzte die Situation. Kanzler Brüning sah die Lage vom finanzpolitischen Standpunkt her als hoffnungsvoll an und meinte, daß, wenn Deutschland wirtschaftlich gesunde, die nationalsozialistische Gefahr überwunden sei. So wurde ihr Anwachsen nicht ernst genug genommen. Es war ein Schock, als 1930 aus den Wahlen zum Reichstag die Nationalsozialisten als zweitstärkste Partei hervorgingen. Sogleich übernahm Hitler die oberste Führung der SA und der SS. 1931 rief er seinen Freund Röhm aus Bolivien zurück, wo er militärischer Berater war, und machte ihn zum Befehlshaber der SA. Nach Röhms Ermordung 1934 übernahmen Himmler und Heydrich dann die Führung der NS-Kampftruppen. Damit unterstand diese Macht zwei der gefährlichsten Gefolgsleute Hitlers.

Inmitten dieser chaotischen Situation – die Arbeitslosenzahl hatte die Viermillionengrenze erreicht – war eine Präsidentenwahl fällig. Hindenburg stellte sich wieder zur Wahl, sein

Gegenkandidat war Hitler. Das Problem, daß Hitler immer noch Österreicher war – nur ein Deutscher konnte Reichspräsident werden – wurde schnell gelöst. Das Land Braunschweig half aus, indem es Hitler zum Regierungsrat ernannte und ihm damit die deutsche Staatsangehörigkeit verschaffte. Trotzdem wurde Hindenburg wiedergewählt. Daraufhin überstürzten sich die Ereignisse. Das Kabinett Brüning wurde abgelöst. Wegen blutiger Übergriffe wurden SA und SS im April aufgelöst, um freilich schon im Juni wieder legalisiert zu werden. Franz von Papen, ein Bewunderer Hitlers, wurde Reichskanzler. Hitlers Aggression und Machtanspruch waren erschrekkend, und zugleich begannen die Vernichtungsaktionen gegen seine »Widersacher«, blutige Verbrechen. Man wußte nun, daß die Weimarer Republik zu Ende ging. In Bayern wuchs die Hoffnung auf den König, die Hoffnung, daß die Monarchie ein rettendes Bollwerk gegen das drohende Unheil sein würde.

Natürlich waren Enoch, seine Freunde und Mitarbeiter pausenlos auf großen Versammlungen – den sogenannten »Weißblauen Tagen«. Auch in der Pfalz, die damals noch zu Bayern gehörte und wo die Wittelsbacher-Tradition noch sehr lebendig war, wurde für die Wiedereinführung der Monarchie gekämpft. Ich erinnere mich an eine große Feier im Dom von Speyer, in den Enoch neben dem umjubelten Kronprinzen Rupprecht einzog. In vielen Ansprachen der Versammlungen wurde in ganz Bayern offen und furchtlos vor der nationalsozialistischen Gefahr gewarnt.

Nach Jahren intensiver und mühevoller Vorarbeit sollte endlich der Tag kommen, an dem in Bayern das Königshaus wieder regieren würde. Im Münchener Hotel »Vier Jahreszeiten« war das »Hauptquartier«, die Zentrale der Königsbewegung. Schon seit Wochen waren Enoch und ich dort mit Sekretärinnen und Mitarbeitern, unter ihnen der alte Graf Stauffenberg, Erwein Aretin und mein Schwager Karl Ludwig. Es gab wichtige Verhandlungen mit Ministern und Beamten, mit den Kirchen, mit Politikern, und von allen Seiten wurde der Plan befürwortet, sogar von den führenden Sozialdemokraten, die, politisch geschult, die große Gefahr erkannten, die Hitler darstellte.

Die wichtigsten Verabredungen waren die mit dem Bayerischen Ministerpräsidenten. Fürst Eugen von Oettingen war nach Berlin gefahren und hatte dort das Einverständnis von Reichspräsident von Hindenburg und Papen erreicht. Enoch war viel bei Kronprinz Rupprecht, um alle Einzelheiten zu besprechen. Er kam immer wieder beeindruckt von den wahrhaft königlichen Eigenschaften des Thronprätendenten zurück, von seinem klaren Verstand und seinen Führungseigenschaften. Im Volk warteten viele Tausende auf den Tag des wiederhergestellten Königtums. So erinnere ich mich an einen Abend im großen Opernhaus. Als Kronprinz Rupprecht die Königsloge betrat, erhoben sich alle Besucher unter Hochrufen und donnerndem Applaus.

Die Arbeit in der Zentrale im Hotel ging meist bis spät in die Nacht. Endlich schien alles im Lot. Am Abend des 20. Februar 1933 war ich todmüde ins Bett gefallen. Enoch würde noch lange ausbleiben. Endlich, mitten in der Nacht, erschien er in der Tür und kam im dunklen Hotelzimmer auf mich zu: »Es ist erreicht. Morgen wird Rupprecht als Generalstaatskommissar von Bayern die Staatsgewalt übernehmen.« Enoch war völlig erschöpft, aber ich hatte ihn noch nie so strahlend gesehen. Er setzte sich an mein Bett, umarmte mich und wiederholte sein glückliches »Es ist erreicht«.

Er berichtete, daß am Morgen um zehn Uhr der Ministerpräsident im Leuchtenberg-Palais, wo der Kronprinz wohnte, ihm im Beisein von Ministern, Politikern und den Führern der Königsbewegung während eines Staatsaktes das Amt des Generalstaatskommissars anbieten werde. Die Truppe sei bereit, mögliche Unruhen von seiten der Nationalsozialisten in Schach zu halten. Beim Rundfunk wären die Platten zur Hand, um im ganzen Land »Großer Gott, wir loben Dich« und die bayerische Königshymne erklingen zu lassen. Von allen Kirchen sollten die Glocken läuten. Dann – ganz Enoch – fügte er hinzu: »Mir ist, als ob ich am Abend einen kapitalen Hirsch geschossen hätte. Ich weiß, daß wir ihn morgen finden!« Dann legte sich Enoch für ein paar Stunden nieder. Er schlief so tief, daß er nicht die grölenden Stimmen – wohl von der SA – hörte, die von der Maximilianstraße heraufriefen: »Enoch, Enoch, wir wollen deinen König nicht!« Da ist es, das »Böse«, war mein erster Gedanke. Ich betete: »O Gott, beschütze ihn. Lenke die Dinge zum Guten.«

Am nächsten Morgen pünktlich um zehn Uhr war alles im Leuchtenberg-Palais um den Kronprinzen versammelt. Man wartete nur noch auf den Ministerpräsidenten, der sein Erscheinen ja zugesagt hatte. Man wartete, wartete. Er kam nicht. Man schickte einen der Herren ins Parlament, um ihn zu holen. Er war nicht dort. Auch in seiner Privatwohnung war er nicht zu finden. Die Zusammenkunft mußte ergebnislos auseinandergehen. Am nächsten Tag entschuldigte der Ministerpräsident sein Fernbleiben und begründete es mit einer noch zu klärenden juristischen Frage. Man müsse warten. Warten! Dazu war keine Zeit. Die Hoffnung, durch die Monarchie in Bayern dem Anstieg und dem Machtanspruch des Nationalsozialismus eine schützende staatliche Kraft entgegenzustellen, war zerbrochen.

Als Enoch ins Hotel zurückkam, aschfahl sein Gesicht, müde sein Schritt, sagte er mir: »Es ist aus, Liebling, mißlungen und zu spät, um neu zu beginnen.«

»Enoch, ich kann es kaum ertragen zu sehen, wie dein Lebenswerk, deine große Hoffnung zerstört ist.« Ich konnte die Tränen nicht zurückhalten. »Ist denn alles zu Ende?«

Er umarmte mich: »Man darf die Hoffnung nie verlieren, man darf sich nicht der Verzweiflung anheimgeben. Man muß weiterleben, weiterkämpfen.«

Er tröstete mich, eigentlich sollte ich ihn trösten. Enochs

Haltung, seine innere Stärke gaben auch mir Halt. Wir mußten eine Zeitlang untertauchen, um einer Gefangennahme durch Hitlers Schergen zu entgehen.

Am 9. März marschierte Röhm, der Stabschef der SA, am Marienplatz auf. Von Berlin aus wurde General von Epp als Reichskommissar für Bayern ernannt. Das Unheil nahm seinen Lauf. Hindenburg hatte Hitler schon am 30. Januar zum Reichskanzler berufen. Zehn Tage nach dem Einzug Röhms und seiner SA-Macht wurde das Konzentrationslager Dachau eröffnet. Die Straßen Münchens waren von den Braunhemden der SA überschwemmt. Überall flatterten Hakenkreuzfahnen, gab es Aufmärsche, johlende Massen.

Unsere Söhne waren im Jesuiten-Internat in Sicherheit, die Töchter Nives und Therese bei meiner Mutter gut aufgehoben. Nach ein paar Wochen wagten wir uns wieder nach Guttenberg; denn Enochs Anwesenheit war für den Besitz nötig, besonders angesichts des völlig aus dem Ruder gelaufenen öffentlichen Lebens. Schon zeigten sich die ersten Auswüchse des Terrors. Eine Welle von Verhaftungen ging durch das Land. Kronprinz Rupprecht richtete noch am 10. April 1933 einen ernsten Appell an Hindenburg in Berlin, mußte dann aber, um selbst der Verhaftung zu entgehen, nach Italien ins Exil. Seine Familie unterlag der Sippenhaft.

Enoch war von bewundernswerter Gelassenheit. Ich hatte gefürchtet, daß er nach dem Fehlschlag des 21. Februar zusammenbrechen würde; denn das Mißlingen der Rettung der Monarchie mußte für ihn persönlich der schwerste Schlag sein. Sein Lebenswerk war zerstört. Ich wußte auch, wie schwer es für ihn sein mußte, nicht mehr politisch aktiv sein zu können. Aber er nahm den Alltag und seine Pflichten als bleibende Aufgabe in ruhigem Ernst auf. Ein Gutes hatte die Tragödie: Enoch hatte wieder mehr Zeit für die Familie.

Besonders glücklich waren die Söhne; denn in den Ferien

entwickelte sich zwischen ihnen und dem Vater ein beinahe kameradschaftliches Verhältnis. Die beiden Buben hatten wir in das ausgezeichnete Internat St. Blasien geschickt. Von dort schrieb uns Pater Dold über sie: »Ich habe noch selten so ungezogene Buben, aber auch sehr selten so gute Buben wie die Ihren hier gehabt.« Die zwei liebten sich sehr, waren bei allen Lausbübereien einig, aber doch sehr verschieden. Philipp Franz – dunkelhaarig, musisch, er fing schon an zu komponieren – hatte einen ausgesprochenen Schönheitssinn, er war der ruhigere. Karl Theodor, der blonde, der wildere, lernte mit erstaunlicher Leichtigkeit – er machte mit sechzehn Jahren sein Abitur, schrieb gute Gedichte und dachte sich allerlei Schabernack aus. Beide hatten schon als Kinder Sinn für Tradition. Die Mädchen beteten ihren Vater an. Nives, die Siebenjährige mit ihren braunen Locken, war schon recht vernünftig, sie war eher ein ernstes Kind und hatte meine Hundeliebe geerbt. Ihr bester Freund war ihr weißes Hündchen. Therese, die nurmehr Resi genannt wurde, war dreijährig: blond, vergnügt und sonnig. Die junge Erzieherin der Söhne hatte jetzt die Mädchen übernommen.

Enoch war nun viel öfter zu Hause in Guttenberg. Genau verfolgte er die erschreckende politische Entwicklung. Heinrich Himmler wurde zum Chef der Politischen Polizei in Bayern ernannt, die SS Hitler unmittelbar unterstellt. Alle politischen Parteien wurden aufgelöst. Sogar die evangelische Kirche sollte gleichgeschaltet werden. So wurde im Herbst der Reichsbischof gewählt. Es kam zu einer Spaltung der Protestanten, die Hitler ergebenen Protestanten (Deutsche Christen) auf der einen, die Gläubigen und Pfarrer der mutigen Bekennenden Kirche auf der anderen Seite. Es war unheimlich, wie rasend schnell und mit welcher jeden Widerstand lähmenden Übermacht Hitlers tyrannische Diktatur zu unüberwindlicher Stärke heranwuchs. Es war, als räumten dämonische Kräfte ihr jedes Hindernis aus dem Weg. Mit teuflischem Spürsinn gelang es, die deutschen Tugenden für Hitlers Ziele zu mißbrauchen: Mut, Heimatstolz, zuverlässige Dienstbereitschaft. Hitler machte sich das Organisationstalent und die technische Begabung sowie die Arbeitsbereitschaft der Deutschen zunutze, und er baute auf deren Opferbereitschaft. Sogar die charakteristischen deutschen Schwächen wußte er zu nutzen, so die Bereitschaft zu blindem Gehorsam und einen gewissen Mangel an eigenständigem Denken, der zum Wunsch nach dem Geführtwerden wird. Aber auch die schlimmen Eigenschaften wurden eingesetzt: Machtgier und rohe Brutalität. Die vielen im Volk, die dem Glauben Entfremdeten, waren allzu bereit, sich in Anbetung vor dem Altar des Erfolges zu neigen, dessen Abgott Adolf Hitler war. Er war der Führer, der ihnen den Himmel auf Erden schaffen würde: einen Himmel, in dem er ihnen alle Sorgen abnehmen würde, in dem er ihnen jede Entscheidung ersparen, in dem er für sie denken würde, in dem sie das Herrschervolk sein würden.

Am wunderbaren neunten Tag

Es war an einem Juni-Abend im Jahr 1934, also noch vor dem Tod Hindenburgs. Wir saßen im Musikzimmer in Guttenberg und hörten über das Radio schöne Musik. Plötzlich stoppte die Übertragung. Die harte, scharfe Stimme des Ansagers verkündete die Sondermeldung: »Revolte gegen den Führer in München! Ein Komplott gegen die Regierung. Hitlers bester Freund Röhm ist der Anführer des verräterischen Komplotts.« Dann wieder Radiomusik, jetzt aber Marsch- und Kampfmusik, immer wieder von Ansagen unterbrochen: »Röhm und seine fragwürdigen Freunde wurden in Wiessee bei München festgenommen. Röhm ist im Münchener Polizeipräsidium verhaftet. Es sind noch andere mit ihm am verbrecherischen Komplott beteiligt. Des Führers überlegener Instinkt erkannte noch rechtzeitig den Komplott. Die Abtrünnigen werden ausgemerzt und alle vernichtet.«

»Es scheint«, sagte Enoch, »daß es schon jetzt beginnt, daß der Drache sich selbst zerfleischt.«

Bis spät in die Nacht hörten wir Radionachrichten. Es war ein Gesetz erlassen worden, das besagte, jedes Vergehen gegen die Staatssicherheit werde mit dem Tode bestraft.

Plötzlich hörten wir schwere Schläge gegen das große Tor, dazu laute Stimmen. Nach ein paar Minuten erschien Wagner in der Türe, aschfahl im Gesicht brachte er kaum die Worte hervor: »Vierzig SS-Männer sind im Hof. Sie verlangen den Herrn Baron.«

Wir konnten kaum ein Wort wechseln, denn gleich hinter Wagner erschien der Leiter des SS-Trupps mit zwei seiner Leute, alle in ihren schwarzen Uniformen. Der Gestapo-Mann ging auf Enoch zu: »Im Namen des Führers verhafte ich Sie, Freiherr

Georg Enoch zu Guttenberg. Lassen Sie Ihre Sachen packen, aber verlassen Sie diesen Raum nicht.«

Mir schwanden beinahe die Sinne; das Furchtbare, das wir seit Jahren befürchtet hatten – hier geschah es. Enochs ruhige, aufrechte Haltung gab mir wieder Halt. »Ich bin bereit«, sagte er bestimmt.

»Wir müssen Ihre politische Korrespondenz beschlagnahmen. Wo ist sie?«

»Sie steht Ihnen zur Verfügung, sie ist unten im Archiv.« (Alles, was für NS-Augen gefährlich sein konnte, hatten wir längst weggeschafft.)

Eine Viertelstunde verging, ohne daß wir uns zu rühren wagten. Während der Gestapo-Führer mit Wagner hinunterging, um im Archiv die Akten zu holen, wurden wir von seinen zwei SS-Männern bewacht. Beide hatten harte, ungute Gesichter und blickten uns mit unverhohlenem Haß an. Als der Anführer wieder zurückkam, mußten wir ihm in den Hof folgen. Auf dem Weg durch die Gänge sahen wir, daß vor jeder Tür ein SS-Mann postiert war. Ich betete und betete. Die SS-Autos warteten im Hof. In wenigen Augenblicken würden sie Enoch fortbringen – in den Tod? Da schaute ich ins Gesicht des Gestapo-Führers. Instinktiv suchte ich wohl nach einem Schimmer menschlichen Fühlens hinter der harten Maske. Da war es wirklich eine Eingebung vom Himmel, die mich zu ihm sagen ließ: »In Ihre Hände gebe ich das Leben meines Mannes.«

Enoch umarmte mich: »Lebe wohl, mein Liebes. Gott schütze uns.«

Der Wagen mit Enoch und dem Anführer, gefolgt von den Lastwagen mit den vierzig SS-Männern, verließ den Hof. Ich starrte in die Finsternis hinter dem offenen, dunklen Tor.

Einige Stunden später, am frühen Morgen, verließ ich Guttenberg mit Karl Ludwigs Frau Therese. Sie war mir die größte Hilfe in diesen schweren Wochen. Sie hatte die seltene Gabe, anderen in der Not eine feste Stütze zu sein. Sie setzte in solchen Momenten all ihre Kraft, ihre große Intelligenz und ihren organisatorischen Verstand ein. Da wir annahmen, daß die Zentrale der Verhaftungen und Terrorakte in München sei, entschlossen wir uns, so schnell wie möglich dorthin zu fahren. Eine Fahrt durch blühendes Land – Sonne, Rosen – ich fühle noch heute, wie mir an diesem Tag die Schönheit der Welt wehe tat.

Es war schon dunkel, als wir in München ankamen. Aus der Halle des Hotels »Regina« tönte uns laute Tanzmusik entgegen, um uns eine Schar elegant aufgeputzter, sich vergnügender Menschen. Wir versuchten Karl Ludwig in München zu finden. Er war verschwunden. Gott sei Dank hatte er, der wohl auch gefährdet war, sich absetzen können. Viele andere von Enochs Freunden waren ebenfalls untergetaucht, einige wie er verhaftet.

Am nächsten Morgen ging ich gleich zum Wittelsbacher Palais, dem roten Backsteinbau, der jetzt das Gestapo-Hauptquartier war. Wie gut kannte ich dieses Haus aus der Zeit, da ich als Kind dort gespielt hatte, als noch die königliche Familie in ihm lebte. Am Eingang wurde ich von SS-Leuten ausgefragt, dann doch eingelassen. Vorbei an den wohlbekannten hohen Räumen, aus denen jetzt heftiges Schreibmaschinenklappern tönte. Es schien, als hätten hier alle, die Sekretärinnen und die SS-Leute, besonders wichtige Dinge zu erledigen. Endlich wurde ich in den Raum des Gestapo-Chefs geführt. Er saß hinter seinem riesigen Schreibtisch.

Mit eisiger Höflichkeit, aus der Haß zu hören war, fragte er: »Sie wünschen, gnädige Frau?«

»Ich bin gekommen, um zu erfahren, wohin mein Mann, Baron Guttenberg, gebracht worden ist. Seine Verhaftung muß eine Verwechslung sein. Sie wissen so gut wie ich, daß er nicht das Geringste mit dem Röhm-Putsch zu tun haben kann.« Ich wagte das zu sagen, obwohl wir inzwischen erfahren hatten, daß Hitler in der Verhaftungs- und Mordaktion nicht nur die

Röhm-Leute, sondern viele seiner Feinde unschädlich machen wollte.

»Ich kann es Ihnen nicht sagen, gnädige Frau«, war die Antwort. »Ich werde nachforschen. Fragen Sie in zehn Tagen nochmals nach.«

Zehn Tage! Die meisten der Verhafteten waren wohl bis dahin tot. Wir hatten von grausamen Morden gehört. Wo war Enoch? War er noch am Leben? Gottlob erfuhren wir, daß Karl Ludwig in Sicherheit war. Er war gewarnt worden und hatte untertauchen können. Ich suchte verzweifelt nach unseren politischen Freunden und Verwandten. Sie hatten München verlassen oder waren ebenfalls verhaftet. Auch aus Berlin kam die Nachricht, daß dort Mord und Terror herrschten.

Inzwischen wußten wir, daß es sehr wahrscheinlich gar keine Röhm-Revolte gegeben hatte. Röhms SA war zu einer starken, bewaffneten Macht angewachsen, aus der er ein Volksheer bilden wollte. Als Chef dieses Heeres wäre er zum mächtigsten Mann neben Hitler geworden. Hitler hingegen wollte für sich die Reichswehr gewinnen und aufbauen. Er sah in seinem ehemaligen Freund Röhm seinen einzigen Rivalen. Als Hitler ihn am 30. Juni 1934 der Revolte beschuldigte, war dies eine geschickte Lüge, um Röhm und andere hohe SA-Führer zu beseitigen. Es war so einfach, sie erschießen zu lassen, und es war mit dem neuen Gesetz möglich, bei dieser Gelegenheit Hitler-Gegner aus den verschiedensten Gruppen zu eliminieren. So hörten wir vom grausamen Mord an Dr. Gerlich, dem mutigen Herausgeber des *Geraden Wegs*, und vom Mord an Herrn v. Kahr.

In Todesangst wanderte ich durch Münchens glühendheiße Straßen. Der Asphalt war am Schmelzen, und oft blieb ich mit dem Absatz hängen. Überall versuchte ich einen Menschen zu finden, der helfen könnte, etwas über Enoch zu erfahren. Vergeblich, denn verständlicherweise war, wer nur konnte, aus München geflohen. Meine verzweifelte Angst ging so weit, daß ich bis in Hitlers Privatwohnung am Prinzregentenplatz ging, um dort von seiner Köchin Hilfe zu erbitten. Sie war eine brave ältere Frau, und vor ihr erhob ich das einzige Mal im Leben den Arm zum Hitlergruß, freilich ohne die Worte. Natürlich konnte sie mir nicht helfen.

In meiner Verzweiflung war es mir gelungen, bis in Hitlers Münchener Hauptquartier vorzudringen. Aber auch hier die gleiche eisige Höflichkeit: »Wir können Ihnen nichts sagen. Warten Sie, bis Sie von uns hören.« Abends kam ich erschöpft, beinahe ohne Hoffnung, mit schmerzenden geschwollenen Füßen ins Hotel zurück, um dort die halbe Nacht die nervenzerrüttende Tanzmusik zu hören.

Endlich fand ich Baronin Marie-Lies Aretin, eine Verwandte von Erwein Aretin. Erstaunlicherweise kannte sie einen der führenden Männer im Wittelsbacher Palais. Ich flehte sie an, bei ihm nachzuforschen. Und wirklich, nach einigen Tagen kam ihr Anruf: »Elisabeth, eine gute Nachricht: Ich konnte erfahren, daß Enoch hier im Münchener Polizeipräsidium in der Ettstraße verhaftet ist, Zelle Nummer sechsundvierzig. Du darfst ihn morgen mittag besuchen.«

»Mein Gott im Himmel, Du hast ihn gerettet in diesen Tagen wilden Mordens!« Ich brach weinend zusammen. Zelle 46? Wie merkwürdig, dachte ich – dieselbe Zelle, in welche die Kommunisten Enoch vor Jahren eingekerkert hatten.

Wie lang zogen sich die Stunden hin bis zum nächsten Mittag! Endlich war es halb zwölf. Ich ging hinüber ins Gefängnis in der Ettstraße und wurde in einen kleinen düsteren Raum geführt. Dort saß ein Kriminalkommissar, mit Schreiben beschäftigt. Ich setzte mich auf eine schmale Bank und wartete. Endlich öffnete sich die Türe, und Enoch stand vor mir.

Ich flog in seine Arme, und er, strahlend wie eh und je: »Da bist du ja, Liebes. Ich wußte, du würdest mich finden.«

Er nahm mein Gesicht in seine Hände und sagte: »Sei nicht traurig. Du wirst sehen, es wird noch alles gut. Ich habe mich in der kleinen Zelle schon ganz eingelebt. Und weißt du, wie merkwürdig: es ist meine ›alte Zelle‹ von 1919. Ich teile mir meine Tage genau ein. Das hilft sehr. Aber versuche bitte unbedingt, mit der Gestapo zu sprechen. Sag ihnen, ich will den Grund meiner Verhaftung wissen. Ich habe das Recht, ihn zu wissen, und ich habe das Recht auf eine legale Gerichtsverhandlung.«

Ich warf einen Seitenblick auf den Kommissar und versuchte, ohne Worte Enoch klar zu machen, daß es kein Recht mehr gäbe.

»Sorge dich nicht zu sehr, Liebes. Nichts geschieht von ungefähr.« Dann bat er mich, ihm etwas zum Lesen zu beschaffen. »Ich darf jetzt sogar lesen. Schau, daß du mir die *Bekenntnisse* des heiligen Augustinus verschaffst – und obendrein etwas Lustiges. Und schreiben darf ich jetzt auch, schicke mir Briefpapier und Bleistift. Ja, und noch etwas sehr Wichtiges. Ich werde beinahe aufgefressen von Wanzen. Schicke mir das stärkste Wanzenpulver. Jetzt hast du viele Aufträge«, sagte er lachend.

»Zehn Minuten«, verkündete der Kriminalkommissar.

Das war das Ende meines Besuchs. Aber ich hatte ihn gesehen, und er war ungebrochen, ganz er selbst. Während er abgeführt wurde, drehte er sich noch einmal um und rief: »Gott schütze dich. Komm bald wieder!«

Dann kamen weitere zehn schmerzvolle Tage ohne Besuchserlaubnis, Tage, in denen furchtbare Todesnachrichten uns erreichten, Tage, in denen mein Herz beinahe vor Angst zersprang. Man hatte mir den Namen des Paters herausgefunden, der die Gefängnisse betreute. Ich besuchte ihn.

»Ja, ich habe Ihren Mann in der Ettstraße gesehen«, sagte er. »Es geht ihm recht gut. Besonders seiner Seele geht es gut, und Sie wissen, das ist das allerwichtigste.«

»Ja, ich weiß – aber . . .« Mit einem Lächeln sagte er: »Nichts geschieht ohne Gottes Willen.« Das sagte er so, daß es auf alle Fragen die Antwort war.

Noch einmal machte ich mich auf den Weg zum Gestapo-Hauptgebäude und brachte dort Enochs Wunsch – ein legales Gerichtsverfahren – vor.

»Vielleicht kann eine Verhandlung angesetzt werden«, hieß es. »Ihre Bitte um nochmalige Besuchserlaubnis? Es war schon ein besonderes Entgegenkommen, daß Sie Ihren Mann sehen durften.«

Also wieder warten, warten. Wieder Nächte in Angst, begleitet von der gräßlichen Tanzmusik des Hotels. Immer noch war die Schwägerin an meiner Seite. Die Söhne hatte ich direkt von ihrer Schule nach Ungarn zum Bischof bringen lassen. Nives war bei unseren Verwandten Franckenstein und Resi bei meiner Mutter. Ich wagte nicht, die Kinder in Guttenberg zu lassen – Sippenhaft?

Nach zehn Tagen kam ein Anruf ins Hotel: »Baronin Guttenberg kann ihren Mann heute um zwölf Uhr besuchen.«

Es war fast zwölf Uhr. Ich flog geradezu zum Gefängnis hinüber. Wieder derselbe Gestapo-Mann am Schreibtisch, dieselbe schmale Bank und das gleiche strahlende Lächeln in Enochs Gesicht. »Elisabeth, wie gut, daß du kommst. Danke für die Bücher. Eine so ungestörte Möglichkeit, mich mit Augustinus zu beschäftigen, gäbe es sonst kaum. Er hat mich sehr beglückt. Und wie gut, daß du mir die Slezak-Memoiren zum Lachen gebracht hast. Aber nebenbei gesagt, weißt du, daß du mich beinahe umgebracht hast?«

»Um Gottes Willen, wie denn?«

»Dein Wanzenpulver hat alle Wanzen getötet, aber beinahe wäre ich mit ihnen gestorben. Ich war so glücklich über das Pulver, daß ich gleich die ganze Portion verstreut habe mit dem Erfolg, daß ich beinahe erstickt wäre. Ich habe mich nur retten können, indem ich mühsam auf das hohe Fensterbrett geklettert bin und die ganze Nacht stehend die Nase aus dem schmalen Spalt des Kippfensters hinausgehalten habe. Gefängnisfenster kann man nicht ordentlich öffnen.«

Wir mußten beide lachen. Dann fragte Enoch wieder ernst: »Wie sieht es mit meiner Gerichtsverhandlung aus?«

Ich wollte ihm nicht sagen, daß ich fürchtete, es werde keine Verhandlung geben, also sagte ich nur: »Man meinte, daß vielleicht bald eine ermöglicht würde.«

Ich fühlte sein Aufatmen. Dann fügte er hinzu: »Bitte gib noch etwas Schreibpapier unten an der Pforte für mich ab.«

Wir sahen uns schweigend an, ich flüsterte: »Ich mache mir Sorgen.«

»Das darfst du nicht, Liebes. Schau, meine Tage hier sind für mich ein wunderbares Erlebnis. Ich werde dir davon erzählen. In dieser absoluten Einsamkeit lernt man begreifen, daß nur die letzten Dinge, die geistigen, wirklich wichtig sind – und man ist ihnen sehr nahe.«

»Zehn Minuten sind um«, kam es vom Schreibtisch.

Ich konnte meinen Blick kaum von ihm lösen. Würde ich ihn jemals wiedersehen?

Gleich ums Eck war ein Schreibwarengeschäft, wo ich das Schreibpapier, das Enoch sich wünschte, kaufen konnte, um es dann gleich für ihn abzugeben. In dem kleinen Laden fiel mein Blick auf eine Ansichtskarte, das Gesicht eines alten Mönches: Bruder Konrad von Parzham, der Altöttinger Kapuziner, der vor kurzem heiliggesprochen worden war. Mich rührte dieses Bild so an, daß ich die Ansichtskarte kaufte und mit ins Hotel nahm. Dort angelangt, zeigte ich es meiner Schwägerin, erzählte von meinem Besuch bei Enoch.

Sie hatte gute Nachrichten über ihren Mann; Karl Ludwig war an sicherer Stelle untergetaucht. Sie meinte, wir sollten hinuntergehen ins Restaurant und einmal ordentlich essen. »Wenn du so weitermachst und nicht ißt und nicht schläfst, wirst du bald wie eine Vogelscheuche aussehen, und dann ist es vorbei mit dem Charmieren der Gestapo-Herren.« Wir gingen hinunter, empfangen von der schlimmen Musik, überall lachende, schwatzende Leute. Wie konnten sie lachen und tanzen, wenn um sie herum so viel Leid, so viel Todesqual war?

Plötzlich fiel mir ein, daß ich meinen Paß und einige Notizen im Zimmer liegengelassen hatte. Ich fuhr hinauf. In meinem Zimmer waren zwei Männer auf einer Leiter damit beschäftigt, hinter dem Fenstervorhang etwas anzubringen.

»Was machen Sie denn da?« fragte ich.

Sie schienen erstaunt, mich zu sehen und meinten: »Wir haben am Vorhang etwas zu reparieren.«

»Ich habe nicht gemerkt, daß am Vorhang etwas nicht stimmt«, entgegnete ich.

Als Therese und ich nach dem Essen ins Zimmer kamen, fanden wir das hinter dem Vorhang versteckte Mikrophon, eine »Wanze«. Zu dieser Wanze waren wir sehr höflich, sie würde der Gestapo nichts verraten.

Eine Freundin, der es gelungen war, eine englische Zeitung zu bekommen, rief uns an, wir sollten zu ihr kommen. Sie reichte uns das Blatt. Auf der ersten Seite war ein Bericht über die »Revolte in München«, darunter eine mit schwarzem Trauerrand umsäumte Liste der Toten. Einer der ersten Namen war Baron Enoch Guttenberg. Es gab meinem Herzen einen Stich. Gottlob hatte ich ihn ja heute gesehen und gesprochen. Aber daß sein Name auf dieser Liste erschien, war ein deutliches Zeichen, wie berechtigt meine Todesangst war. Denn die englische Zeitung konnte alle diese Namen, unter ihnen auch Gerlich und von Kahr, nur durch eine Indiskretion aus Kreisen der Gestapo erhalten haben. Niemand sonst hätte sie gekannt. Also bedeutete die Nennung Enochs, daß er auf der Liste derer gestanden hatte, die ermordet werden sollten. Wieder im Hotel, sah ich auf der Ansichtskarte das gute Gesicht des heiligen Bruders Konrad, und wir beschlossen, ihn in einer Novene, einem neuntägigen Bittgebet, um Hilfe anzuflehen. Am nächsten Tag war ich zu Tisch bei der so hilfreichen Baronin Aretin, die mir den Besuch bei Enoch ermöglicht hatte. Ich erzählte ihr von unserem Vorhaben, und zu meinem Erstaunen sagte sie: »Wie merkwürdig, auch ich mache eine Novene zum selben Bruder Konrad, damit er hilft, daß Fonsi Redwitz (Baron Redwitz, ein Freund Enochs) aus Dachau lebend zu seiner Familie zurückkommt. Morgen ist der neunte Tag. Ich bin sicher, der Heilige wird helfen.«

Ich meinte: »Ist es nicht merkwürdig, daß wir beide, ohne voneinander zu wissen, denselben Gedanken hatten?«

Und wirklich – am folgenden Tag kam Baron Redwitz heim zu seiner Familie, den Kopf rasiert wie ein Sträfling, die Qual der Dachauer Tage ins Gesicht geschrieben, aber glücklich und sehr erstaunt über seine Freilassung; er war ohne Angabe eines Grundes verhaftet und ebenso entlassen worden.

Vor mir lagen noch acht Tage voller Hoffnung, auch voller Todesangst. Ich wußte, daß jede Stunde Enochs Todesstunde sein konnte. Inzwischen hatten die guten Guttenberger Leute eine Petition an den Führer gesandt, in der sie um die Freilassung Enochs baten. Würde sie Hitler erreichen?

Wieder war ich bei Baronin Marie-Lies Aretin eingeladen. Es war am neunten Tag meiner Novene. Ich bekam kaum einen Bissen hinunter. Immerzu mußte ich denken: Es ist der neunte Tag! Dann wieder sagte ich mir: Es muß ja nicht unbedingt der neunte Tag sein. Das Wunder kann schließlich an einem anderen Tag geschehen. Während wir bei Tisch saßen, läutete die Hausglocke an der Parterrewohnung in der Friedrichstraße. Das Mädchen öffnete. Ein Schatten kam auf die Glastür zu. Sie öffnete sich, und da stand Enoch – frei!

Wir machten uns sofort auf ins Hotel »Regina«, um München sobald wie möglich zu verlassen. Man konnte nie wissen, ob die Herren im Wittelsbacher Palais ihren Sinn nicht plötzlich ändern würden. Ich machte mich ans Packen und zahlte unten in der Halle, wo sich alle mit uns über Enochs Freilassung freuten. Inzwischen stürzte sich Enoch in ein Fichtennadelbad, um – wie er meinte – den »Gefängnisduft« loszuwerden. Ich konnte ihn nur mit langem Zureden dazu bringen, aus den herrlichen Fluten zu steigen. Im Blick auf die Wanze sprachen wir nur Unverfängliches: Kinder, Guttenberg, Verwaltung der Güter. Meine Schwägerin, die getreue Trösterin, wollte mit dem Zug heimfahren, und Enoch meinte mit einem Blick auf den Vorhang: »Wir fahren nicht gleich nach Guttenberg.«

Endlich – Enoch am Steuer des Autos – konnten wir offen sprechen. Endlich durften wir frei atmen. Ich schlug vor, wir sollten Deutschland sofort verlassen. »Fahren wir doch nach Ungarn zum Bischof. Dort erwarten uns sowieso die Söhne, und die Mädchen können wir mitnehmen.«

»Ich hatte denselben Gedanken«, meinte Enoch, »aber als erstes muß ich nach Würzburg zu meinem braven Gestapo-Mann. Er hat mir das Leben gerettet, und ich muß mich bei ihm dafür bedanken. Er hat mich – gegen den Befehl – im Würzburger Gefängnis zurückgehalten und erst, als die Münchener Mordwelle vorüber war, in der Ettstraße abgeliefert. Er hat damit bewußt die eigene Gefährdung auf sich genommen.«

Enoch hatte recht, dieser Dank mußte abgestattet werden. Aber für mich war seine Absicht, in Würzburg zur Gestapo zu gehen, ein erschreckender Gedanke.

Wir fuhren nach Würzburg. Ich berichtete Enoch, was während seiner Haft geschehen war, und auch, daß Karl Ludwig in Sicherheit sei. Wir sprachen von den vielen Gemordeten, über den grausamen Tod von Kahr und Gerlich. Da sagte mir Enoch: »Bei meiner Einlieferung in Zelle sechsundvierzig wußte ich nicht, daß es die Zelle war, aus der Tage zuvor der mutige Gerlich zu seinem Martyrium geführt worden war. Die Wachen, alte Gefängniswärter von früher, waren sehr freundlich und offen zu mir. Sie alle waren tief beeindruckt von der Haltung Gerlichs. Einer sagte wörtlich: ›Für uns ist er ein Heiliger. Wie er Marter und Tod auf sich genommen hat, war heiligmäßig.‹« Und Enoch fuhr fort: »Wirklich, es war, als ob man in seiner und meiner Zelle noch die Atmosphäre der Heiligkeit spüren könnte. Für seine Mitgefangenen war er der Spender von Hoffnung und Trost und vor allem Glauben.«

Nachdem mir Enoch von Dr. Gerlich erzählt hatte, kamen wir in Würzburg an. Wir machten nicht einmal Halt am Guttenberg-Haus an der Herrengasse, sondern fuhren direkt zur Gestapo. Enoch ging leichten Schrittes auf den Haupteingang zu und verschwand. Ich blieb zitternd und betend im Auto zurück. Ich fürchtete, er sei zurückgegangen in die Höhle des Löwen, wo ihn womöglich der Tod erwartete. Aber nach kurzer Zeit erschien er wieder, freudig bewegt und setzte sich ans Steuer.

»Ich bin so froh, daß ich gekommen bin«, sagte er. »Das ist ein guter Mann. Er war sehr erstaunt, mich zu sehen – und offensichtlich erfreut. Er hat mir aufgetragen, dich von ihm zu grüßen, und er sagte: ›Bitte sagen Sie der gnädigen Frau, daß es menschliches Fühlen sogar bei der Gestapo gibt.‹«

Damals wußten wir noch nicht, in welche Gefahr sich der Mann durch Enochs Rettung gebracht hatte. Wir erfuhren später, daß Hitler persönlich sehr verärgert reagiert hatte, als ihm von Enochs Rettung berichtet wurde. – Damals ahnte ich nicht, daß ich zwölf Jahre später versuchen würde, diesem Mann durch meine Aussage in seinem Prozeß bei den Alliierten zu helfen.

Drei Tage nach Enochs Freilassung passierten wir von Guttenberg aus die tschechische Grenze. Obwohl wir fürchten mußten, an der Grenze festgehalten zu werden, geschah nichts. Wir wurden unbeanstandet durchgelassen. Was für ein Aufatmen, aus dem Land des Mordens in ein freies Land zu fahren. Frei! Wie lange noch? Das Auto vollgepackt mit den Töchtern, Gouvernante, viel Gepäck und natürlich Schlupfs Nachfolger Purzel. Eine glückliche Ankunft vor dem weißen Schlößchen in Répce Szent György. Der Bischof umarmte uns, glückselig mit uns über die bestandene Gefahr. Die beiden Söhne kamen vom Tennisplatz angestürmt und fielen ihrem Vater um den Hals. Es war der Beginn zweier unbeschwerter Monate. Unbeschwert? Soweit das in dieser gefahrvollen Zeit möglich war; denn am 25. Juli war der NS-Putsch in Österreich, die Ermordung von Bundeskanzler Dollfuß, und aus Deutschland kamen Nachrichten: Tyrannei, Verfolgung, Mord, Abriß der Münchener Synagoge, Judenverfolgung. Ich hoffte – natürlich vergebens –, daß wir in Ungarn bleiben könnten bis die Zeiten ruhiger würden. Aber Enoch – in Deutschland verwurzelt, trotz aller Isolierung noch immer zur Verantwortung seinem Land gegenüber stehend – wollte davon nichts wissen. Auch rief ihn die Verwaltung des Besitzes, der nach vielen Jahrhunderten der Familie nicht verlorengehen durfte. Er bestand auch darauf, daß unsere Söhne am Ende der Ferien in ihr Internat zurückkehren sollten, und auch dieser Entschluß war richtig. Jahre später dankten uns die beiden immer wieder. Sie fühlten, daß die Jahre in St. Blasien eine große Hilfe und Stütze für ihr Leben bedeutet hatten.

So ging es schweren Herzens zurück ins von innen her schon weitgehend zerstörte Vaterland, in ein Deutschland, das sich einem Wahnsinnigen –, nein, wohl einem dämonisch Besessenen ausgeliefert hatte. In Hitlers Hand lag alle Macht des Staates. Sie wurde gnadenlos geübt. Ein Großteil des Volkes aber glaubte seiner Lüge noch immer.

Nun begann ein Leben in Guttenberg, das nach außen den Anschein eines friedlichen Familienlebens hatte. Die Welle von Morden, Verhaftungen, Bespitzelung im Verfolg des sogenannten Röhm-Putsches hatte eine ständige Lebensbedrohung aller zur Folge, die der Geheimen Staatspolizei suspekt erschienen. So war Enoch, obwohl dem Tod und dem Gefängnis wie durch ein Wunder entronnen, nie mehr ein freier Mann. Wir wußten, daß unsere Telefongespräche abgehört wurden, daß die Apparate mit Vorrichtungen ausgestattet waren, die jedes Gespräch abhören konnten. Unsere Post war zensiert, geöffnet oder durchleuchtet. Trotz dieser scharfen Überwachung konnte es Enoch nicht lassen – allerdings sehr vorsichtig –, als Mitwisser und Berater weiter im Widerstand gegen Hitler aktiv zu sein. Im ganzen Land hatten sich geheime Zellen gebildet. Die wohl wichtigste war der sogenannte Kreisauer Kreis, dem Enoch und vor allem auch sein Bruder Karl Ludwig angehörten. Von diesem Kreis aus sollte im Jahr 1944 der Versuch, Hitler zu stürzen, mit dem Attentat vom 20. Juli ausgehen.

Karl Ludwig war schon seit 1932 Schriftleiter des Blattes *Monarchie. Zeitschrift für deutsche Tradition.* 1934 wurde sie umbenannt in *Weiße Blätter. Zeitschrift für Geschichte, Tradition und Staat.* Diese *Weißen Blätter* erschienen bis 1943, Karl Ludwig war der Schriftleiter. Die periodisch erscheinenden Schriften waren betont christlich orientiert. Es bedurfte sehr großen Mutes und mancher Geschicklichkeit, eine solche Zeitschrift während der Hitler-Regierung zu publizieren. Karl Ludwig erreichte es, daß kein Gedanke, der auch nur einen Hauch von NS-Anerkennung enthielt, in seinem Blatt erschien. Namhafte Männer des Widerstandes schrieben für die Zeitschrift: Reinhold Schneider, ein Freund Karl Ludwigs, Werner Bergengruen und vor allem Ulrich von Hassell. Einer seiner Artikel löste Erstaunen und viele Diskussionen aus. Er behandelte Gedanken des Freiherrn vom Stein über den organischen Staat und wies in subtiler Weise darauf hin, daß ein Überleben der jetzigen deutschen Staatsform nur durch eine Wandlung zum organischen Staat möglich sei. Es gehörte Mut dazu, einen solchen Gedanken öffentlich auszusprechen.

Über Karl Ludwig wurde Enoch über die Aktivitäten des Widerstandes informiert. Ihre Gespräche – und solche mit anderen politischen Freunden – konnten nur in Räumen des Hauses geführt werden, in denen es kein Telefon gab oder die

Wände so kahl waren, daß keine Abhörapparate versteckt werden konnten. Wenn wir auf Reisen in einem Hotel absteigen mußten, brauchten wir nur oben hinter den Vorhang zu schauen, um die »Wanze« zu finden. Die Gestapo war nicht besonders erfinderisch in ihren Verstecken. Auf Reisen wurden gefährliche Gespräche meist im Auto geführt. Im Sommer, wenn wir uns in Weisendorf aufhielten, war die Überwachung genauso scharf. Sogar Deidesheim in der Pfalz blieb nicht verschont, wenn wir dort zur Weinlese waren. Das ominöse Knakken im Telefon warnte uns beizeiten.

Das Netz des NS-Terrors zog sich immer enger um jeden, der anderen Sinnes war als Hitler, der »gottähnliche« Führer, zu dem ihn die Propaganda machte, eine – man muß es zugeben – von Goebbels genial initiierte und ausgebaute Propaganda. Für die vielen war es bald nicht mehr möglich, Lüge und Wahrheit auseinanderzuhalten in den Berichten, mit denen sie aus den gleichgeschalteten Medien gefüttert wurden. Dazu kamen offensichtliche Verbesserungen, die das neue Regime herbeigeführt hatte. Die Arbeitslosigkeit war beinahe überwunden. Die Aufrüstung, der Aufbau der Wehrmacht, der Straßenbau – besonders der Bau der Autobahnen (fraglos im Blick auf den kommenden, von Hitler gewünschten Eroberungskrieg) – all das bedeutete Arbeit und damit Wohlstand. Doch das wohl wichtigste Instrument, um die Begeisterung im Volke anzufachen, war das Wort. Reden, Reden, Reden: die unendlich geschickten, ja kultivierten Lügen-Ansprachen von Joseph Goebbels und die so kulturlosen, schlecht gesprochenen, aber mit dämonischem Erfolg gehaltenen Hitler-Reden, die die Menge zu hysterischem Beifall anfeuerten. So heißt es, daß ein paar Frauen Hitler folgten, als er über einen Kiesweg ging, sich ein Steinchen, das sein Fuß berührt hatte, aufhoben und es wie ein Heiligtum verschluckten. Die Judenverfolgung nahm furchtbare Ausmaße an.

1936 besuchte uns ein ausländischer Diplomat, der zur Eröffnung des Reichsparteitags nach Nürnberg geladen war. Er nahm uns mit auf seine Plätze auf der Ehrentribüne, so daß wir sehr nahe an Hitlers Podium saßen. Eigentlich hatte ich nicht mitkommen wollen, aber Enoch meinte: »Diese seltene Gelegenheit, einmal das ganze falsche Gepränge aus der Nähe zu beobachten, sollten wir nützen. Wir werden dann mehr davon verstehen!« So schlossen wir uns den Tausenden an, die sich auf der Autobahn und allen Straßen stauten und erreichten das riesige Nürnberger Parteitagsgelände. Sogar diese NS-Gebäude waren eine Lüge; denn Hunderte von dünnen weißen Säulen trugen keine Last. Wohin das Auge reichte, rund um den Platz wehende rote Fahnen, vor dem wolkenlosen Himmel – überall das Hakenkreuz, das böse Zeichen.

Von unserem Diplomatenplatz aus hatten wir die beste Übersicht. Tausende über Tausende von braungekleideten SA-Männern marschierten in breiter Gliederung auf, in fast puppenhaft wirkender Disziplin. Ihnen folgten die Karrees der schwarzuniformierten SS, hochgewachsene Gestalten, harte, leere Gesichter. Den Abschluß bildete die Wehrmacht in grauer Uniform. Unter ihnen viele gute Gesichter. Die Armen wußten wohl nichts von der blutigen Zukunft, in die sie getrieben wurden. Inmitten dieses Aufgebots eine Gruppe schwerer Wagen, das Auto des Führers, Hitler, stehend im Wagen, den rechten Arm erhoben. Ein brüllendes »Heil« aus abertausend Kehlen. Der Diplomat neben mir: »Magnificant!« (Großartig!) Ich mußte zugeben, daß es ein grandioser Anblick war, der sogar in gewisser Weise schön war. Aber um Gottes Willen, welch ungeheure Macht! Welche Gewalt über Menschen, die diese Tausende in abgezirkeltem Gehorsam marschieren ließ wie Puppen. Dabei hatte doch jede dieser »Puppen« eine Seele – vielleicht ein Herz. Wohin würde diese wahnsinnige Macht führen?

Uns ganz nahe betrat Hitler seine Rednertribüne. Es war das

erste Mal, daß ich ihn aus der Nähe sah. War das der Riese? War das ein Genie? Ich hatte erwartet, daß er eine starke, wenn auch böse Ausstrahlung hätte. Davon war nichts zu spüren. Ich konnte ihn sehr genau beobachten. Für mich war er ein Mann mit sehr unsympathischen Gesten, ausdruckslosem, sehr unvornehmem Gesicht. Ich fragte mich: Wo war die anfeuernde Gewalt, die, wie es hieß, von ihm ausging? Sein ganzes Wesen machte auf mich den Eindruck von Leere, ja merkwürdigerweise von Kleinbürgerlichkeit. Dann begann er seine Rede. Betroffen sah ich da, wie dieses Gesicht, wie seine ganze Erscheinung sich veränderte, als ob eine Zauberei ihn verwandelte. Was er zu sagen hatte, waren dieselben Phrasen, dieselben Lügen wie immer, aber mit einer merkwürdigen hypnotisierenden Kraft vorgetragen. Die Menge raste, schrie vor Begeisterung, brüllte »Heil, Heil!« Fraglos war es eine dämonische Kraft, die aus dieser Stimme sprach. Die Rede endete, es erklang das so oft mißbrauchte schöne alte »Deutschland, Deutschland über alles«, das mir schon damals entweiht schien, gefolgt von dem abstoßenden Horst-Wessel-Lied.

Von der Tribüne stieg wieder der kleinbürgerliche, mittelmäßige Mann, der sie betreten hatte. Mir wurde an diesem Tage bewußt, daß Hitler besessen sein mußte, daß seine Macht die Macht eines anderen war, daß die hypnotische Anziehungskraft, die er auf Menschen ausübte, die Macht des Bösen war.

Kurz nach diesem Ereignis wurde Enoch als Marine-Offizier der Reserve zu einer Übung einberufen. Enoch liebte das Meer, und er hatte – ganz im Gegensatz zu all den Männern der fränkischen Familien, die traditionsgemäß bei den Bamberger Ulanen Dienst taten – darauf bestanden, zur Marine zu gehen. Seine Mutter meinte, dieser Hang zum Meer sei ein Erbe eines englischen Ahnen, der Admiral gewesen war. Enochs Marinefreunde drängten ihn, auf alle Fälle in der Marine den Reservedienst aufzunehmen. Sie meinten, daß dieser Offiziersdienst eine gewisse Sicherung für Enochs gefährdete Situation bedeuten könne.

Enochs Jahre in der kaiserlichen Marine hatten nicht lange gedauert. Sein ältester Bruder war im September 1914 gefallen. Damit war Enoch Majoratsherr des Guttenbergschen Besitzes geworden und mußte bei Kriegsende den Marinedienst verlassen und die Leitung des Familienbesitzes übernehmen.

Doch Enochs Bindung an die Kameraden war ungebrochen, und er freute sich auf die Wochen zur See als Reserveoffizier. Nun allerdings war es Hitler, der ihn zum Dienst berief, und ich wußte, daß jeder Offizier den Eid auf den Führer schwören mußte.

»Was wirst du tun?« fragte ich ihn in Sorge.

»Ich habe darüber nachgedacht. Ich werde ihnen sagen, daß ich nicht schwören kann. Sie werden mir schon heraushelfen ... oder ...«.

»Ich weiß«, sagte ich, »... oder Gefängnis.« Als Enoch nach Flensburg kam, sprach er mit dem Leiter der Marineschule und sagte, er könne keinen Eid auf Hitler ablegen. Irgendwie fanden sie für ihn einen Ausweg. Übrigens war dieses Problem des Eides für die vielen Männer des Widerstandes später keine Frage des Eidbruches. Die Kirche bestätigte ihnen, daß ein so erzwungener Eid nicht gültig sei.

Ich war in Guttenberg mit meiner Mutter, deren Mann, Onkel Gagern, vor dem Röhm-Putsch gestorben war, sonst wäre er gewiß auch unter den Verfolgten gewesen. Es war tröstlich, sowohl in Guttenberg als auch in Weisendorf die Kirche und den Tabernakel im Hause zu haben. Sonst war die Situation alles andere als trostreich. Die Zahl der Konzentrationslager wuchs ständig, und was trotz des tödlichen Schweigens aus diesen Orten der Qual an Berichten heraussickerte, war furchtbar. Die Judenverfolgung wuchs und wuchs. Ich erinnere mich, in der Münchener Leopoldstraße die Mutter meiner jüdischen

Kindheitsfreundin getroffen zu haben, die in Italien verheiratet war. Ich ging auf die liebe ältere Dame zu. Sie winkte ab: »Geben Sie mir nicht die Hand. Das kann Sie gefährden.« Selbstverständlich umarmte ich sie.

Zwei Tage danach erfuhr ich, daß sie und ihr Mann sich das Leben genommen hatten, um der Deportation zu entgehen. Das Ungeheuer wuchs und begann, all seine Zähne und Krallen zu zeigen, verheerendes Feuer begann aus seinem Rachen zu züngeln. In dieser Situation schrieb Papst Pius XI. 1937 seine Enzyklika »Mit brennender Sorge«.

Wenn das Böse triumphiert

Wir zogen 1937 in das von mir so geliebte Würzburger Haus. Wir wollten die Söhne, die ja beide in derselben Gymnasialklasse waren, für ihr letztes Schuljahr und das Abitur bei uns haben. Trotz des dunklen Schattens, den die Politik auf unser Leben warf, war dieses gemeinsame Jahr in unserem Würzburger Zuhause sehr glücklich. Das alte Domherren-Palais, ursprünglich aus der frühen Barockzeit, war in allen hohen, hellen Räumen im reinsten Louis-XVI.-Stil ausgeschmückt: Stuckverzierungen und Sopraporten aus der Zeit des späten 18. Jahrhunderts. Die Möblierung hatte der kunstsinnige Großvater meines Mannes ebenfalls im Louis-XVI.-Stil gestaltet. So war die Umgebung schön, schöner noch die Harmonie unseres Zusammenlebens. Die Söhne, herangewachsen zu jungen Männern, eines Sinnes mit dem Vater, die Töchter eine reine Freude.

Freilich brach immer wieder die bittere Realität des Terrors ein in unser Glück. So erinnere ich mich eines Abendessens im kerzenbeleuchteten Speisesaal. Wir hatten einen der Professoren unserer Söhne, ihren Geschichtslehrer, eingeladen. Die Buben verehrten ihn als einen besonders liebenswerten Mann. Bei Tisch ging das Gespräch natürlich auch um die Politik. Da bemerkte ich, wie unser Gast in Tränen ausbrach. Er entschuldigte sich: »In solcher Umgebung wird mir die furchtbare Situation der Lüge, in der ich leben muß, so bitter klar. Sie glauben nicht, Herr Baron, was es für mich bedeutet, die jungen Menschen, die mir anvertraut sind, die Lügen und den Ungeist des Nationalsozialismus lehren zu müssen. Aber ich muß ja mit Frau und sechs Kindern leben. Es ist unendlich schwer, sich da zu lösen.«

Einen Kummer bereitete es uns, daß unser Mister Sozusagen aus Gesundheitsgründen seinen Abschied nehmen mußte. Er machte unseren Umzug nach Würzburg nicht mehr mit. Dort übernahm ein alter treuer Hausbewahrer seinen Dienst. Wagner fehlte uns an allen Ecken; denn er hatte immer an alles gedacht, alles geordnet. Er selber dachte mit einem gewissen Recht, daß er unersetzbar sei. Unersetzbar war er vor allem als aufmerksamer Warner, wenn wir das gefährliche, streng verbotene Abhören ausländischer Radio-Sendungen vornahmen. Da stand er oft stundenlang im Zugang zum Musikzimmer, und wenn jemand nahte, sprach er laut, so daß wir rechtzeitig abschalten konnten. Die Nachrichten aus England waren für uns lebenswichtig – und lebensgefährlich; nur über sie konnte man sich über das wirkliche Geschehen informieren. So erfuhren wir vom wachsenden Terror, von der offensichtlichen Absicht Hitlers, »um der Raumnot zu begegnen«, Gewalt anzuwenden mit dem Ziel, Österreich und die Tschechoslowakei zu besetzen. Wagners »Wache« übernahm in Würzburg Enochs Sekretärin. Allen im Haus, ja allen in Guttenberg fehlte das gute, treue Gesicht und seine beruhigende Anwesenheit, auch sein schönes »Sozusagen«. Nach einiger Zeit mußte ich einen Ersatz-Butler anstellen. Er war sehr geschickt, elegant und höflich, aber gewiß kein »Mister Sozusagen«.

Ich erinnere mich an zwei besonders schöne Würzburger Erlebnisse. Weihnachtsabend im großen Saal des Hauses. Der riesige Christbaum, von Enoch geschmückt, die vielen Kerzen erleuchteten den weiten, hellen Raum. Wir alle vereint, dazu alle Angestellten, umstanden den strahlenden Baum und sangen »O du fröhliche« und »Es ist ein Ros' entsprungen«. Anschließend gingen wir zur Mitternachtsmesse in den Dom. Ein anderes unvergeßliches Ereignis war das Mozart-Fest in der Würzburger Residenz. Auch hier das Licht der Kerzen, dazu der Zauber der Töne in den fürstlichen Räumen. Ich erinnere mich, wie, erfüllt von all der Schönheit, Enoch und ich Hand in

Hand die wenigen Schritte von der Residenz zu unserem Haus gingen. Die Ferien verbrachten wir in Weisendorf und Deidesheim.

Dann kam das Jahr 1938, der »Anschluß« Österreichs, der von vielen dort mit Jubel begrüßt wurde. Hitler verkündete seinen Entschluß, die Tschechoslowakei durch militärische Aktion zu zerschlagen. Die Judenverfolgung nahm immer unmenschlichere Formen an.

Trotz all dieser so bedrohlichen Zeichen entschlossen wir uns, die Einladung unseres Onkels zur Feier des Eucharistischen Weltkongresses in Budapest anzunehmen. Enoch sagte: »Dies kann das letzte Mal sein, daß wir in ein freies Ungarn fahren können. Wir sollten es wagen.« Es war tatsächlich das letzte Mal, daß ich Ungarn sah! So fuhren wir durch die Tschechoslowakei über Preßburg nach Budapest und erreichten dort das Stadthaus meines Onkels nach beglückender Fahrt durch das friedliche, noch freie Land.

Ein Tag Ruhe nach der anstrengenden Fahrt. Am Abend des 20. August aber eines der unvergeßlichen Erlebnisse meines Lebens: die Eucharistische Schiffsprozession auf der Donau. Die ganze Stadt feierte. Die Gebäude am Ufer, die Brücken erglänzten von tausend Lichtern, der Himmel war voller Sterne. Die im Dunkel silberne Donau floß still dahin, auf ihr die Prozession der vielen geschmückten Boote. Mein Onkel hatte uns auf dem Schiff, das gleich hinter dem Allerheiligsten fuhr, einen Platz verschafft. Ich werde nie den Anblick der großen, golden leuchtenden Monstranz vergessen, die vor uns unter dem dunklen Sternenhimmel zu schweben schien, nie den Klang des von Tausenden gesungenen »Te Deum«. Das Herz konnte so viel fromme Schönheit kaum fassen. Nach der Prozession erleuchtete ein Feuerwerk den Himmel.

Am folgenden Morgen war noch ein großer Gottesdienst im Freien. Tausende und Abertausende folgten in tiefer Frömmigkeit dem Geschehen am Altar. Es war Kardinalstaatssekretär Pacelli, der spätere Papst, der die Ansprache hielt. Ich war ergriffen von der Frömmigkeit der Menschenmassen, aber auch auf den Tribünen, wo die Minister neben Reichsverweser von Horthy, umgeben vom Adel des Landes, sehr ernst am Gottesdienst teilnahmen.

Danach durften wir kurz mit Kardinal Pacelli, der hier Papst Pius XI. vertrat, sprechen. Ich kannte ihn schon aus der Zeit, als er Nuntius in München war. Mein Onkel machte mich auch mit dem Ministerpräsidenten Graf Teleki bekannt. Er war Siebenbürger und mit uns verwandt. Enoch und ich hatten ein aufschlußreiches Gespräch mit ihm – natürlich über Politik. Wir waren von seiner Klugheit, vor allem aber von seiner Persönlichkeit sehr beeindruckt: ein Staatsmann mit klarem Blick, ein Mensch von hoher Moral. Enoch drängte zur Rückreise. Die Lage schien ihm zu unsicher. So fuhren wir von Budapest aus direkt heimwärts.

Wieder im schönen Würzburger Haus angelangt, begann dort der Umzug nach Guttenberg, weil die Söhne zum Militärdienst einberufen worden waren. Wir hatten erreicht, daß sie im Bamberger Reiter-Regiment, »unserem« Traditionsregiment, dienen konnten. So waren wir ihnen in Guttenberg näher.

Um uns wachsende Bedrohung, Verfolgung, Bespitzelung, Kriegsgefahr und vor allem das gnadenlose Zunehmen der Ausschreitungen gegen Juden, Zerstörung der Synagogen, Übergriffe auf Wohnungen und Geschäfte, am 9. November dann die Zerstörungswut der schamlosen »Kristallnacht«. Ich erinnere mich an einen Abend in der Waffenhalle in Guttenberg. Wir hatten einen englischen Gast, einen politisch gut informierten und interessierten Mann. Das Gespräch – natürlich mit abgeschirmtem Mikrophon – drehte sich, wie jetzt immer, um Politik, das heißt um die wachsenden Spannungen, ja um die Wahrscheinlichkeit eines Krieges. Im Reichstag lachten sie nur, als Hitler den Brief Roosevelts vorlas, in dem der amerikanische Präsident von Hitler und Mussolini die Garantie der Unabhängigkeit der europäischen Nationen und der Länder des Mittleren Ostens forderte; Hitler gab das Ausscheiden aus dem deutsch-polnischen Nichtangriffspakt bekannt. Dafür wurde die italienisch-deutsche Militär-Allianz gegründet. Enoch sagte dem englischen Besucher, daß er überzeugt sei, daß wir auf einen Krieg großen Ausmaßes zugingen und wie schwer es für ihn und seine Gesinnungsgenossen sein würde, müßten sie in diesem Krieg kämpfen.

»Aber lieber Baron«, meinte unser Gast, »Sie und Ihre Söhne würden doch gewiß nicht aufgerufen werden, unter Hitler zu kämpfen. Man kennt doch Ihre politische Einstellung.«

»Wenn es zum Krieg kommt und Hitler – dieser Wahnsinnige – die Welt bedroht, werden alle wehrfähigen Männer gezwungen sein zu kämpfen. Sich dem zu entziehen würde sofortige Erschießung bedeuten. Das wäre eine wunderbare Möglichkeit, sich aller Gegner zu entledigen.«

Es wurde auch über den »Anschluß« Österreichs gesprochen, den Einmarsch in die Tschechoslowakei, der zur Proklamation des dortigen »Protektorats« geführt hatte. Der nächste Angriff galt offensichtlich Polen. Darüber waren Enoch und sein Gast sich einig. Enoch fragte: »Wie wird England reagieren, wenn wir in Polen einmarschieren?« Die Antwort konnte nur ein Schulterzucken sein. Ich hatte den Eindruck, daß unser Gast noch immer glaubte, daß ein großer Krieg durch Absprachen und Verträge verhindert werden könnte. Ich aber, und auch Enoch, wir fühlten die herannahende Katastrophe. Als Enoch im Juli plötzlich auf die Insel Sylt zum Marinedienst einberufen wurde, wußte ich, was das bedeutete.

Enoch mußte einen Zug von Würzburg nach Hamburg nehmen. So fuhren wir im Auto von Guttenberg die uns von vielen Fahrten bekannte Strecke. Wir sprachen wenig und versuchten voreinander diesen Abschied als einen der vielen anzusehen, die wir schon erlebt hatten. Aber wir wußten es beide, daß Enoch, als er in Würzburg den Zug bestieg, in den Krieg fuhr.

Es war mir klar, daß bei Ausbruch des Krieges Philipp Franz und Karl Theodor sofort einrücken mußten. So entschloß ich mich, für ein paar Wochen nach Bamberg in ein Hotel zu ziehen, um die Söhne sehen zu können. Meine Mutter blieb mit den Töchtern in Guttenberg. Ich saß in der Halle des kleinen Hotels, als meine Söhne hereinkamen. Es war das erste Mal, daß sie mir in Uniform gegenüberstanden. Obwohl der Gedanke, sie als Soldaten zu sehen, mich erschreckte, war ich stolz auf die beiden: achtzehn- und neunzehnjährig, schlank und hochgewachsen, mit dem aufrechten Gang, dem strahlenden Lächeln ihres Vaters; in schneidiger Uniform boten die beiden einen erfreulichen und für ihre Jugend erstaunlich männlichen Anblick. Wir hatten in diesen Bamberger Wochen schöne gemeinsame Stunden, aber über allem hing der Schatten des kommenden Krieges. Am 1. September begann der Feldzug in Polen, am 3. September erklärten Großbritannien und Frankreich den Krieg gegen Deutschland. Hier war es – das Furchtbare. Die Macht des Bösen triumphierte.

Es war vier Uhr, ein trüber, dunkler Morgen. Wir standen auf dem Verladebahnhof von Bamberg, die Söhne und ich und Hunderte Soldaten, blutjung und fröhlich, mit Blumen am Käppi – wohl nicht realisierend, in welche Hölle sie zu fahren bereit waren. Ich erinnerte mich an das ähnliche Bild bei meiner Fahrt zurück aus Ungarn nach Deutschland im Jahr 1914.

Meine beiden waren ernst, aber lieb besorgt, mir den Abschied nicht zu schwer zu machen. »Versuch es doch, Mama, nicht zu traurig zu sein. Wir kommen sicher bald wieder heim«, sagte Karl Theodor, und Philipp Franz: »Menschlich gesprochen, wissen wir wirklich nicht, wofür wir kämpfen müssen. Wir wissen aber, daß wir immer für Gott kämpfen werden.« Ein Opfer – in Gottes Namen! So echt Philipp Franz, mir diesen

Trost zu geben in diesem bitterschweren Abschied! Dann ein kleines Zwischenspiel, das uns dreien noch ein Lachen bescherte. Einer der Soldaten, die mit den beiden aus dem Zug schauten, sagte zu Philipp Franz: »Geh, des is doch net dei Mutter, des is dei Gschpusi!« Der Zug setzte sich langsam in Bewegung – noch ein Händedruck. Gott schütze euch! Winken der vielen, die zurückblieben auf dem dunklen Bahnsteig, Tücherschwenken und Tränen – bis der Zug nach Osten verschwand. Noch heute, wenn ich an diesem Bahnsteig vorbeifahre, verkrampft sich mir das Herz. Langsam verließen wir die Rampe: weinende Mütter, weinende Bräute.

Zurückgekehrt nach Guttenberg, erwartete mich ein Marinefreund von Enoch, der auf kurzer Dienstreise in Bayern war. Er brachte mir den ersten Brief meines Mannes aus Sylt. Mit normaler Post hätte er ihn das Leben kosten können: »Mein Liebes. Es ist schwer, Dir zu sagen, wie mir ums Herz ist. Ich kann es kaum fassen, wie sich Deutschland so furchtbar versündigen kann, diesen Krieg entfacht zu haben, der ganz Europa gefährdet. Das Schlimmste ist für mich, daß ich und die Söhne auf der falschen Seite dieses sinnlosen Kampfes streiten müssen.« Nach ein paar Wochen wieder ein persönlich überbrachter Brief: »Ach Liebes, Du weißt, daß ich mein Leben lang bewußt gegen das Böse gekämpft habe. Diejenigen, gegen die wir nun kämpfen müssen, stehen aber auf der Seite des Guten. Das Schlimmste ist, daß nicht nur ich, sondern meine Männer, die ich zu führen habe, vielleicht in den Tod führen muß, mit mir auf der falschen Seite kämpfen müssen. Es ist sehr schwer, in diesem Dilemma einen Weg zu finden.« Später wieder ein Brief: »Endlich bin ich innerlich zur Ruhe gekommen. Ich habe mich durchgerungen, von Stunde zu Stunde meine Pflicht zu tun und mir zu versagen, nach dem Ziel dieses Krieges zu fragen. Eines steht ja fest: ›Jedes Opfer gilt vor Gott‹.«

Alle meine drei kämpften in diesem Sinn, das »Opfer an sich« zu vollziehen im Bewußtsein, die moralische Fragwürdigkeit ihres Einsatzes nicht lösen zu können. Wieviele unserer Freunde, wieviele Deutsche mußten unter der Last dieses Zwiespaltes auf falscher Seite ihr Leben einsetzen! Eine bittere Tragik, schwer zu ertragen für uns – und für viele.

In Guttenberg lag nun die Verantwortung für den Betrieb des Besitzes allein auf mir. Diese Aufgabe war für mich eine Hilfe; denn meine Tage waren mit Arbeit, mit Vorsprachen bei Behörden, mit Fahrten auf die Güter ausgefüllt, und so konnten meine Gedanken nicht pausenlos um meine Sorge um Enoch und die Söhne kreisen. Bei den staatlichen Stellen, die ich aufsuchen mußte, wurde ich wenig freundlich empfangen. Aber Hilfe war zu erwarten, wo es um landwirtschaftliche Notwendigkeiten ging – wegen der »Volksernährung«. Ich mußte kämpfen um jeden unentbehrlichen Mann, um Benzin, um Fahrerlaubnis, um den Traktor. Natürlich versuchte ich auch Enoch zu ersetzen in Angelegenheiten des Dorfes, bei der Hilfeleistung in den Nöten der Familien. Ich verhandelte mit den Pächtern und Angestellten, und ich war oft erstaunt über mich selber, wie ich instinktiv in Enochs Art zu reden begann, als spräche er durch mich.

Aber alle meine Tage begannen und endeten in angstvollem Warten auf Nachricht von den Fronten. Sie waren selten. Von den Söhnen kamen kurze Grüße aus dem Polenkrieg, von Enoch aus Sylt die persönlich übergebenen Briefe. Ein leichtverwundeter Kamerad brachte mir einen Bericht über Karl Theodor, der erschreckend – aber doch auch beglückend war. Unserem Traditions-Regiment war ein NS-Offizier als Aufpasser zugewiesen worden. Mit diesem und anderen Kameraden saß Karl Theodor zusammen, als der »Aufpasser«, wohl um zu provozieren, sich brüstete, er habe in Polen eigenhändig einen »dreckigen Juden« erstochen. Karl Theodors Reaktion war wütend: »Ich würde lieber auf Ihre SS als auf die armen Juden schießen!« Und er fügte hinzu, daß Hitler ein Abenteurer sei

Schloß Tann in der Rhön

Meine Schwester Hilda und ich 1904 auf Schloß Tann

Kronprinz Rupprecht von Bayern

Kaiser Wilhelm II. begrüßt meinen Vater General Luitpold von der Tann

Mein Onkel János Graf Mikes von Zabola, Erzbischof von Szombathely

Meine Mutter

Mein Vater

In Karlsbad aufgenommen: mein Mann Georg Enoch und ich im Jahre 1928

Schloß Guttenberg in Franken

Meine Schwiegermutter Maria zu Guttenberg mit ihren Kindern Georg Enoch (links), Elisabeth Stauffenberg und Karl Ludwig

1924: Karl Theodor (links) und Philipp Franz in meinen Armen

1933: Georg Enoch mit Philipp Franz (links), Maria Nives, Therese und Karl Theodor

Claus Stauffenberg nach seiner Verwundung mit seinen Kindern

Therese von Konnersreuth

Maria Nives heiratet Henry Casademont

Therese heiratet Alexander von Branca

Schloß Weisendorf

Mein Sohn Karl Theodor mit seiner Frau Rosa Sofie

Im Kreis meiner Schützlinge

Mit der amerikanischen Filmschauspielerin Loretta Young

Mein Enkel Enoch beim Dirigieren

Feier auf Schloß Guttenberg: mein achtzigster Geburtstag

Nach der Privataudienz beim Papst

und daß sein Krieg in einer Katastrophe enden werde. Daraufhin hat der NS-Offizier verhindert, daß Karl Theodor zum Offizier befördert wurde, und einen Bericht für ein Disziplinarverfahren an den Regimentskommandeur, Baron Lerchenfeld, weitergegeben. Lerchenfeld, ein guter Freund und Nachbar der Familie, ließ Karl Theodor kommen und war zutiefst besorgt, wie er ihn retten könne. Im Herzen – natürlich – gab er ihm recht, rügte aber seine Unvorsichtigkeit. Solche Äußerungen konnten das Leben kosten: »Zersetzung der Wehrkraft«. Gott sei Dank gelang es, das Verfahren einem Militärrichter zu übergeben, der angesichts der Jugend des Delinquenten – er war achtzehn Jahre alt – die Anklage reduzierte. Karl Theodor habe bei einem älteren Kameraden den falschen Eindruck erweckt, daß er staatsfeindlich sei. Strafe: Arrest und Verzögerung des Aufstiegs vom Fähnrich zum Offizier. Welcher Gefahr war er entronnen! Doch ich war stolz auf den Mut meines Sohnes.

Drei Wochen brauchte ein Feldpostbrief. Die Erlösung, die er brachte, war immer überschattet; was konnte in drei Wochen alles geschehen sein? Ich konnte öfter nach Konnersreuth fahren, und Besuche bei Therese Neumann waren immer kraftspendend. Wenn ich in der Verwaltung des Gutes vor schwierigen Entscheidungen stand, holte ich mir in Greifenstein beim väterlichen Freund Berthold Stauffenberg Rat. Er war an Jahren älter, aber nicht alt geworden. Seine Klugheit und Güte waren mir eine große Stütze. Genau wie eh und je erwartete er mich bei meiner Ankunft aufrecht und mit großer Herzlichkeit am Bogen der Zugbrücke zum Schloß, den inzwischen sehr alten Hund an seiner Seite.

Dann kam Weihnachten 1939, und es war wie ein Wunder, daß sowohl Enoch als auch die Söhne ein paar Tage Heimaturlaub bekommen hatten. So waren wir noch einmal vereint. Im schneebedeckten Haus herrschte Freude. Die Leere der vergangenen Monate schien beinahe vergessen, und die Vorbereitungen für den Heiligen Abend wurden mit besonderer Sorgfalt getroffen. Es war immer Enochs Freude gewesen, den hohen Baum aus dem Guttenberger Wald selbst zu schmükken. Er auf der Leiter; wir als Handlanger reichten Kugeln, Ketten, Lichter, gaben Ratschläge, die er lachend nicht befolgte. Als das Meisterstück vollendet war, wurde die von mir modellierte Krippe aufgestellt. Dann wurden die Söhne und Töchter verbannt, um ihre Gabentische aufbauen zu können. Welche Freude, welche Harmonie! Doch über allem das Wissen, daß diese Freude und Sorglosigkeit nur Tage dauern konnte. Es war Krieg!

Am frühen Abend standen wir dann alle um den Lichterbaum. Enoch und die Söhne lasen abwechselnd das Weihnachtsevangelium. Nun der Gesang »Stille Nacht, heilige Nacht«. Ich hatte als Geschenk für Enoch ein Meßgewand angefertigt, auf goldfarbenem Grund in Applikationsarbeit aus dem Abbild des Schlosses zwischen unseren Wappen eine Art Stammbaum hervorwachsend, auf dessen Ästen unsere Schutzheiligen: Enochs Georg, meine Elisabeth, Franz von Assisi, Karl Borromäus, Theresia von Lisieux, dazu die Krönung Marias. Es war viel Arbeit gewesen, aber an vielen einsamen Abenden eine gute Ablenkung von meinen Sorgen. Ich war bei der Weihnachtsbescherung selig über die große Freude, die ich Enoch mit diesem Geschenk bereitet hatte. Das Meßgewand wurde gleich bei der Mitternachtsmesse eingeweiht unter Orgelklang und dem Gesang der Gemeinde.

Am nächsten Abend die Weihnachtsbescherung für die Dorfkinder. Damals war es noch möglich, für sie all die kleinen Geschenke zu erwerben. Wir hofften über das Radio Weihnachtslieder zu hören. Statt dessen Goebbels' Ansprache an das deutsche Volk. Welch ein Unterschied zur schlichten, frommen Ansprache des Königs von England, die wir verbotenerweise am Abend zuvor am Radio gehört hatten. Des guten

Mister Sozusagen Aufpasserdienste hatte jetzt die kleine Babette übernommen, eine Hausangestellte, die seit zwanzig Jahren bei uns und absolut zuverlässig war.

Während der Feiertage gingen wir, Enoch, ich und die Söhne, in den schneebedeckten Wäldern Hasen jagen. Enoch war so froh und glücklich, wie ich ihn selten erlebt hatte. Mit den nun erwachsenen Söhnen ergab sich ein neues, freundschaftliches Verhältnis, sozusagen von Mann zu Mann. Nach der Jagd lange Stunden beim Christbaum oder vor dem Kamin in der Bibliothek, ernste Gespräche über Kunst, Religion, Tradition und vor allem die ererbte Pflicht, verantwortlich stellvertretend zu reagieren bei allem das Volk und die Familie berührenden Geschehen. Das Sich-verantwortlich-Fühlen betrachtete Enoch als die ererbte adelige Pflicht, als das *Noblesse oblige.*

Wir alle, besonders meine kleine Nives, die ihren Vater vergötterte, waren glücklich in diesen wenigen Tagen, die etwas Traumhaftes hatten, eine Art Friedens-Atmosphäre mitten im Krieg. Den Gedanken an den baldigen Abschied, der die drei lieben Menschen zurück in Krieg und Todesgefahr führen würde, versuchten wir zu verdrängen.

Aber der unvermeidliche Abschiedstag kam. Von meinem Turmfenster aus sah ich hinunter auf die weiße Straße im Tal. Das Auto, das meine drei zurückbringen sollte in den ruchlos entfachten Krieg, verschwand um die letzte Kurve. Sie waren fort. Jetzt konnte ich meinen Tränen freien Lauf lassen – Tränen, die so viele Mütter und Frauen in diesen Tagen mit mir weinten, nicht nur in Deutschland, in ganz Europa.

Es kam das Jahr 1940. Die Söhne kämpften jetzt in Frankreich. Meine Tage gingen voller Arbeit, voller Probleme dahin. Tage, Monate, erfüllt mit bangem Warten auf Nachricht von den Fronten. Einmal wieder ein etwas längerer Aufenthalt in Greifenstein. Dort waren auch meine Schwiegermutter und meine Schwägerin Elisabeth zu Besuch. Die beiden und Onkel

Bertholds Frau, Tante Miez Stauffenberg, ließen sich von einer nicht mehr jungen, sehr sympathischen Frau behandeln. Sie nannten sie »die Streichlerin«, weil sie mit Handauflegen und leichtem Streichen über recht erstaunliche Heilkräfte verfügte und so rheumatische Schmerzen, Stauungen und Arthrose beinahe ganz zu heilen vermochte. Ich führte lange Gespräche mit ihr, weil mich ihre Gabe zu heilen und vor allem ihre mediale Begabung sehr interessierten. Im Laufe eines dieser Gespräche hielt sie plötzlich inne und sagte: »Ich sehe Sie in einem großen Licht, vereint mit all Ihren Lieben, am kürzesten Tag des Jahres.« Ich konnte mir darunter nichts Rechtes vorstellen, hörte hauptsächlich das »vereint mit all Ihren Lieben« und hoffte, daß sie recht behalten möge. Ich hatte schon gehört, daß sie neben ihrer Heilkraft auch hellseherische Fähigkeiten besaß, dachte aber bald nicht mehr an ihren Ausspruch.

Die Monate vergingen. Arbeit, warten, warten auf Nachricht von Enoch und den Söhnen. Enoch war von der Marinestation in Sylt abkommandiert worden und jetzt Kommandant des Luxusschiffes »Europa«, das umgerüstet wurde zu einem Truppentransportschiff für die geplante Invasion Englands. Die »Europa« lag bei Flensburg vor Anker. So konnte ich Enoch an meinem 40. Geburtstag dort besuchen, zwei schöne, glückliche Sommertage, Enoch auf seinem Schiff stationiert, ich im kleinen Flensburger Hotel. Er füllte mein Zimmer mit roten Gladiolen, meinen Geburtstagsblumen, und gab mir ein goldenes Armband, zwei kleinere kaufte er für die Töchter. Da er tagsüber Dienst hatte, konnte er mich nur abends besuchen. Das ergab einen ergötzlichen Zwischenfall. Wir saßen abends in meinem Hotelzimmer, und es gab, trotz Gefahr einer »Wanze«, viel zu besprechen. Plötzlich klopft es an der Tür, es streckt sich ein strenger Männerkopf herein und sagt laut und bestimmt: »Herrenbesuche sind am Abend nicht erlaubt. Wir sind ein anständiges Haus!« Enoch war wütend, und auch er wurde laut. Ich konnte nur lachen.

Wieder in Guttenberg die vielen Aufgaben, die vielen Sorgen. Nives wurde täglich ins Kulmbacher Gymnasium gebracht. Zu meiner Freude war meine Mutter für längere Zeit gekommen. Wieder einmal war ich nach Greifenstein gefahren, um dort mit Elisabeth Stauffenberg und meiner Schwiegermutter zusammenzutreffen. Die langen Abende mit Elisabeth, die wir, wenn alles zu Bett gegangen waren, im Gespräch verbrachten, waren beglückend; denn wir waren in allem eines Sinnes. Elisabeth hatte von Anfang an die Tiefe unserer Liebe erkannt. Jetzt durchlebte sie dieselbe Sorge um ihren Sohn Karl Berthold wie ich um meine beiden.

In Guttenberg erreichte mich ein Telefonanruf aus Würzburg. Ich traute meinen Ohren nicht – es war Enochs Stimme. Wohl hatte es so ausgesehen, als ob auch heuer das Wunder geschähe, daß meine drei »Krieger« über Weihnachten Urlaub bekämen. Daß aber Enoch jetzt schon kommen würde, war ein besonderes Geschenk. Er erwartete mich im Würzburger Haus. Nach ein paar Stunden stürzte ich dort die Treppe hinauf und lag in seinen Armen. Welches Glück!

»Aber«, meinte ich nach langer Umarmung, »nach was riecht denn deine Uniform? So ein komischer Geruch?«

»Oh«, meinte er lachend, »eigentlich wollte ich es dir gar nicht sagen. Das Parfüm kommt wohl von meiner ›kleinen Bombe‹, die mich vor einigen Tagen beinahe erwischt hätte. Eine britische Bombe traf die ›Europa‹, die vor Bremerhaven lag. Die Engländer konnten die riesige Ente gar nicht verfehlen. Aber Gott sei Dank war der Schaden gering. Es schien eine ganz normale Bombe zu sein. Natürlich ging ich als Kommandant des Schiffes sofort zum Raum des Einschlags – ohne Gasmaske, was falsch war. Der Raum war erfüllt von schwerem Rauch. Es ist merkwürdig, wie sich der Geruch in meinen Kleidern festgesetzt hat, und, was weniger erfreulich ist, meine Beine sind seither so angeschwollen, daß ich dich fast in Pantoffeln empfangen hätte.«

»Aber du siehst gut aus.«

Er stand vor mir, vergnügt, strahlend, voller Vitalität und Energie. »Du mußt gute Nachricht bringen, die Wiedersehensfreude ist es nicht allein, die dich so beschwingt.«

»Du hast recht, Liebes. Ich habe die beste Nachricht seit langer Zeit. Endlich ist es mir auf vielen schwierigen Wegen gelungen, meine Versetzung ins Oberkommando der Kriegsmarine in Berlin zu erreichen. In Berlin werde ich mitwirken können an der Widerstandsbewegung. Dort werde ich Kontakt haben mit Admiral Canaris. Berlin ist jetzt der Ort, das Zentrum, wo geplant und später gehandelt werden kann. Ich will dabei sein – in diesem Kampf mit dem Drachen.«

Ich hatte ihn noch selten so strahlend gesehen. Ich wußte, das bedeutete im Augenblick eine gewisse Sicherheit – aber in Zukunft größte Gefährdung. Das ganze Land war durchsetzt von NS-Agenten und Spähern, die Kommunikation zwischen den Gruppen des Widerstandes, die sich gebildet hatte, fast nur durch persönliche Kontakte möglich. Enoch sagte: »Jetzt, da ich weiß, daß ich mitwirken kann im Kampf gegen den Nationalsozialismus, ist mir, als sei eine schwere Last von mir genommen. Tatenlos der Zerstörung Deutschlands zusehen zu müssen, das war für mich unerträglich.«

Wir blieben einige Tage in Würzburg. Glückliches Zusammensein. Enoch sehr beschäftigt mit Planungen. Er meinte, wir sollten in Berlin eine Wohnung nehmen, damit ich immer wieder einmal dort bei ihm sein und ihm behilflich sein könnte. Nach Weihnachten sollte das in die Wege geleitet werden. Es würde das Ende der langen Trennung bedeuten, dachte ich glücklich!

Wir genossen die schönen Räume des alten Hauses, waren umsorgt vom Hausverwalter. Wir kauften Weihnachtsgeschenke für die Kinder, für Hausbewohner und Angestellte, und ich besorgte all die kleinen Gaben für das Guttenberger Kinderweihnachten. Damals gab es in den Geschäften noch alles zu kaufen.

Bald aber zog es Enoch nach Guttenberg, wo er von den Töchtern mit Jubel empfangen wurde.

Ich begann mir Sorgen um ihn zu machen. Seine frische Farbe war einer gewissen Blässe gewichen, er schien müde, und die Schwellung seiner Beine nahm zu, so daß ihm das Gehen beschwerlich zu werden schien. Der Förster meldete, er wisse zwei sichere Füchse. Enoch liebte die Fuchsjagd. Aber ich merkte, daß er nur zögernd zusagte, und am Abend – immerhin mit zwei erlegten Füchsen heimkehrend – war er erschöpft. Am nächsten Morgen sagte er: »Ich fühle mich recht elend. Laß doch unseren Doktor kommen.«

Das war ein sehr zuverlässiger Arzt, der uns schon seit vielen Jahren betreute. Er kam sofort und untersuchte Enoch sehr genau. »Ich kann keine Erkrankung an Herz oder Nieren feststellen. Die Schwellung der Beine muß wohl tatsächlich vom Einatmen der Explosionsdämpfe kommen. Es ist nichts Ernstes. Trotzdem würde ich raten, den Baron in einem Krankenhaus untersuchen zu lassen.« Das bedeutete, daß ich Enoch in ein Wehrmachtslazarett bringen mußte, da er Offizier im Dienst war. Wir befolgten den gutgemeinten Rat unseres Arztes. Leider.

Am folgenden Tag brachte ich Enoch nach Würzburg in das dortige Lazarett. Wir konnten gerade noch ein kleines, trostloses Zimmer am Ende eines langen Ganges für ihn bekommen. Die Fahrt hatte ihn ermüdet, aber er war recht heiter und sorglos. Spätabends kam der Chefarzt und untersuchte ihn, konnte aber keine Diagnose stellen. Am Morgen sagte der Oberarzt: »Baronin, ich kann nichts Krankhaftes feststellen. Machen Sie sich keine Sorgen. Es ist nichts Ernstes. Ihr Mann ist übermüdet. Die Schwellung der Füße geht zurück.«

Enoch wurde von Klosterschwestern liebevoll gepflegt. Die jungen Ärzte, die die Behandlung übernahmen, waren höflich. Aber Enoch schien von Tag zu Tag schwächer zu werden. Die

Behandlung bestand aus Spritzen, Spritzen, Spritzen. Der Arzt hatte auf meine besorgte Frage über Enochs erschreckend verschlimmerten Zustand keine Antwort. Die ersten Tage verbrachte ich im Lazarett, um abends in unserem Haus zu übernachten. Eines abends ging ich zu Fuß durch die verdunkelten Gassen, als ich auf einmal fast hautnah spürte, wie Enochs Tod hinter mir herging. Ich werde dieses Entsetzen mein Leben lang nicht vergessen.

Am nächsten Morgen verlangte ich, bei Enoch im Zimmer auf der Couch zu schlafen, was mir erstaunlicherweise gestattet wurde. So konnte ich Tag und Nacht an seiner Seite sein. Der jammervolle Verfall seiner Kräfte, seine immer stärkeren Schmerzanfälle, die er vor mir zu verbergen suchte, zerrissen mir das Herz. Die Schwellung der Beine war zurückgegangen. Einmal, von einem Weg in die Stadt zurückkommend, hörte ich schon am Beginn des langen Ganges Enochs furchtbares Stöhnen. Er wähnte sich allein. Es gelang mir, aus Frankfurt einen berühmten Internisten herbeizurufen. Auch er konnte nichts finden. Er versuchte mich zu beruhigen: »Ihr Mann ist nicht schwerkrank. Ich kann keine Symptome feststellen.«

Mein Herz ließ sich nicht beruhigen. Ich fühlte, daß Enoch im Sterben lag. Zwei Tage später bat der Chefarzt darum, mich allein zu sprechen: »Es tut mir leid, Baronin, Ihnen sagen zu müssen, daß Ihr Mann nicht zu retten ist. Es kann noch ein oder zwei Tage dauern.«

Ich telegrafierte Enochs Mutter, bat sie zu kommen. Auch ließ ich die Töchter aus Guttenberg holen. Die Söhne mußten jeden Tag eintreffen. Karl Ludwig, der von Canaris als Sonderführer nach Berlin geholt worden war, würde am kommenden Tag in Würzburg sein. Enochs Stellung in Berlin hätte für die Brüder ein Zusammenwirken bedeutet.

Es war sehr unwahrscheinlich, daß Enochs Krankheit durch eine Vergiftung mit dem Explosionsgas hervorgerufen war. Enoch hatte immer betont, daß die englische Bombe ganz normal war und niemand der Kameraden geschädigt worden war. Es waren wohl die vielen Spritzen, die tödlich waren.

Zwei Erfahrungen haben unseren traurigen Zweifel an einem natürlichen Tod meines Mannes bekräftigt: Zunächst die Tatsache, daß er gegen meinen Willen seziert worden ist – anscheinend, um eine Todesursache zu konstruieren. Es wurde Tod durch Leberleiden angeführt. Das Krankheitsbild zeigte jedoch keinerlei Anzeichen dafür. Keiner der behandelnden Ärzte hatte Ähnliches festgestellt, keines der Symptome ließ auf eine Leberkrankheit schließen. Ich empfand diesen unerlaubten Eingriff als kriminell. Ein zusätzliches Argument ist, daß ein uns befreundeter Arzt gleich nach Kriegsende in der Würzburger Klinik arbeitete und dort versuchte, Einblick in die Krankengeschichte meines Mannes zu bekommen. Die Unterlagen waren verschwunden.

Ich ging langsam zurück in unser Zimmer. Ich mußte es ihm sagen. Er hatte das Recht zu wissen, das Recht, sich vorzubereiten. Ich betete um Kraft und setzte mich Enoch zu Füßen. Das trübe, graue Licht des Wintertages kam durch das kleine Fenster. Da lag mein Geliebter in den Kissen, sein Gesicht schmal und weiß, die Hände kraftlos auf der Decke. Doch wurde mir die Kraft geschenkt zu sprechen : »Liebster – ich muß es dir sagen. Es ist wahrscheinlich Gottes Wille, daß du von mir gehst.«

»Es ist zu früh, den Kampf aufzugeben«, antwortete er mit schwacher Stimme. »Gerade jetzt, wo ich zum Einsatz kommen kann.«

Ich sagte: »Vielleicht kannst du vom Himmel aus mehr erreichen für das Gute, als es hier möglich wäre.«

Eine Zeitlang schloß er die Augen und schien zu schlafen. Ich konnte meinen Blick nicht von seinem Gesicht wenden. Nach einiger Zeit öffnete er die Augen: »Wenn es Gottes Wille ist, ich bin bereit.« Dabei lächelte er, es war ein strahlendes Lächeln.

Er nahm den Tod mit dem gleichen Mut, ja ebenso freudig an, wie er sein ganzes Leben mutig und freudig aufgenommen hatte. Dann aber sagte er etwas, das mir noch heute auf der Seele brennt: »Du weißt nicht, Liebes, wie mich die deutsche Schuld belastet.«

»Enoch, Lieber, wenn es jemand gibt, der keinen Teil hat an dieser Schuld, dann bist du es. Du hast dein Leben eingesetzt, um diese Schuld zu sühnen.«

»Ja, aber ich fühle diese Schuld jetzt in erschreckender Klarheit. Alle haben wir in Deutschland teil an ihr – auch du und ich. Wir haben nicht genug getan, um gegen das Böse zu kämpfen. Wir haben zu lange gewartet, zu lange auf eine Wende gehofft.«

»Schlafe, mein Lieber«, sagte ich, »versuche zu schlafen. Wir wollen weiter hoffen – und beten.«

Es kam der Morgen des 21. Dezember. Ich hatte einen kleinen Weihnachtsbaum geschmückt und neben Enochs Bett gestellt. Er liebte Weihnachten sehr. Im Schein seiner Kerzen brachte uns der Anstaltsgeistliche die Heilige Kommunion. Danach kamen die vier Kinder – die Söhne waren zum angekündigten Weihnachtsurlaub eingetroffen. Sie kamen, um den Segen des Vaters zu erhalten, um Abschied zu nehmen. Danach traf Enochs tiefgebeugte Mutter mit seinem Bruder Karl Ludwig ein. Die ganze Familie blieb bis zum Abend – teils bei uns im Zimmer, teils draußen im Empfangsraum wartend. Sie waren alle mit uns vereint, als am Abend das Leben meines Geliebten erlosch. Still sank er zurück in die Kissen. Sein Antlitz war in verklärter Ruhe von strahlender Schönheit, und der kleine düstere Raum schien sich zu weiten, er war erfüllt von Licht, von einer überirdischen Helligkeit. Ich fühlte, als hätte ich im Augenblick des Sterbens mit Enoch in die Glorie, in den Glanz des Todes eingehen dürfen.

Ich erkannte: Dies war kein Ende, dies war für Enoch der

Beginn des eigentlichen Lebens, wohl auch der Beginn eines mystischen Kampfes gegen das Böse. Ich erkannte die wahre Schönheit des Sterbens. Diese Erfahrung trug mich durch die folgenden Tage in einer seligen Trauer. Ich erfuhr nun, daß es ein beseligendes Leid gibt. Ich dankte Gott für die Gnade, mit Enoch in seinem Sterben die Glorie der Ewigkeit erlebt zu haben. Es war, als wäre ich mit ihm gestorben. Ich war vertieft in den Anblick meines geliebten Toten, als Philipp Franz sich zu mir neigte und flüsterte: »Wie schön er ist.«

Freilich konnte dieses Glücksgefühl nicht lange das zerrissene Herz trösten. Ich fühlte mich, als sei mir mein Leben genommen. Es kamen erschütternde Tage. Der mutige Bischof von Würzburg bot seine Privatkapelle an, um Enoch dort aufzubahren. Er las am Sarg die erste Totenmesse. Da erst erinnerte ich mich an den Ausspruch der Frau in Greifenstein: »Am kürzesten Tag des Jahres (das war der 21. Dezember) sehe ich Euch alle in hellem Licht vereint.« Enoch in seiner Marineuniform. Auf der Brust die Kette und die Insignien als Päpstlicher Geheimkämmerer di spada e cappa.

Die traurige Fahrt nach Guttenberg. Am Ortseingang erwartete uns ein schwarzbehangener Pferdeschlitten, der Enochs Sarg durch tiefen Schnee den langen Weg hinauf zum Schloß trug. Guttenberger und viele aus den Nachbargemeinden folgten mit uns dem Sarg bis in den Schloßhof. Durch das weitgeöffnete Tor strömte Licht. Oben im Ahnensaal standen zwei hohe Weihnachtsbäume mit brennenden Kerzen. Zwischen ihnen wurde der Sarg aufgestellt. Es war ja Weihnachten, und in der Mitternachtsmesse wurde gesungen »O du fröhliche, o du selige, gnadenbringende Weihnachtszeit«. Ich konnte mitsingen »Großer Gott, wir loben Dich.«

Dann der Tag der Beisetzung. Verwandte, Freunde, soweit sie nicht an der Front waren, Marine-Kameraden. Das Haus voller Gäste, aber meine Mutter und Elisabeth Stauffenberg hielten alle Hausfrauenpflichten von mir fern. Enochs Bronzesarg stand in der Kirche, und ich war oft bei ihm. Nach dem Requiem und der Beisetzungsfeierlichkeit wurde der Sarg hinuntergetragen in die Gruft. Er blieb im Hause – ich konnte ihn immer besuchen.

Ich wanderte in meinem schwarzen Kleid durch das leere Haus. Auf Schritt und Tritt sprachen die Dinge mich an, mit denen Enoch gelebt hatte. Am Tisch neben seinem Bett lag das Notizbuch, das er immer bei sich hatte. In seiner Handschrift viele Gedanken und ein Blatt, das wohl einer der zu überbringenden Briefe hätte werden sollen: »Es ist so bitter, mit ansehen zu müssen, wie Deutschland sich immer tiefer in Schuld verstrickt. Unser Deutschland, das einst das Herz des christlichen Abendlandes war, wie tief bist du gefallen! Gibt es die Hoffnung, daß noch ein Funke des Guten und Wahren glimmt, das Feuer zu entfachen, das Schuld und Schande verzehren kann – und sei es in Blut und Tränen?«

Wo ich hinsah, alles war noch so, als träte Enoch jeden Augenblick ins Zimmer. Seine Jagdstiefel standen noch von der Fuchsjagd her im Eck. Die Uhr auf dem Nachttisch tickte noch. Purzel, sein Dackel, saß traurig in seinem Körbchen und wartete. In seinem Schreibzimmer über dem noch mit Papieren beladenen Tisch die Statue des heiligen Georg – der Kampf mit dem Drachen.

Meine Mutter war da. Karl Ludwig und seine Frau, Enochs arme Mutter, meine Schwägerin Elisabeth – alle wollten mir ihre Liebe zeigen. Das Hauspersonal und wer ins Haus kam fühlte rührend mit mir das Leid. Aber mein Trost war, hinuntergehen zu können in die Gruft, dort auf der Kniebank vor dem Sarg war ich ihm nahe. Der Sarg war bedeckt mit der Flagge der alten kaiserlichen Marine, auf ihr ein Kreuz, sechs Kerzen zur Seite. Welches Geschenk, wenn ich an die vielen Frauen und Mütter dachte, deren Tote weit im fremden Land vielleicht nicht einmal begraben lagen!

Ich war so dankbar, daß Enoch, der sein Land, vor allem das Land um Guttenberg, so tief geliebt hatte, doch zu Hause zur Ruhe gebettet war. Mein Vetter, der spätere Domkapitular von Bamberg Sigmund Freiherr von Pölnitz, führte Fontanes schöne Worte in einem Nachruf auf Enoch an, die er so zutreffend fand: »Der ist in tiefster Seele treu, der die Heimat liebt wie Du.«

Allmählich war das übernatürliche Glück des Todeserlebnisses geschwunden. Geblieben war das Wissen, daß Enochs Seele lebte und daß er so immer bei mir sein würde. Ich erinnere mich, daß mir einmal mit Schrecken einfiel: O Gott, du kannst ja achtzig Jahre alt werden, allein, ohne Enoch, noch vierzig Jahre! Es war, als antwortete er: Lange Jahre ja – aber nicht ohne mich.

Immer wieder Abschied nehmen

Philipp Franz hatte für die Übernahme der Güter, die nun ihm gehörten, einen langen Urlaub erhalten. Doch Karl Theodor mußte zurück an die Front – nach Rußland. Das Abschiednehmen war bitter. Der Tod des Vaters hatte mich mit den Söhnen noch tiefer verbunden als bisher. Das Erleben von Enochs Sterben hatte den sehr zurückhaltenden Karl Theodor verändert; er konnte seine Liebe und sein Fühlen jetzt viel freier weitergeben. Nach einem Besuch in der Gruft mein Lebewohl, zitternden Herzens. Philipp Franz konnte länger bleiben – ein großer Trost, ja eine Freude für mich; denn es war das erste wirkliche Zusammenleben mit ihm als erwachsenem, für seine Jugend erstaunlich gereiftem Mann. Ich stellte fest, wie ähnlich wir in vielem waren. Es gab freilich Arbeit, da Philipp Franz mir für die Dauer des Krieges die Führung des Besitzes übertragen mußte. Auch hier waren wir uns immer einig, und ich war beruhigt, bei ihm den Besitz auf die Dauer in guten Händen zu wissen.

Karl Ludwig mußte gleich zurück in seinen Dienst bei Canaris, und Elisabeth nahm ihre traurige Mutter mit nach Hause. Zwischen ihr und mir hatte der gemeinsame Schmerz die erste Brücke des Verstehens geschlagen. Dann kam der Abschied von Philipp Franz. Blutenden Herzens sah ich dem Zug nach, der ihn fortnahm in den Krieg nach Rußland.

Es war rührend zu sehen, wie der ganze Ort traurig war, Philipp Franz scheiden zu sehen. Er hatte sich die Herzen der Bevölkerung im Sturm erobert. Oft wurde ich angesprochen: »Der neue Baron ist halt ganz wie sein Vater – so freundlich, ruhig, hilfsbereit.« Und wirklich war er seinem Vater sehr ähnlich, innerlich und äußerlich. Vor allem erfüllte ihn genau wie

Enoch der Wille, sich einzusetzen. Ich war froh zu wissen, daß das Erbe in seinen Händen geborgen war.

Nun war auch er fort und das Alleinsein sehr schwer. Da machte ich mich auf, um bei Resel in Konnersreuth mein Herz auszuschütten. Als ich dort ankam, war sie gerade zu einer Kranken gegangen. Ihre Mutter empfing mich und führte mich hinauf in Resels Zimmer. Dort sollte ich auf sie warten. Ich saß auf dem Sofa unter den singenden Vögeln im Käfig und fühlte mich aufgenommen von der Atmosphäre friedlicher Ruhe, die den kleinen Raum erfüllte. Merkwürdig, dachte ich, wie ein Raum die Ausstrahlung des Menschen, der in ihm lebt, aufnimmt. Nach einiger Zeit kam Therese, mich liebevoll begrüßend, die Augen auf mich gerichtet, aus denen Tränen des Mitleids flossen. Sie wußte es schon, setzte sich zu mir, nahm meine Hände. »Ich weiß, ich weiß«, sagte sie, und ich fühlte, wie sich in ihrer Nähe der Schmerz meines Herzens zu lösen begann. Ich erzählte ihr von Enochs Sterben, vom Licht, das ihn umgeben hatte. Ihr brauchte ich nicht viel zu sagen; sie verstand mich beinahe ohne Worte. Allein das Wissen, daß sie oft schon teilgehabt hatte an dem Leben, in dem ich Enoch jetzt wußte, am eigentlichen Leben jenseits des Todes, war mir eine Beruhigung. Wir hatten ein langes Gespräch über den Sinn des Lebens, den Sinn des Todes, den Sinn des Leides.

Es war schön, wie dieses Landkind, das nie eine philosophische Ausbildung gehabt hatte, all die schwierigen Fragen klar und logisch beantwortete, einfach, in der Einfalt aller wirklichen Größe: »Jedes Opfer, jedes Leid, angenommen im Glauben, ist Teilhabe an der Erlösungstat Jesu und ist so Teil des Kampfes gegen das Böse, der uns aufgetragen ist. Gerade in unseren Tagen, wo die Mächte des Bösen so übermächtig sind, müssen wir bereit sein zum Kampf. Sehen Sie das Sterben Ihres Mannes und Ihr Opfer in diesem Licht, und gehen Sie ruhig Ihren Weg – dankend und liebend.«

Resel sah noch viel klarer als ich die Mächte der Finsternis, aus denen die Kraft des Nationalsozialismus kam. »Beten, beten, lieben und leiden«, sagte sie. Dann fuhr sie fort: »Wissen Sie, vor lauter Sorge um die Söhne müssen Sie nie vergessen, welches Glück Ihre Töchter bedeuten. Ihnen zuliebe müssen Sie ins einfache Leben zurückfinden, und Sie dürfen die Seligkeit Ihres Mannes nicht trüben durch Ihre Verzweiflung.«

Diese Stunde mit Therese war beglückend. Sie gab mir Kraft und stärkte mein Wissen um Leben, Tod und Leid. Beim Abschied meinte sie: »Kommen Sie bald wieder. Ich werde auch zu Ihnen nach Guttenberg kommen.« Ich wußte, daß dies der Beginn einer Freundschaft war.

Das Jahr 1941. Auch Nives und mein kleine Therese mußten mich verlassen. Die immer knapper werdende Benzin-Zuteilung erlaubte die tägliche Autofahrt für Nives in das Kulmbacher Gymnasium nicht mehr, und Therese war der Guttenberger Volksschule entwachsen. So mußte ich die Mädchen schweren Herzens in eines der noch bestehenden katholischen Internate, das der Armen Schulschwestern in Partenkirchen, bringen. Ich war allein mit meiner liebevollen und lebensvollen Mutter und mit der vielen ungewohnten Arbeit, der Verwaltung des Besitzes. Wenn ich auf ein Ministerium in München mußte, machte ich bei meiner Schwester oder Schwägerin Stauffenberg halt. Auch sie hatten Söhne im Feld.

Manchmal mußte ich auf ein Amt in Berlin. Dort war das Wiedersehen mit meinem Schwager Karl Ludwig Freude und Trost. Er war Enoch sehr ähnlich, besonders in seiner Einsatz- und Opferbereitschaft. Er hatte mit der gleichen Freude wie sein Bruder die Berufung durch Admiral Canaris in das Oberkommando der Wehrmacht, Abteilung Abwehr/Ausland, begrüßt. Sowohl Karl Ludwig wie Enoch wußten, daß hier eine der geheimen Hauptzellen des wachsenden Widerstandes war. Canaris, der die seit Jahren bestehende politische Haltung der

Guttenbergs kannte, hatte Karl Ludwig, der nie einen militärischen Dienstgrad innehatte, in seine Dienststelle berufen und ihn als »Sonderführer« in den Offiziersrang erhoben. Wir wußten, wie gefährlich dieser Posten war. Doch Karl Ludwig war gerade so glücklich über eine reale Möglichkeit zum Engagement, wie Enoch glücklich gewesen war bei seiner Versetzung nach Berlin. Nur sein Tod hatte dieses Glück zunichte gemacht.

Die Widerstandsbewegung war bereits im Jahr 1933 aktiv geworden. An vielen verschiedenen Orten hatten sich Gruppen, Zellen gebildet, geführt von Männern, die schon damals erkannten, welche Gefahr der Nationalsozialismus für Deutschland bedeutete, die erkannten, daß die anfänglichen Erfolge Hitlers, die Wehrmacht aufzubauen und mit diesem Aufbau die Arbeitslosigkeit erfolgreich zu bekämpfen, nur ein Ziel hatten: Krieg – für einen Angriffskrieg gerüstet zu sein. Der Nationalsozialismus zeigte bald sein antichristliches Gesicht. Eine heidnische Religion wurde propagiert. Die altgermanischen Götter sollten wieder verehrt werden. Wie Enoch schon 1926 vorausgesagt hatte, begann bald die Verfolgung, Verhaftung, ja Ermordung katholischer Priester und der evangelischen Pastoren, die sich den sogenannten »Deutschen Christen« nicht angeschlossen hatten, sondern bereit waren, mit dem Leben für ihren christlichen Glauben zu bürgen. Diese evangelischen Geistlichen gefährdeten damit bewußt nicht nur sich, sondern auch ihre Familien. Ich bewunderte unseren evangelischen Patronatspfarrer in Guttenberg, der mutig zu diesen Bekennern gehörte.

Es war klar, daß die Widerstandsbewegung weitgehend religiös fundiert war und von Männern der verschiedenen christlichen Gruppierungen angeführt war – Männern der unterschiedlichsten Kreise: Offiziere, Priester, Sozialisten und Christlich-Konservative wie Enoch und Karl Ludwig. Die Schwierigkeit bestand in der Kommunikation zwischen den Zellen. Die Gestapo hatte ihre Ohren überall. Die Gefährdung war tödlich, und die Gefahr bedrohlich, daß Folter die Nennung von Mitwirkenden erreichte. Aber dies gelang den Schergen fast nie. Ich erinnere mich an ein Gespräch mit Karl Ludwig, der sagte: »Weißt du, vor dem Tode fürchte ich mich nicht. Aber Gott gebe, daß ich die Kraft habe, physische Folter zu ertragen und keinen Namen preiszugeben – davor habe ich Angst.« Karl Ludwig war viel weicher als sein Bruder – ein Intellektueller, so gar nicht der Typ des Helden, wie das Enoch wohl gewesen war. Doch gerade der übersensible Karl Ludwig sollte sich heldenhaft bewähren.

Von meinem Onkel in Ungarn kam spärlich Nachricht, nur kurz vor Kriegsbeginn ein tiefbesorgter knapper Gruß. Noch eine schlimme Neuigkeit erreichte uns: der Tod unseres Onkels, des ungarischen Ministerpräsidenten Graf Teleki, auch er ein Opfer Hitlers. Er hatte in Jugoslawien sein Ehrenwort gegeben, daß Ungarn Jugoslawien nicht militärisch angreifen würde. Seine Schwiegertochter, meine Cousine, erzählte mir, daß eines Abends zwei deutsche Offiziere bei ihm im Ministerium vorsprachen – von draußen hörte man laute Stimmen. Danach verließ Teleki das Ministerium. Zu Hause schrieb er in der Nacht einen erschütternden Brief an den Reichsverweser von Horthy. Am nächsten Morgen fand ihn der Diener tot in seinen blutigen Kissen – die Pistole noch in der Hand. Er wollte seinen Wortbruch nicht überleben. Hier die Übersetzung des Briefes, den man auf dem Schreibtisch in seinem Schlafzimmer fand. Meine Cousine erhielt eine Fotokopie dieses Schreibens:

3. April 1941

Durchlaucht!
Aus Feigheit haben wir unser Wort gebrochen, den Vertrag für den »Ewigen Frieden« bei den Verhandlungen von Mohács betreffend. Die Nation fühlt das. Durch uns verlor sie ihre Ehre. Wir haben uns auf die Seite der Verräter gestellt. Kein Wort ist wahr

von dem Angriff auf Ungarn, nicht einmal auf die Deutschen. Wir werden Leichenräuber; die niederträchtigste Nation. Und ich habe Dich nicht zurückgehalten, bin (also) schuldig.

Teleki Pál

Zweiter Zettel:

Auch wenn mein Vorhaben nicht vollständig gelingen sollte und ich am Leben bliebe, lege ich hiermit mein Amt nieder.

In tiefer Hochachtung
Teleki Pál

Horthy ordnete ein Staatsbegräbnis an. Tausende folgten dem Sarg. Der Papst hatte angesichts des moralischen Grundes dieses tragischen Selbstmordes eine Sondererlaubnis für ein katholisches Begräbnis erteilt.

Noch am selben Tag schrieb Horthy an Hitler, sich quasi für den Selbstmord Telekis entschuldigend und Hitler seiner Loyalität versichernd; denn er wußte natürlich, daß der Tod Telekis das ganze Volk erschüttert hatte.

Die Nationalsozialisten hatten nun auch die Klosterschule in Partenkirchen, wo meine Töchter waren, geschlossen. Beide mußten die höhere Schule besuchen. So entschloß ich mich, in München eine kleine Villa in Schwabing zu mieten, von der aus sie das Gymnasium, das Max-Joseph-Stift, besuchen konnten. Natürlich war der Umzug ein Problem, aber die Louis-XVI-Möbel, die ich aus Würzburg kommen ließ, paßten schön in das kleine moderne Haus. Von meinen Haushaltssäulen war nur noch Lina, die Wunderköchin, bei mir. Für sie begann nun zum zweitenmal der Kampf, die schon sehr knapp gewordenen Lebensmittel für uns zu erobern. Neben ihr war Babette zur Haushälterin aufgestiegen. So kamen wir zu sechst an: die Töchter und ich, Lina, Babette, das Zimmermädchen und natürlich Enochs Rauhhaardackel Purzel, der inzwischen an Bart und Pfötchen in Ehren ergraut war.

In diesem Münchener Haus war ich zum erstenmal den Töchtern sowohl räumlich als auch menschlich ganz nahe. Wir verlebten alle Stunden, die sie nicht in der Schule verbrachten, zusammen. Nives war mit ihren sechzehn Jahren schon beinahe eine junge Dame, sehr hübsch, sehr zuverlässig und manchmal recht eigensinnig oder eher eigenwillig, so gar nicht wie ein Allerweltsbackfisch. Sehr interessiert war sie an Literatur, doch weniger an ihrem Aussehen. Es war unmöglich, von ihr zu erreichen, daß ihre Kleider nicht lieblos an ihr herumbaumelten oder daß ihr schönes braunes Haar nicht wild herumflatterte. In meinem verzweifelten Versuch, aus ihr eine wohlgekleidete junge Dame zu machen, ging ich zu ihrem von ihr sehr verehrten Beichtvater, Pater Dold, der in St. Blasien die Söhne betreut hatte und jetzt hier in St. Michael war. Er lachte und wollte mich trösten: »Warten Sie, bis Nives sich verliebt. Dann wird sie sicher sehr eitel.«

Meine Resi war ganz anders als ihre Schwester, schon jetzt größer als die ältere, blond, blauäugig, viel leichter zu führen. Nives nahm ihr junges Leben sehr ernst, lernte eifrig und mit Interesse. Für Resi war das Leben viel einfacher und leichter: sie war sehr musikalisch, interessiert an Kunst und allem Schönen, weniger allerdings am Lernen. Noch immer, wie schon als kleines Kind, konnte sie mit ihrem Charme alles erreichen, was sie wollte. Vor allem aber wollte sie Gesang lernen; denn sie hatte eine sehr schöne Sopranstimme.

Manchmal machte ich mir Vorwürfe, mich zu viel mit Mystik und Religion, mit Schriften über Geistig-Religiöses zu beschäftigen, in denen ich mit Genugtuung immer wieder die Bestätigung meines Erlebens bei Enochs Sterben suchte und fand. Ich fürchtete, durch dieses starke Aufgehen im Religiösen zu wenig Verständnis für meine jungen Töchter und für ihren gesunden Anspruch auf Lebensfreude zu haben. Immerhin fühlten wir uns alle drei in dem kleinen, schönen Haus sehr »zu Hause«.

Nur unsere arme Lina hatte Sorge, wie sie uns alle ernähren sollte. Da kam mir der Gedanke, aus Holstein ein Milchschaf kommen zu lassen, um wenigstens gute Milch für die Kinder zu haben. Nach langen Mühen gelang es, ein solches Wundertier zu erwerben. Es kam eines Abends mit vollgefülltem Euter an. Alles freute sich auf die Frühstücksmilch am nächsten Tag. Babette konnte sogar melken und machte sich morgens an die Arbeit. Kein Tropfen Milch! Am folgenden Abend war das Euter des Schafes wieder wunderbar rund. Doch am nächsten Morgen – kein Tropfen. Babette begann an sich selbst irre zu werden. Als ich aber am dritten Morgen aus dem Fenster sah, war das Rätsel gelöst: Da wandelte das Schaf und hinter ihm drein mit Stellohren unser Schlupf, bis er den zum »Melken« geeigneten Platz gefunden hatte. Beide waren glücklich. Aber der arme Schlupf durfte von nun an erst nach Babette das Haus verlassen.

Während unserer Anwesenheit in München kam Enochs Vetter Erwein Aretin oft zu uns. Er war uns ein sehr treuer Freund, gebildet und von sprudelnder Geistigkeit. Auf all meine Fragen und Schwierigkeiten in religiöser und politisch-philosophischer Beziehung hatte er eine Antwort. Wie ich war er immer wieder in Verbindung mit Konnersreuth, und wir fuhren auch einmal zusammen zu Resel. Es war eine Freude, ihrem Gespräch in der Küche des Pfarrhauses zu folgen. Ernste religiöse Themen – dann wieder, auf eine komische Bemerkung Aretins hin, Resels helles Lachen. Es war das erste Mal, daß ich erlebte, wieviel Humor Resel hatte und wie sie lachen konnte. Übrigens hatte sie Aretin vor kurzem vor einer neuen Verhaftung bewahrt. Therese hatte oft Eingebungen, die zukünftige Dinge betrafen. So ließ sie eines Tages durch einen Boten Aretin warnen, am nächsten Tag werde die Gestapo bei ihm Haussuchung machen. Alles Gefährliche wegräumen! Aretin befolgte den Rat. Die gefährlichen Schriften verschwanden, und tatsächlich verlief die Suche der Gestapo erfolglos.

In München lebten viele Verwandte und Freunde. In zahlreichen Familien herrschte Trauer, die Todesbotschaften vom Kriegsschauplatz häuften sich. Aus den streng abgeschirmten Konzentrationslagern sickerten immer grausamere Nachrichten. Die Verfolgung der Juden hatte unmenschliche Formen angenommen. Sorge und Mitleid warfen Schatten auf unser tägliches Leben, dazu kam meine zitternde Angst um die Söhne. Meine Mutter war uns nachgereist, eingezogen in eine Pension hinter den »Vier Jahreszeiten«. Den Tag verbrachte sie meist bei uns.

Dann kam ein sehr stilles Weihnachten: die Söhne im Feld, das Gedenken an die Weihnacht des vorigen Jahres – an den Sarg unter den Weihnachtsbäumen und nun auch noch das trauernde Mitleid mit meiner geliebten Schwägerin Elisabeth; ihr Sohn – das Bübchen, das ich am Tag meiner Verlobung besucht hatte – war in Rußland gefallen. Elisabeth, die ihn sehr geliebt hatte, trug ihr Leid sehr still. Aber ich wußte, daß ihr Herz beinahe verblutete.

Unser Leben in München bestand hauptsächlich im Erwarten der wenigen Briefe aus dem Feld. Jeden Morgen war die erste Frage von Nives und Therese, bevor sie zur Schule gingen: »Ist Post da?« Wie selten war das Glück einer Nachricht, und was konnte geschehen sein seit ihrer Niederschrift! Aber trotz dieser Last nahm unser Leben Gestalt an. Das Haus wurde zu einem Treffpunkt für viele Freunde, vor allem auch offen für eine wöchentliche religiöse Zusammenkunft, bei der wir den hochgeistigen Pater Przywara als Vortragenden und Diskussionsleiter hatten. Diese Nachmittage brachten viele Gäste. Da die Nationalsozialisten religiöse Zusammenkünfte nicht erlaubten, mußten sie in Privathäusern stattfinden. Einer meiner Gäste bei diesen Versammlungen war der Philosoph Professor Huber, der bald sein Leben hingeben mußte, weil er zusammen mit den Geschwistern Scholl die Befreiungsaktion in der Münchener Universität leitete.

Im Laufe des Jahres hatte Karl Theodor einen kurzen Urlaub, den er benutzte, um seinen Onkel Karl Ludwig im Stab von Canaris zu besuchen. Er berichtete beeindruckt von diesem Wiedersehen. Karl Ludwig kam ihm entgegen und führte ihn gleich in einen Raum, in dem offensichtlich eine wichtige Besprechung, den Widerstand betreffend, stattfand. Anwesend waren Canaris, neben ihm General Oster, Dohnanyi, Delbrück, Schrader. (Sie alle wurden nach dem Attentat vom 20. Juli 1944 hingerichtet.) Karl Theodor war erstaunt, mit welcher Offenheit vor ihm gesprochen wurde. Nach Ende der Besprechung nahm ihn der Onkel auf sein Zimmer und fragte ihn, ob er mitmachen wolle. »Natürlich sage ich ja. Ich wollte, ich hätte die Möglichkeit, wirklich aktiv mitzutun.« Die Möglichkeit sollte er noch finden.

Allmählich begannen die Bombenangriffe auf München immer gefährlicher zu werden. Wir mußten oft nachts in den Keller, der wenigstens etwas Schutz bieten konnte. Erstaunlicherweise war der erste, der beim Ton der Sirene in den Keller lief, der gescheite Purzel.

Wieder ging es auf Weihnachten zu, und – was ich kaum zu hoffen gewagt hatte – beide Söhne waren da. In diesen Urlaub fiel ein beglückender Tag. Kardinal Faulhaber, ein väterlicher Freund, einer der Aufrechten, der von der Kanzel seine Gegnerschaft gegen den Nationalsozialismus mutig bezeugte, hatte mir angeboten, meine Töchter in seiner Privatkapelle zu firmen. So fuhren wir an einem klaren, kalten Morgen zum Bischofspalais, die beiden Töchter im langen weißen Kleid, einen kleinen Schleier auf ihren Locken, die Söhne in Uniform. Auf der Straße winkten und klatschten die Leute. Von der Ferne hielten sie die vier wohl für Brautpaare. In der Kapelle zelebrierte der Kardinal die Messe und sprach zu den Neugefirmten Worte, die sie wohl nie vergessen würden: über die Verantwortung des Christen, stellvertretend wach und aufrecht in den Tagen des Bösen und der Lüge für Glaube und Tradition zu stehen. Die Firmpatin von Nives war Nives von der Leyen, Thereses Firmpatin Therese Neumann, die sich durch Erwein Aretin vertreten ließ. Es war ein Tag der ernsten Freude.

Weihnachten 1942. Es wurde ein Baum geschmückt, genauso wie Enoch es getan hätte. Ich wollte mithelfen, stieg auf eine hohe Leiter – und fiel vom Baum, wie die Kinder behaupteten; sie wollten sich darüber totlachen. Am Heiligen Abend gingen meine Gedanken auch zu meiner tapferen Schwester Hilda Schaezler. Ihre beiden Söhne waren als Flieger gefallen. Meine Gedanken gingen zu Elisabeth Stauffenberg und damit zu all den Trauernden. Ihrer gedachte ich in der Mitternachtsmesse im Dom, den wir zu Fuß durch Münchens verdunkelte Straßen erreichten. Wann würde diese Zeit der Tränen, der Angst, der gebrochenen Herzen zu Ende gehen?

Das weihnachtliche Zusammensein ging nur zu schnell zu Ende. Karl Theodor ging als erster. Er mußte zu seiner Truppe bei Stalingrad, der gefährdetsten Front, genannt die »Hölle von Stalingrad«. Abertausende wurden geopfert, weil Hitler verbrecherischerweise General Paulus die Kapitulation verbot. Karl Theodor, ein geborener Soldat, furchtlos und kampfbereit, wußte, in welche Gefahr er gerufen war. Auch ich wußte es. Wir versuchten, voreinander Haltung zu bewahren. Ein schwerer, schwerer Abschied.

Philipp Franz konnte noch einige Tage bleiben. Wir hatten Sorge um unseren Purzel. Trotz seines ehrbaren Alters wollte er noch immer nicht auf Liebesabenteuer verzichten und blieb oft über Nacht aus, um dann müde mit seinem verschämten Lächeln wieder einzutrudeln. Diesmal war er aber schon zwei Nächte abhanden, und draußen war es bitterkalt. Am dritten Morgen kam Philipp Franz in mein Zimmer, um mir Guten

Morgen zu sagen. Da erzählte ich ihm von meinem Traum; ich hatte Purzel glückselig in den Wäldern von Guttenberg laufen gesehen. Sein inzwischen ergrautes Schnäuzchen, seine grauen Pfoten erstrahlten wieder in ihrem alten, goldenen Braun. »Du wirst sehen«, sagte ich, »heute kommt er zurück.« Ich stand auf, ging hinunter und öffnete die Haustür. Da lag Purzel tot auf der Schwelle.

Philipp Franz wollte mit mir nach Guttenberg. »Ich kann doch nicht fort, ohne Guttenberg gesehen zu haben.« Ich wußte, wie sehr er es liebte. So fuhren wir übers Wochenende. Eine schöne Fahrt zu zweit, Gespräche, erfüllt von unserer Gemeinsamkeit. Dann ein Tag und eine Nacht in Guttenberg. Es war rührend, mit welcher Freude er durch alle Räume ging, rührend auch, wie er nach der Sonntagsmesse in der Schloßkirche von den Guttenbergern begrüßt wurde. Er wird es gut machen hier, genau wie sein Vater. Er wird geliebt sein wie sein Vater, dachte ich beglückt.

Dann kam das neue Jahr, 1943, und am 4. Januar der Abschied von Philipp Franz. Sein Ziel war Leningrad. Ich brachte ihn abends zum kaum beleuchteten Bahnhof. Wir standen vor dem Zug. Ich höre noch seine Worte: »Mama, wir müssen beten, daß wir diesen Krieg nicht gewinnen.«

Meine Frage: »Wie hältst du es da aus, deinen Dienst zu tun?«

»Meinen Männern zuliebe – und du weißt, jedes Opfer gilt vor Gott.«

»Lebe wohl, Gott schütze dich.«

Wieder ein langsam anrollender Zug, der einen Sohn entführte. Wieder Tränen. Zu Hause warteten die Töchter. Sie versuchten, die Tränen zu verbergen.

Am 9. Januar 1943 war ich in der Stadt, um etwas zu besorgen. Ich ging die Perusastraße entlang. Da fühlte ich plötzlich, daß ich wie auf Wolken ging, als ob meine Füße den Boden nicht berührten. Mein Herz begriff: Das bedeutet den Tod eines der Söhne. Ich wußte es ganz klar. Nur wußte ich nicht: war es Philipp Franz, war es Karl Theodor?

Zwei Tage später rief mich Erwein Aretin an: »Elisabeth, ich komme in einer halben Stunde, ich muß dir etwas sagen.« Ich wußte, was er zu sagen hatte. Er kam, wir saßen beim geschmückten Baum.

»Ich weiß, Erwein, was du zu sagen hast. Ist es Philipp Franz? Ist es Karl Theodor?«

Aretin hatte vom Kommandeur, Baron Lerchenfeld, ein Telegramm erhalten: »Franz Guttenberg gefallen. Bitte Mutter benachrichtigen.« Aretin gab mit das Telegramm. Er sagte: »Elisabeth, ich kann dich nicht trösten, das kann nur Gott.«

Am Abend gingen wir alle in die Kapelle der Jesuiten. Pater Dold las die Totenmesse. Während dieses Gottesdienstes erlebte ich beinahe physisch die Vereinigung unserer Seelen, der meinen mit der des Sohnes, eine Vereinigung im Mysterium der Heiligen Eucharistie. Dieses Erleben war so stark, daß ich kein Gefühl mehr für den Ablauf der Zeit zu haben schien, bis die Töchter den Pater baten, mich doch aus meinem Versunkensein zu wecken und zum Wagen zu bringen. Der Schmerz um Philipp Franz war gerade so tief wie der um Enoch. Dessen Tod bedeutete in gewisser Weise das Ende eines großen Glücks, der Tod des Sohnes war, als ob ein Stück des Herzens abgetrennt würde, und ich wußte nun, daß die Redewendung »Das Herz blutet« eine Wirklichkeit aussagt. Als Pater Dold eine Woche später das Requiem für Philipp Franz in der Michaelskirche hielt, erbat ich von der Sängerin die Bach-Arie »Blute nur, du liebes Herz« aus der *Matthäus-Passion*.

Einige Tage später war ich mit den Töchtern zur Messe im Dom. Als ich nach der Kommunion die Stufen vom Hochaltar herabstieg, fühlte ich wieder, wie stark die verbindende Nähe zu meinem Sohn im Sakrament gewesen war und noch nachklang. Als ich die Augen hob, sah ich im Mittelgang des Domes

Therese Neumann stehen, ihr schwarzes Tüchlein über dem Kopf, die hellen Augen auf mich gerichtet. Ich dachte: Die gute Resel ist gekommen, um mir Trost zu bringen. Ich wußte, daß Aretin ihr den Tod von Philipp Franz mitgeteilt hatte. Ich sagte den Töchtern: »Die Resel ist in der Kirche. Wir wollen sie an den beiden Eingängen erwarten.«

Ich stand am einen, die Mädchen am anderen Portal – aber Therese kam nicht. Wir mußten sie wohl übersehen haben. Ich war erstaunt, daß Resel nicht auf mich gewartet und daß ich nichts von ihr gehört hatte, während sie in München war. Aretin wußte, daß sie sich gerade in Eichstätt im Haus des verstorbenen Professors Wutz aufhielt, dessen Haushälterin Resels Schwester gewesen war. Wir beschlossen gemeinsam nach Eichstätt zu fahren. Ich sehnte mich nach dem tröstenden Zusammensein.

Nach kurzer Fahrt erreichten wir das Haus von Professor Wutz. Er war es gewesen, der als Kenner alttestamentarischer Sprachen, die von Resel in ihren Passionsvisionen gehörten Worte als Aramäisch identifiziert hatte. Wir kamen gerade an, als die Messe in der Hauskapelle zu Ende war. Pfarrer Naber, der Resel nach Eichstätt begleitet hatte, begrüßte uns, dann kam Resel aus der Kapelle und ging mit ausgestreckten Armen auf mich zu. Wieder sagte sie: »Ich weiß, ich weiß.«

Ich dagegen: »Ach Resel, Sie waren in München, ich dachte, Sie seien gekommen, mich zu trösten. Und Sie haben nicht einmal angerufen. So bin ich halt um Trost zu Ihnen hergefahren.«

Darauf Resels erstaunte Antwort: »Aber ich war doch gar nicht in München.«

»Ich habe Sie aber im Dom stehen sehen in Ihrem schwarzen Gewand, das Tücherl auf dem Kopf. So ziehen sich die Münchener doch nicht an, und diese Augen hat ja niemand außer Ihnen!«

Sie lächelte und sagte: »Wahrscheinlich haben Sie sich nicht getäuscht. Wissen Sie, das passiert mir manchmal, daß, wenn ich sehr an jemanden denke und sehr für ihn bete, mich dieser Mensch zu sehen meint. Und seit ich weiß, daß Ihr lieber Sohn gefallen ist, mußte ich sehr viel an Sie denken.«

Als wir nachher im Arbeitszimmer des Professors saßen, wandte sich Pfarrer Naber an mich: »Sie haben sich nicht getäuscht, als Sie die Resel im Dom sahen. Sie hat nämlich die Gabe der Bilokation. Schon öfters ist sie an einem fernen Ort erschienen. Sie selber weiß gar nicht, wenn ihr das widerfährt.« Ich hatte noch nie gehört, daß es so etwas wie Bilokation gäbe. Da schaltete sich der anwesende Theologe Professor Mayr in das Gespräch ein. Er berichtete, daß vor Jahren sein Freund Pater Ingbert Naab Ähnliches erlebt habe. Pater Ingbert sollte weitab von Konnersreuth einen religiösen Vortrag halten und hatte Resel gebeten für ihn zu beten, da sein Vortrag sehr wichtig war. Als er anfing zu sprechen, sah er sie unter den Zuhörern sitzen. Da dachte er: »Ich habe Resel nur um ihr Gebet gebeten und wollte ihr doch nicht zumuten, bis hierher zu fahren.« Auch er erfuhr dann, daß Resel gar nicht zugegen gewesen war und selbst auch gar nichts von ihrem Dortsein gewußt hatte. – Das Zusammensein mit ihr war wieder ein großer Trost. Beim Abschied sagte sie: »Wissen Sie, ich bete nicht für Ihren Sohn Philipp Franz, ich bitte ihn, daß er für uns betet.« Ich wußte, für sie war er das liebste meiner Kinder.

Zurück in München erwartete mich ein ungeahnter Trost. Ich wußte nicht, daß es einen Erlaß Hitlers gab, daß, wenn mehrere Familienmitglieder gefallen waren, der »letzte Sohn« aus der Kampflinie gezogen werden mußte. So war Karl Theodor zum Korpsstab befohlen worden, »mit Gepäck«, wie es hieß. Dort teilte man ihm den Tod seines Bruders mit. Karl Theodor konnte es kaum fassen. Es war ein furchtbarer Schock für ihn; denn die Brüder waren fast wie Zwillinge aufgewachsen und trotz aller Verschiedenheit zutiefst »eins«.

Karl Theodor wurde sofort von der Stalingrad-Front ausgeflogen. Er war einer der letzten, die herauskamen. Hitlers Ablehnung eines von General Paulus vorgeschlagenen Ausbruchsversuchs hatte die unvermeidliche Waffenstreckung zur Folge. Später veröffentlichte Stalin, er habe in Stalingrad die sterblichen Überreste von 150 000 Gefallenen sammeln und verbrennen lassen.

Karl Theodor kam an, aschfahl im Gesicht, trotz seiner Jugend gebeugt. Er konnte es nicht oder nur sehr schwer begreifen, daß für ihn Vater und Bruder endgültig verloren waren – verloren, verloren, wie er trostlos wiederholte. Ach, könnte ich ihm doch die Gewißheit, die mich trug, weitergeben, daß Liebe nicht stirbt und daß diese Liebe uns auch nach dem Sterben mit unseren Toten verbindet.

Auf Karl Theodor lag nun die Verantwortung für den Familienbesitz, für die Weiterführung der Tradition. Er nahm die Aufgabe sehr ernst. Er und Karl Ludwig waren noch rechtzeitig zum Requiem für Philipp Franz gekommen. Canaris hatte Karl Ludwig nach Agram in Kroatien versetzt, was freilich nicht bedeutete, daß er nun nicht mehr für den Widerstand eingesetzt war – im Gegenteil.

Als wir nach dem Requiem heimkamen, saßen wir zusammen im kleinen Münchener Haus, schweigend und traurig. Es war Karl Ludwig erschreckend anzusehen, wie sein Amt und die Sorge um Deutschland auf ihm lastete. Er war – trotz seiner neununddreißig Jahre – gealtert und, wie es schien, todmüde. Welch ein Unterschied zum Karl Ludwig der frohen Tage in Guttenberg, in Greifenstein, wo immer er es war, der uns alle zum Lachen brachte. Die Müdigkeit aber schien seine Tatkraft, seine Einsatzbereitschaft, seine Ungeduld, handeln zu können, nicht zu dämmen. Er und Karl Theodor sprachen über die furchtbare Situation in Stalingrad: Hunger, kein Nachschub an Waffen und Munition, Krankheit und die Hoffnungslosigkeit, durchzuhalten. Dazu Hitlers Parole: »Ein deutscher Soldat ergibt sich nicht.«

Karl Ludwig war überzeugt, daß Hitlers verbrecherische Preisgabe Abertausender von Menschenleben aus eitler Machtsucht vielen, die noch zögerten, die Augen öffnen werde. Das wäre für die Widerstandsbewegung der psychologische Moment, den Schlag zu riskieren. Aber noch immer war es nicht gelungen, alle Kräfte des Widerstandes dafür zu gewinnen.

»Könnt Ihr es denn nicht erzwingen?« fragte Karl Theodor.

Karl Ludwig schüttelte den Kopf: »Noch nicht, aber der Tag wird kommen. Glaube es mir, er kommt bald!«

Karl Ludwig nannte die Namen einiger Freunde, überzeugter Mitarbeiter, die schon als Verräter von der Gestapo »entlarvt« waren und die heldenhaft die schmerzhaften »Verhöre« durchlitten hatten, ohne Namen preiszugeben.

Ein Freund warnte mich, mein Name sei auf einer Liste der Gestapo – und zwar wegen der allwöchentlichen religiösen Zusammenkünfte in meinem Haus, an denen auch Professor Huber teilnahm. Man riet mir, München für einige Zeit zu verlassen. Ich machte mich auf den Weg nach Freiburg. Vorbei an zerstörten Städten, Warten in zerbombten Bahnhöfen, überall Menschen in Not und Kummer. Die Grausamkeit des Terrors hatte einen Höhepunkt erreicht, die Konzentrationslager waren überfüllt, die Juden, denen wir von unseren Essensmarken zugesteckt hatten, waren in Gaskammern ermordet und verbrannt worden. Auch Nichtjuden hatten dort geendet. Mord und Folter. Ein Abgrund an Grausamkeit, an Verzweiflung.

In Freiburg besuchte ich Reinhold Schneider, Karl Ludwigs Freund. Unvergeßlich die Stunden mit ihm. Er wagte es, in Schriften und Gedichten seine religiöse Kraft weiterzugeben. Sein Gedicht »Allein den Betern kann es noch gelingen« ging von Mund zu Mund, von Herz zu Herz. Endlich kam für mich die »Entwarnung«. Ich konnte zurück nach München, wo Karl Theodor, der zu einem militärischen Lehrgang kommandiert war, und meine Mutter das Haus gehütet hatten.

Bei meiner Rückkehr erwartete mich eine große Überraschung. Karl Theodor, gerade zweiundzwanzig Jahre alt, eröffnete mir: »Mama, ich glaube, ich werde heiraten!«

»Ja, wen denn?« fragte ich. Da erfuhr ich, daß er während meiner Abwesenheit häufig bei meiner Freundin, der Prinzessin Arenberg, gewesen war und dort ihre blonde Tochter Rosa Sofie »als«, wie er sagte, »besonders nettes Mädel« kennengelernt habe.

»Besonders nett« war leicht untertrieben. Rosa Sofie war klug, religiös, ganz in einer Tradition aufgewachsen, die sie als zukünftige Frau für Karl Theodor wie geschaffen erscheinen ließ. Dabei war sie auch noch eine bezaubernde Erscheinung. Ich war also glücklich, als Karl Theodor sich um ihre Hand bewarb. Die junge Braut eroberte sehr schnell mein Herz. Freilich war es für mich, noch tief in der Trauer um Philipp Franz, nicht ganz leicht, das Glück der beiden voll zu teilen. Die Hochzeit sollte so bald wie möglich sein. Karl Theodor würde nicht mehr lange in der Heimat bleiben dürfen. Pater Dold hielt die Brautmesse in Münchens kleiner Dreifaltigkeitskirche. Ich hatte Karl Theodor Enochs und seiner Braut meinen breiten goldenen Ehering gegeben, hoffend, daß sie miteinander so glücklich würden, wie wir es gewesen waren.

Das Drama Stauffenberg und seine Folgen

Anfang Mai 1943 kam ein telefonischer Anruf von Nina Stauffenberg, der Frau von Claus Stauffenberg: »Claus ist schwerverwundet von der afrikanischen Front hergeflogen worden. Er liegt im Lazarett bei Professor Lebsche. Komm ihn doch besuchen. Er war so traurig über die Nachricht von Philipp Franz.«

Nina erwartete mich vor Clausens Krankenzimmer. »Er ist wirklich sehr schwer verwundet und noch recht schwach. Bleib nur kurz.«

Nina, die sehr lebendige, hübsche junge Frau, sah blaß und versorgt aus. In seinem Krankenbett lag Claus, den Arm im Verband, eine Hülle über einem seiner Augen. Seine rechte Hand fehlte vom Handgelenk an, seiner linken Hand fehlten zwei Finger. Er hatte das linke Auge verloren und war auch am Ohr verwundet. Nun waren die Ärzte dabei, einen Granatsplitter aus seinem Knie zu entfernen. Wie war der schöne, kraftvolle, junge Mensch der glücklichen Tage in Greifenstein so bitter getroffen! Ich war erschüttert, ihn so zu sehen; es schien kaum zu glauben, daß Claus trotz all seiner Wunden noch die gleiche Ausstrahlung von Mut und Stärke, noch immer seine frühere Schönheit behalten hatte. Er sprach teilnahmsvoll über den Tod von Philipp Franz, dann über sich: »Denk dir, in Afrika haben sie meine Hand mitsamt meinem Ring einfach weggeworfen.«

Er hatte in Afrika unter General Rommel gekämpft. Wegen der schweren Verwundung war er von der kämpfenden Truppe wegversetzt worden und sollte nun in Berlin beim Befehlshaber des Ersatzheeres eingesetzt werden. Er sprach davon sichtlich mit großer Erwartung. Mich durchfuhr der Gedanke: Wie wird er Wichtiges leisten können – einäugig, mit nur drei Fingern an der Hand, die ihm noch geblieben ist? Aber er verfügte über eine erstaunliche, beinahe leuchtende Vitalität, daß meine Sorge sinnlos schien. Schließlich, dachte ich, wird ja wohl immer der wichtigste Teil jedweden Einsatzes aus geistiger Kraft geboren. Und ich wußte, daß Stauffenberg nicht der Typ des sturen Soldaten, sondern, obwohl begeisterter Offizier, auch ein zutiefst geistiger, ja musischer Mensch war. Ich verließ sein Krankenzimmer, beeindruckt von der inneren Stärke dieses Mannes. Er war damals sechsunddreißig Jahre alt.

Admiral Canaris hatte Karl Ludwig nach Agram in Jugoslawien versetzt, wohl um ihn aus der Gefährdung in Berlin herauszuhalten, freilich auch, damit er von Agram aus mit dem in Wien stationierten Rudolf Graf Marogna-Redwitz zusammenarbeiten konnte. In Berlin war am 5. April 1943 Karl Ludwigs Freund Hans von Dohnanyi verhaftet worden. General Oster, einer der wichtigsten, wenn nicht überhaupt der führende Mann des Widerstandes, war in die Führerreserve versetzt und so ausgeschaltet worden. Canaris hatte seine Aktivitäten schützen können. Osters Versetzung war ein schwerer Schlag für die Bewegung. Er bedeutete Verzögerung und eine schwer auszufüllende Lücke in der Führung.

Unser kleines Haus in Schwabing war zu einer Art »Zuhause« geworden, das wir aber bald verlassen sollten. Ich erinnere mich an einen festlichen Abend. Ich hatte Aretin und zwei Brautpaare eingeladen: Karl Theodor und seine Braut sowie meine Nichte Marie Gabriele, Elisabeth Stauffenbergs Tochter, mit ihrem Verlobten, auch er zum Widerstand gehörend.

Kurz darauf zerstörte ein Luftangriff die halbe Stadt. Wir waren beim ersten Sirenenton in den Keller gegangen, der nur einen fragwürdigen Schutz bieten würde. Der Angriff dauerte ungewöhnlich lang, über uns dröhnte der Himmel. Als endlich die Entwarnung kam, ging ich hinauf auf unsere Terrasse. Alles schien zu brennen – die ganze Stadt ein Feuermeer. Ich entsinne mich noch heute, wie ich damals über mich selbst erschrak. Meine erste Reaktion beim Anblick der brennenden, zerstörten Stadt war – Triumph! So sehr hatte man sich schon innerlich mit den Feinden NS-Deutschlands identifiziert. Ich schämte mich vor mir selbst, an alle Toten denkend, die dieser furchtbare Angriff gefordert hatte. Mitten durch die brennende Stadt kam meine Mutter gelaufen, aufgelöst, mit fliegenden Haaren. Aus ihrer Pension in der Innenstadt hatte sie die Sorge zu uns getrieben – durch Feuer und einstürzende Häuser.

Am Tag darauf ratterten die Wagen, beladen mit Särgen, Särgen, Särgen, bei uns vorbei hinaus auf den Friedhof. Es wurde angeordnet, daß die höheren Schulklassen zu Aufräumungsarbeiten in den zerstörten Häusern einzusetzen seien. Nives war dabei und kam bleich und verstört nach Hause; sie hatte tote Verschüttete gefunden. Nach dieser Nacht entschloß ich mich, München zu verlassen. Es wäre unverantwortlich, ohne Not die Töchter derart zu gefährden. Der Haushalt konnte ja nach Guttenberg, wenn die Schulfrage geregelt würde. Ich hatte Glück; denn ich fand eine approbierte Lehrerin, die nun die Töchter unterrichtete.

Vor dem Umzug nahmen wir noch teil an der Fronleichnamsprozession in München. Kardinal Faulhaber trug das Allerheiligste, ihm folgte eine kleine Schar betend und singend durch die zerstörte Stadt. Ein Häuflein Aufrechter; denn es war nicht ungefährlich, bei einem solchen öffentlichen religiösen Anlaß gesehen zu werden. Wie arm und farblos schritt man jetzt vorbei an den Ruinen, welch ein Unterschied zu Pomp und Pracht der früheren Prozessionen! Und doch war für mich der traurige, betende Gang durch München das frömmste Fronleichnamsfest meines Lebens.

Dann waren wir wieder in Guttenberg, in den vertrauten Räumen. Das große Haus füllte sich. Natürlich kam meine Mutter, es kam meine Freundin Maria Flemming, deren Wohnung und Habe in München ein Opfer der Flammen geworden war. Es kam ihre Tochter und deren Mann, Axel von Ambesser. Sie hatten ihr Zuhause in Berlin verloren. Aus Schlesien war die Familie von Lippa-Saurma mit drei Kindern zu uns geflohen. Auch der Jesuitenpater Przywara hatte München verlassen müssen und war zu meiner Freude bei uns gelandet. Aus dem Rheinland geflohen, aus ihrem zerstörten Haus, war ein ganzes Kinderheim – vierzig Kinder und drei Klosterfrauen – bei uns im Nebengebäude untergebracht. So gab es Leben und Lachen in Haus und Hof. Lina, die Zauberkünstlerin, brachte es fertig, trotz Lebensmittelknappheit alle satt werden zu lassen. Das friedliche Zusammensein in Guttenberg hatte beinahe etwas Unwirkliches, man lebte wie auf einer Insel mitten im stürmischen Meer.

Im Herbst 1943 wurde Karl Theodor nach Frankreich als Persönlicher Ordonnanzoffizier zu General von Salmuth versetzt. Er lernte seinen neuen Chef bald sehr schätzen. Für seine junge Frau war dieser Abschied bitter, aber sie ertrug ihn tapfer, kam dann auch nach Guttenberg, und wir teilten uns in die Hausfrauenpflichten. Sie erwartete ihr erstes Kind. Für uns alle war es Hilfe und Ablenkung, daß wir so viele waren. So gab es ernste, aber oft auch lustige Gespräche. Ambesser las wunderbar vor, meist Gedichte – Mörike, Eichendorff. Wir hörten gute Musik, Therese versuchte sich schon an Mozart-Liedern. So ließen sich für kurze Stunden die bohrenden Sorgen fast vergessen.

Ich mußte wegen der Verwaltung der Güter öfter auf Ämter in Nürnberg. Dafür bekam ich eine Benzinzuweisung und konnte den Weg über Greifenstein nehmen. Da waren es Stunden der Geborgenheit beim väterlichen Freund Graf Berthold Stauffenberg, Stunden, in denen ich mich beraten lassen konnte, was die schwierige Führung des Besitzes betraf, aber auch Stunden des Atemholens in der Hektik des Geschehens.

So vergingen die Monate. Viel Arbeit, Frieden in Guttenberg. Aber die Welt draußen stand in Flammen, brennende Städte, Rückschläge und Niederlagen an allen Fronten. Am 5. Juli 1944 wurde Karl Theodor und Rosa Sofie ein Töchterchen geboren. Karl Theodor konnte kurz zur Taufe kommen. Mein erstes Enkelkind Elisabeth wurde mein Patenkind. Es waren kurze, glückliche Tage. Karl Theodor mußte an die Front nach Frankreich zurück, wo die Amerikaner in der Normandie gelandet waren. Ich war erfüllt von Mitleid mit dem jungen Paar, dachte an alle schmerzlichen Abschiede, die ich in den vergangenen Jahren erlebt hatte. Dieser Abschied von Karl Theodor fiel mir besonders schwer. Wir warteten auf dem Bahnsteig. Da sagte er erschüttert: »Mama, es ist schwer zu ertragen, daß ich in Frankreich gegen unsere Freunde kämpfen soll. Es ist höchste Zeit, daß Onkel Karl Ludwig und seine Freunde zuschlagen.«

Einige Tage später saßen wir in Guttenberg im Musikzimmer, um am Radio Nachrichten zu hören. Wir hatten schon längere Zeit nicht mehr die häßliche Stimme Hitlers gehört. Aber in der Nacht vom 20. zum 21. Juli hörten wir mit Entsetzen seine lauten Worte: »Eine ganz kleine Clique ehrgeiziger, gewissenloser und zugleich verbrecherischer dummer Offiziere hat ein Komplott geschmiedet, um mich zu beseitigen und zugleich mit mir den Stab der deutschen Wehrmachtführung auszurotten.«

Um Gottes Willen! Claus! Mein Herz stand still vor Entsetzen. Mißlungen, mißlungen! Da hatte die langersehnte Stunde geschlagen. Aber Hitler lebte und würde weiter toben. »Es ist ein ganz kleiner Klüngel verbrecherischer Elemente, die jetzt unbarmherzig ausgerottet werden.« Der »kleine Klüngel«, von dem Hitler sprach, waren viele Tausende heldenhafter Männer, die ihr Leben aufs Spiel gesetzt hatten, um Deutschland zu erretten, das Vaterland von der Tyrannis zu erlösen und vor dem endgültigen Zusammenbruch zu bewahren: um seine Ehre zu retten. Die ganze Nacht blieben wir auf, um weitere Nachrichten zu hören. Erst später erfuhr ich den Hergang des Geschehens vom 20. Juli.

Als Chef des Stabes beim Befehlshaber des Ersatzheeres hatte Claus Zutritt zu den Lagebesprechungen im Führerhauptquartier »Wolfsschanze« bei Rastenburg in Ostpreußen. Am Morgen des 20. Juli 1944 hatte er sich zu seinem schicksalhaften Einsatz aufgemacht. Begleitet von seinem Adjutanten, erreichte er gegen Mittag die Wolfsschanze. Welch schwerer Weg muß es gewesen sein durch das riesige Festungsgelände, bis sie das Gebäude erreichten, in dem Hitler die Lagebesprechung mit dem Stab abhielt. Claus betrat den Sitzungsraum, die Aktentasche mit der brisanten Bombe von seiner verstümmelten Hand gehalten. Er stellte die Tasche nahe dem »Führer« unter den Kartentisch und verließ unter einem Vorwand den Raum.

Draußen wartete er die Detonation der explodierenden Bombe ab und bestieg – überzeugt, daß das Attentat gelungen war – sein Flugzeug nach Berlin. Ursprünglich wollte er im Explosionsraum bleiben. Es gelang aber, ihn von seiner Unentbehrlichkeit bei der Durchführung des Staatsstreichs in Berlin zu überzeugen. Gleich bei seinem Eintreffen dort rief er vom Flugplatz aus in der Bendlerstraße, seiner Dienststelle beim Befehlshaber des Ersatzheeres, an und gab das Stichwort »Walküre« durch. Es sollte im ganzen Reich die genau vorbereitete Maschinerie des Umsturzes in Gang setzen.

Aber die geplante Übernahme der staatlichen und militärischen Gewalt durch die Männer des Widerstandes fand nicht statt, denn irgendwie hatte die Nachricht des mißlungenen Attentats die Bendlerstraße schon erreicht. Hitler war trotz der Brisanz der Explosion nur leicht verletzt. Es war Goebbels gelungen, obwohl die Leitungen teilweise lahmgelegt waren, mit Hitler telefonisch zu sprechen.

Stauffenberg wurde in der Bendlerstraße verhaftet und dort

im Hof – noch am gleichen Abend – standrechtlich erschossen. Er starb mit dem Ausruf: »Es lebe unser Heiliges Deutschland!« Mit ihm starben sein Adjutant, Oberleutnant von Haeften, General Olbricht und Oberst Mertz von Quirnheim. General Beck hatte man einen Revolver auf den Tisch gelegt; auch er starb.

Hitlers Rache war furchtbar. Blut floß in Strömen, das Blut derer, die leben sollten, um ein neues Deutschland aufzubauen. Die wahren Helden der Nation mußten den schmachvollsten Tod sterben – gehenkt an den Metzgerhaken von Plötzensee. Hitler sah sich die Filme dieser grausamen Exekutionen immer wieder an.

Die Gestapo hatte den Befehl bekommen, ganze Familien, die mit einem der Männer des 20. Juli verwandt waren, zu verhaften. Die Sippenhaft! Am Tag nach dem Attentat kam die Nachricht über das Radio, daß Hitler befohlen hatte, alle, die den Namen Stauffenberg trügen, in Haft zu nehmen. Großer Gott, alle unsere Freunde, die meisten Männer der Familie gehörten dem Widerstand an! Was würde aus meiner geliebten Schwägerin Elisabeth und ihrer Familie? Den treuen Freund Berthold Stauffenberg hatten sie in Greifenstein schon verhaftet.

Während einer schlaflosen Nacht zermarterte ich mir den Kopf: An wen könnte ich mich um Hilfe wenden? Da war niemand mehr. Alle Männer der Familie, alle Freunde waren tot oder im Krieg, die meisten selbst in akuter Gefahr. Bisher konnte ich mich, wenn ich Hilfe brauchte, immer an meinen Schwager Karl Ludwig wenden. Er war äußerst gefährdet. Der gute Helfer in allen Nöten, Berthold Stauffenberg – wohin hatten sie ihn geschleppt? Ich betete um Klarheit, was zu geschehen habe. Da erkannte ich, daß ich die einzige der Familie war, die sich noch frei bewegen konnte. Mein Mann war tot, ich uninteressant. Auch Therese, Karl Ludwigs Frau, konnte mir nicht helfen. Sie mußte sich ganz still verhalten, ihr

Mann war zu gefährdet. Ich wußte nun, daß es an mir war, zu handeln.

Bei Tagesanbruch fuhr ich los – nach Oberstdorf, wo Elisabeth Stauffenberg nach schwerer Krankheit mit Clemens, ihrem Mann, in einem Sanatorium Erholung suchte. Erschöpft kam ich dort an, um das Sanatorium in Aufregung vorzufinden. Eine Stunde zuvor hatte die Gestapo das Ehepaar abgeholt. Niemand wußte, wohin. Ich entschloß mich, nach München zu fahren. Es schien wahrscheinlich, daß sie dorthin gebracht worden waren.

Ich stieg wieder im Hotel »Regina« ab, bekam dort dasselbe Zimmer mit »Wanze«, das Therese und ich vor zehn Jahren bewohnt hatten. Die gleiche glühende Hitze auf Münchens Straßen, die gleiche, kaum erträgliche Musik. Derselbe Weg zum Gestapo-Hauptquartier im Wittelsbacher Palais. Dort die gleiche eisige Höflichkeit, die, als der Name Stauffenberg fiel, in haßerfüllte Aggression umschlug.

»Wie können Sie es wagen, den Namen des Verräters zu nennen?«

»Sie stehen mir nahe. Ich weiß, daß Clemens und Elisabeth Stauffenberg nichts mit dem Attentat zu tun haben.«

»Überlassen Sie das uns, sonst werden wir auch Sie festnehmen, und zwar zu Recht.«

Ich versuchte einen Anwalt zu finden, der mir raten könnte. Die beiden ersten lehnten es glatt ab, irgend etwas mit der Angelegenheit zu tun zu haben. Der dritte schüttelte den Kopf: »Es bedeutet den Tod, sich in dieser Sache einzusetzen.«

»Sie sind meine nächsten und liebsten Angehörigen, und ich bin die einzige, die ihnen helfen könnte.«

Er blieb bei seiner Ablehnung. Der vierte endlich, ein kluger und mutiger Rechtsanwalt, war bereit, mir beizustehen. Er sagte jedoch, es gebe keinen Rechtsweg, durch den meinen Stauffenbergs zu helfen sei. Dabei wußten wir alle, daß Clemens und Elisabeth keinerlei Beziehungen zum Widerstand hatten. Aber

Recht galt nicht mehr. Der Fall lag außerhalb des Rechts. Er machte mir klar, daß es keine Möglichkeit einer Hilfestellung gab.

Ich erfuhr, daß Elisabeths drei Kinder verhaftet worden waren. Marie Gabriele und der siebzehnjährige Otto Philipp waren in Jettingen festgenommen worden. Markwart, der Soldat, wurde aus der Kaserne geholt. In meiner Verzweiflung ging ich nochmals ins Gestapo-Hauptquartier, um einen Mann zu treffen, von dem mir gesagt worden war, er sei ansprechbar und anständig. Er hörte mich an und meinte: »Ich werde versuchen zu erfahren, wo Ihre Verwandten sind.« Und wirklich, am nächsten Tag ließ er mich wissen, ich solle mich hier in München im Gefängnis in Stadelheim nach ihnen erkundigen. Natürlich fuhr ich sofort dorthin. Ein Wachmann der »alten Garde« hatte Dienst. Als ich den Namen Stauffenberg nannte, flüsterte er mir zu, er habe im Bamberger Reiterregiment unter Berthold Stauffenberg gedient. Er versprach, sein möglichstes zu tun, und führte mich in einen kleinen Warteraum. Langes Warten, aber dann öffnete sich die Tür, der Wachmann kam und mit ihm mein Schwager Clemens.

Er sah furchtbar krank aus, bewahrte aber Haltung. Er stand hinter einem Holzgitter, das den Raum teilte. Wir küßten uns zwischen den Stäben hindurch: »Clemens, wie elend siehst du aus!«

»Ich habe, seit ich hier bin, kein Auge zugetan. Ist Elisabeth am Leben? Ich sorge mich zu Tode um sie.«

Ich konnte ihm sagen, ich wisse bestimmt, daß sie hier im selben Gefängnis sei. »Sowie ich Näheres weiß, wirst du es erfahren.«

Der Wachmann konnte uns nur ein paar Minuten erlauben. Clemens mußte zurück in seine Zelle. Ich wußte, daß er herzkrank war. Der Schweiß perlte ihm auf der Stirn, mühsam schleppte er sich auf geschwollenen Beinen. Ich fürchtete um sein Leben.

Ich flehte den Wachmann an, er möge mich doch in die Frauenabteilung des Gefängnisses bringen. Endlich willigte er ein und führte mich durch viele lange Gänge in ein anderes Wartezimmer. Nach einiger Zeit kam er tatsächlich mit Elisabeth zurück. Enochs warmes Lächeln auf den Lippen, strahlte sie sogar hier im Gefängnis in Sorge und Lebensgefahr ihren Charme und vor allem ihre innere Stärke aus. Ihre erste Frage: »Wo ist Clemens? Wo sind die Kinder?«

»Bis jetzt konnte ich noch nichts über die Kinder erfahren. Clemens ist hier in diesem Gefängnis. Ich habe eben mit ihm gesprochen. Er sieht leider recht krank aus.«

»Könnte ich doch bei ihm sein. Ich weiß, wie bitter nötig er mich braucht!«

Wir hatten nur Minuten. Der Wachmann wartete ungeduldig, er mußte Elisabeth zurückbringen, bevor unser Zusammensein entdeckt würde. Wir umarmten einander unter Tränen. Aber ich war dankbar zu wissen, daß die beiden am Leben waren.

Am nächsten Tag ging ich wieder ins Wittelsbacher Palais zu meinem freundlichen Helfer. Dieser einfache, mitfühlende Mann war sicher früher ein Beamter der Kriminalpolizei gewesen. Ich habe nie erfahren, warum er es wagte, mir zu helfen – wohl aus Barmherzigkeit. Ich versuchte mit ihm über das schreckliche Geschehen in den Konzentrationslagern zu sprechen. Aber mit großem Erstaunen nahm ich seine feste Überzeugung zur Kenntnis, das seien alles nur Greuelmärchen der Anti-NS-Propaganda. Ich berichtete ihm, in welch gefährlicher gesundheitlicher Lage ich Clemens angetroffen hatte, und sagte: »Bringt doch um Gotteswillen diesen armen Mann nicht um. Ihr müßt doch wissen, daß er nicht das geringste mit dem Widerstand zu tun hatte.«

»Natürlich wissen wir das«, gab er zu. »Aber da ist der Führer-Erlaß . . . Jedes Mitglied der Familie Stauffenberg . . .«

»Haben Sie Erbarmen«, bettelte ich. »Lassen Sie ihn ärztlich behandeln und erlauben Sie ihm, seine Frau zu sehen.«

Er nahm den Telefonhörer zur Hand und beauftragte den Verantwortlichen, einen Arzt zu Clemens zu schicken.

Mir kamen Tränen der Dankbarkeit. Ein Schritt war mir gelungen. Da mußte weitergekämpft werden. So sagte ich: »Lieber Herr Kommissar, jetzt müssen Sie mir helfen, die Stauffenberg-Kinder zu finden.«

Zu meinem Erstaunen sagte er es mir zu, und zu meinem noch größeren Erstaunen kam er sogar am Tag darauf zu mir ins Hotel: »Das junge Mädchen ist in Friedberg bei Augsburg im Frauengefängnis, der siebzehnjährige Sohn befindet sich im Augsburger Gefängnis.«

»Gottlob, sie leben! Aber wo ist Markwart, der bei der Wehrmacht ist?«

»Vielleicht auch in Augsburg. Aber versuchen Sie es erst einmal hier im Gestapo-Gefängnis im Wittelsbacher Palais.«

Ich dankte ihm, gerührt von seiner Hilfsbereitschaft, und machte mich auf den Weg dorthin.

Im Gefängnishof waren ein Dutzend halbnackter Gefangener dabei, schwere Steine zu verladen. Ich wollte gerade den SS-Wachmann ansprechen, als ich Markwart unter den Gefangenen erkannte. Als ich auf ihn zuging, sah er auf: »Tante Elisabeth«, rief er. »Sind die anderen am Leben?«

»Ja, deine Eltern sind in Stadelheim im Gefängnis. Marie Gabriele und Otto Philipp in Gefängnissen in und bei Augsburg. Sie leben!«

Ein SS-Offizier kam wütend auf mich zu: »Was fällt Ihnen ein, mit einem Gefangenen zu sprechen?«

Ich gab mich schuldbewußt: »Verzeihung, aber es war ein so unerwarteter Schock für mich, unter den Gefangenen meinen Neffen zu sehen, daß ich das Verbot vergaß.«

»Es ist streng verboten, mit Gefangenen zu sprechen!«

Was würde er wohl mit mir tun? »Es war ganz unabsichtlich«, log ich.

Er starrte mich an. Ich muß wohl sehr schuldbewußt ausgesehen haben, denn er meinte: »Gut, ich habe nichts gesehen!« Drehte sich um und verschwand.

Auf dem Rückweg war mein Herz voller Dankbarkeit. Nun wollte ich zu dem Priester gehen, der – erstaunlicherweise – noch die Erlaubnis hatte, die Gefangenen des Stadelheimer Gefängnisses zu betreuen. Es war der junge Kaplan Anton Maier aus Maria-Hilf, der heute bekannte Prälat Maier. Ihn bat ich, Clemens und Elisabeth zu beruhigen, die Kinder seien zwar verhaftet, aber am Leben. Über ihn konnte ich in den folgenden Tagen Kontakt mit meinen Lieben aufnehmen. Er hat bis heute nicht vergessen, wie beeindruckt er damals von Elisabeths Haltung war.

Mein Freund im Wittelsbacher Palais ließ mich wissen, daß Clemens und seine Frau demnächst abtransportiert würden – wohin, wisse er nicht. Aber das Ehepaar würde zusammenbleiben.

Wochen waren vergangen seit dem Beginn der Gestapo-Aktion gegen die Männer des Widerstandes. Es war unmöglich, Genaueres zu erfahren, da unbekannt bleiben sollte, wie groß, wie weitverbreitet die Widerstandsbewegung wirklich war. Über Karl Ludwig war nichts zu erfahren, bis wir im September das Gerücht hörten, die Gestapo habe ihn von Jugoslawien nach Berlin gebracht. Seine Frau Therese, die voller Sorge auf der Salzburg Nachricht erwartet hatte, entschloß sich, nach Berlin zu fahren. Natürlich wollte ich sie begleiten. Zehn Jahre zuvor war sie meine tröstende Hilfe gewesen, als ich Enoch suchte.

Unsere Reise war höchst beschwerlich. Die Luftangriffe hatten das Eisenbahnnetz weitgehend zerstört. Die wenigen halbintakten Wagen konnten die Menge der Reisenden keinesfalls aufnehmen. Sie waren so schadhaft, daß es wunder nahm, daß sie noch auf den Schienen liefen. Die Fenster waren zerbrochen.

Der Ansturm war so stark, daß es kaum möglich war, normal einzusteigen. Man mußte froh sein, wenn es glückte, durch ein Fenster in den Zug zu klettern. Bei unserer Abreise in Würzburg half uns ein freundlicher Mann dabei. Instinktiv mußte er gefühlt haben, wie ernst unser Anliegen war. Die Stunden bis Berlin mußten wir, eingepfercht stehend, auf dem Gang zubringen.

Erschöpft erreichten wir die Stadt. Wir waren erschüttert, die Zerstörung zu sehen, welche die fast pausenlosen Luftangriffe angerichtet hatten. Es schien beinahe unmöglich, eine Unterkunft zu finden. Nach langem Suchen landeten wir, wo wir es am wenigsten erwartet hatten: im Hotel »Adlon« Unter den Linden. Wir machten uns auf den Weg zum Gestapo-Hauptquartier in der Prinz-Albrecht-Straße. Der Name dieser Straße genügte, um den Mutigsten erzittern zu lassen. Hier war die Zentrale, von der die Justizmorde und Todeskommandos ausgingen. Als wir den Bau betraten, spürten wir beinahe greifbar den Ungeist des Mordes und der Folter, der hier herrschte.

Wir wurden zu einem SS-Sekretär geführt. Er saß hinter seinem Schreibtisch, erwartete uns mit ausdruckslosem Gesicht, aber haßerfülltem Blick. Diese merkwürdig unlebendigen Gesichter, sadistisch und stur, schienen typisch für die Männer dieses Hauses. Therese fragte, ob ihr Mann in Berlin sei.

»Ja, Karl Ludwig Guttenberg ist hier in Moabit im Gefängnis in der Lehrter Straße, wo die meisten Verbrecher vom 20. Juli sind. Nein, Sie können ihn nicht sehen. Wir haben strengen Befehl.« Dann schien er zu überlegen: »Warten Sie einen Moment.« Er ging in den Nebenraum, wir hörten ein leises Telefongespräch, dann kam er zurück: »Mein Chef sagt, Guttenbergs Fall kommt bald zur Verhandlung. Deshalb gibt er Ihnen eine Besuchserlaubnis.«

Wir wußten, daß uns diese Erlaubnis nicht aus Nächstenliebe gewährt wurde. Der Raum, in dem wir mit Karl Ludwig sprechen würden, war gewiß mit Mikrophonen gespickt. Die

Gestapo hoffte, aus unserem Gespräch Namen und Einzelheiten zu erfahren. Das Netz der Gestapo-Überwachung war über uns alle gespannt. So wurden den Gefangenen Platten vorgespielt, auf denen sie ihre eigene Stimme und Gespräche, die sie zu Hause geführt hatten, hörten; sie hatten keine Ahnung, wie diese Abhörgeräte in ihre Wohnungen gelangt waren.

Im Moabiter Gefängnis und im Gewahrsam in der Prinz-Albrecht-Straße waren viele unserer Freunde und Verwandten, die meisten in strenger Einzelhaft. Viele würden sterben, viele bald den letzten Weg nach Plötzensee, den Weg zum Galgen, gehen müssen. Es würde Hitler nicht an Filmaufnahmen aus Plötzensee mangeln.

Der Grund, warum viele der »Verräter« nicht sofort hingerichtet wurden, war die Hoffnung der Gestapo, aus ihnen Namen und Informationen herauszupressen. Grausame Folter, viele stundenlange Verhöre, bei denen der Gefangene, durch überstarke Lampen geblendet oder durch Drogen verwirrt, gezwungen werden sollte, Namen von anderen Männern des Widerstandes preiszugeben. Doch kaum einer brach unter der Folter zusammen, kaum einer gefährdete einen Freund. Viel später erfuhr ich, daß auch Karl Ludwig gefoltert worden war. Ein führender Mann des Widerstandes, der Jesuitenpater Rösch, der zugleich mit ihm verhaftet war, aber beim Einmarsch der Russen in Berlin entkommen konnte, berichtete der Schwiegertochter von Oster, Karl Ludwig sei während der Verhöre mit den Armen auf einen eingeschalteten Elektroofen gebunden worden. Er, der Sensible, der Weiche, hielt durch – kein Name war aus ihm zu erpressen.

Man brachte uns zu einem anderen Flügel des Gebäudes in der Prinz-Albrecht-Straße. Therese und ich sollten in einem kahlen Raum warten. Eine trübe Stunde verging, bis endlich Karl Ludwig von zwei SS-Leuten hereingeführt wurde. Er war bleich und schmal geworden. Er sah uns an, als würde er seinen Augen nicht trauen. Unser Besuch war sehr kurz. Wir konnten

Karl Ludwig über Clemens, Elisabeth und deren Kinder berichten. Wir überlegten jedes Wort. Wir konnten unsere Liebe zeigen, uns umarmen. Nach ein paar Minuten wurde Karl Ludwig wieder abgeführt.

Die wenigen Tage in Berlin nutzten wir, um für Karl Ludwig Lebensmittel abzugeben. Dies war erstaunlicherweise erlaubt wegen der Nahrungsmittelknappheit. Ob sie ihn allerdings jemals erreichten, erschien uns sehr fraglich. In Berlin versuchten wir, Näheres über das Schicksal der Stauffenbergs zu erfahren. Wir gingen zum katholischen Bischof von Berlin, dem Grafen Preysing, der sich mutig und tätig für unsere Gefangenen einsetzte. Er riskierte sein Leben mit seiner großen Hilfsbereitschaft. Doch auch er konnte uns keine Auskunft über den Verbleib der Stauffenbergs geben. »Aber ich werde alles für Karl Ludwig tun, was ich kann«, sagte er. »Ich werde ihm Nahrung für Seele und Leib zukommen lassen. Ich habe da eine prachtvolle Frau, die sich mir hilfreich angeboten hat. Sie ist offiziell anerkannte Sozialarbeiterin und hat Zugang zu den Gefängnissen. Sie trägt – verborgen unter ihrem Mantel – geweihte Hostien ins Gefängnis, übergibt sie einem zuverlässigen Wachmann, der die Hostien den katholischen Gefangenen in die Zelle bringt.«

Dieser mutigen Frau war es zu danken, daß Karl Ludwig die letzten Wochen seines Lebens das Sakrament bei sich in der Zelle haben durfte. Wie Pater Rösch uns später erzählte, brach er sich täglich ein kleines Stück der Hostie ab, um bis zum Erhalt einer neuen nicht ohne tägliche Kommunion bleiben zu müssen.

Nach unserem Besuch bei Bischof Preysing ging ich noch einmal in das Haus des Grauens, in die Prinz-Albrecht-Straße. Diesmal erreichte ich einen hohen SS-Offizier. Wir mußten unbedingt erfahren, was aus den Stauffenbergs geworden war. Meine Frage stieß auf die mir schon wohlbekannte eisige Höflichkeit. »Wir wissen nichts Näheres.«

»Sind sie am Leben?«

»Sie sind am Leben.«

Ich versuchte, ihm zu glauben. Ich konnte nicht länger in Berlin nachforschen, da wichtige Entscheidungen in Guttenberg anlagen.

Bei meiner Rückkehr erwartete mich ein Feldpostbrief von unserem Freund Baron Lerchenfeld, der in der Normandie der Vorgesetzte meines Sohnes war. Der Brief war datiert von Anfang September: »Liebe Elisabeth, ich muß Dir eine Nachricht, Karl Theodor betreffend, geben. Er ist seit einigen Tagen vermißt. Wir hoffen, daß er in englische Kriegsgefangenschaft geraten ist. Sowie ich mehr weiß, werde ich schreiben.«

Vermißt, vermißt – das konnte »tot« bedeuten. Großer Gott, doch nicht auch noch ihn, den Letzten, verlieren, ihn, auf dem alle Zukunftshoffnung beruhte. Der Boden unter mir schien zu wanken – und ich mußte die Schreckensbotschaft weitergeben an Karl Theodors junge Frau. Mit dem Brief in der Hand floh ich zuerst in die Kirche, um mich zu sammeln, meine Haltung wiederzugewinnen. Dann ging ich zu Rosa Sofie, umarmte sie und zeigte ihr den Brief. Ich war tief beeindruckt zu sehen, wie tapfer sie die Nachricht aufnahm. Ihre stille Würde und ihr Gottvertrauen brachten sie meinem Herzen noch näher. Nun würden wir beide Tag für Tag auf Nachricht warten. Es war eine schwere, bange Zeit.

Für mich war die dringende Aufgabe, mich um Karl Ludwig und die Stauffenbergs bemühen zu müssen, beinahe eine Hilfe in den folgenden Wochen. Ich mußte zurück nach Berlin. Diese Bahnfahrt war beinahe »bequem«; ich konnte vier Stunden lang auf dem Waschbecken der Toilette sitzen, mußte freilich immer wieder einem »Besucher« Platz machen.

Das erste, was ich in Berlin erfuhr, war, daß Claus' Bruder Berthold gehenkt worden war. Aber sein Zwillingsbruder

Alexander war noch am Leben. Er war im Gefängnis an der Lehrter Straße inhaftiert. Seine Frau, Lita Stauffenberg, war durch Göring persönlich aus der Haft geholt worden. Sie war eine berühmte, bekannte Fliegerin und Testpilotin. Ich rief auf dem Fliegerhorst Gatow bei Berlin an und erfuhr, daß sie dort eingesetzt sei. Ich machte mich sofort auf, um sie zu sehen, und traf sie gleich am Eingang zur Fliegerschule. Sie war schlank wie ein Junge, blond, ihr Gesicht sensibel. Sie trug schwere, hohe Stiefel, eine braune Lederjacke und hielt ein Jagdgewehr in der Hand. Zu meinem Erstaunen hingen zwei tote Wildkaninchen an ihrem Gürtel.

»Schau nicht so erstaunt«, meinte sie. »In dienstfreien Stunden gehe ich auf Hasenjagd am Flugfeld. Die Kaninchen bedeuten gutes Essen für unsere Gefangenen. Aber gehen wir hinein ins Haus und trinken guten, starken Bohnenkaffee. Wir Flieger bekommen noch richtigen Kaffee.«

Wir konnten in ihrem kleinen Zimmer erstaunlich frei sprechen. Leider wußte sie nichts über Clemens und Elisabeth. Aber sie wollte mir helfen, Karl Ludwig noch einmal zu sehen und zu sprechen.

Lita kannte einen hohen Offizier in der Prinz-Albrecht-Straße. Er entpuppte sich unter all den harten, mitleidlosen Fanatikern dieses grauenhaften Hauses als ein opferbereiter, hilfsbereiter Freund. Am nächsten Tag empfing er mich. Ich brachte mein Anliegen vor, Karl Ludwig zu besuchen.

»Ich fürchte, da kann ich Ihnen nicht helfen. Wir haben für ihn spezielle Anordnungen. Er ist in strenger Einzelhaft.« Dann schien er zu überlegen – und: »Morgen habe ich nachts im Moabiter Gefängnis zu tun. Warten Sie morgen, um acht Uhr abends, auf mich an der Ecke der nächsten Querstraße vor dem Gefängnis.«

Natürlich war ich zur Stelle und wartete nahe der Lehrter Straße, Sorge und Zweifel im Herzen. Es wurde schon dunkel. Würde der Mann wirklich kommen? War womöglich eine

Hinterlist im Spiel? Ich hatte noch immer Zeit, in der Dunkelheit zu verschwinden. Nein, das durfte ich nicht! Ich war da, um Karl Ludwig zu helfen: an Enochs Stelle. Ich blieb und hörte bald Schritte. Es war mein Freund von der Gestapo. Sein Erscheinen gab mir Mut und Zuversicht. Vor ihm öffnete sich das Tor des Gefängnisses.

Ich höre noch heute das Hallen unserer Schritte, unserer Stimmen in dem hohen, kahlen Raum. Unser Weg führte über eiserne Stufen an eisernen Geländern entlang. Der große Innenraum war durch grelle Scheinwerfer erleuchtet. Kein Eckchen konnte verborgen bleiben. Es war ein unheimliches Gefühl, Schritt für Schritt überwacht zu sein. Überall standen SS-Wächter, reglos wie Statuen. Mein Begleiter führte mich in einen kleinen dunklen Raum und verschwand. Stille. Nur manchmal der harte Laut von Tritten auf den Gängen, das kalte Geräusch von geöffneten und wieder geschlossenen Türen. Langes Warten in trüber, schreckensvoller Luft. Da öffnete sich die Tür, ein schwaches Licht wurde angeschaltet, Karl Ludwig stand vor mir.

»Elisabeth, bist du es wirklich!« Es war ein Ruf voll Freude. »Und ich war überzeugt, daß man mich wieder zu einem Nachtverhör führt.«

Karl Ludwig war blaß, sehr verändert seit meinem letzten Besuch. Er, der Kunst und Schönheit liebte, der immer lächelte, der sein bequemes Leben gewohnt war, so gar nicht aus dem Holz geschnitzt, aus dem ein Held ist, der Folter und Tod mutig auf sich nimmt. Sein Ausdruck hatte eine ganz neue Strahlkraft angenommen – einen Ernst, eine Losgelöstheit, ein Annehmen des Schicksals, weit entfernt von Resignation. Es schien, als ginge er freudig auf ein Ziel zu, getragen von einer inneren, geistigen Kraft. Ich fühlte es sehr deutlich: Die Kraft würde ihn durch alles Schwere tragen. Diese Erkenntnis war erschütternd und zugleich beglückend für mich.

Es war wenig, was wir einander sagen konnten. Aber es genügte, daß wir für ein paar Momente vereint sein durften – in einer Tiefe, wie man sie selten erlebt. »Sag Therese, daß es mir recht gut geht. Manchmal ist es schwer.« Er schaute mir in die Augen, und ich verstand, daß er die Folter meinte. »Merkwürdigerweise ist es am schwersten, in den Bomben-Nächten in der Zelle eingesperrt zu sein, wie eine Ratte im Käfig, wenn man mitbekommt, wie um einen herum die Hölle los ist. Aber versuche bitte Therese davon zu überzeugen, daß ich wirklich glücklich bin. Glaube mir, ich bin es. Ich hatte viel Zeit, über das Leben nachzudenken. Alles ist klar und einfach geworden. Und man weiß, daß nur das Eine, das Große, das Letzte gilt. Sag Therese, daß ich Sehnsucht nach ihr und den Kindern habe, aber daß nichts mehr mir den inneren Frieden nehmen kann.«

Ich mußte ihm glauben, es schien auf seine Stirn geschrieben, daß nichts, auch nicht die grausame Folter, ihm diesen Frieden rauben konnte. Wir schieden voneinander, wissend, daß wir uns nie wiedersehen würden.

Karl Ludwigs Einstellung zum Tode zeigen die Zeilen aus einem Brief, den er seiner Schwester Elisabeth zum Tode ihres Sohnes im Jahr 1941 schrieb:

> *Alle gehen uns nur voraus durch das große Tor, und wir alle werden ihnen folgen. Es ist kein Verlust, es ist eine Trennung ... Sie sind einem ja so nah, daß man es gar nicht fassen kann. Und doch wird einem langsam bewußt, daß einem im Leben nichts gehört von all dem, was wir so heiß lieben, daß wir aber dafür die Heimat drüben immer stärker empfinden, zu der immer mehr und mehr von uns vorausgehen werden. Je mehr uns das Leben verlorengeht, desto unverlierbarer werden uns die Liebsten.*

In meiner Erinnerung ist die Bitternis dieser düsteren Nacht so überstrahlt von Karl Ludwigs heller Gelassenheit, daß ich an diesen Abschied wie an ein Gnadengeschenk denke. Karl Ludwigs Gelassenheit war wie ein Sich-Lösen von allem, ein

Sich-in-Gottes-Arme-fallen-Lassen – nach vollbrachter Tat. Ich dachte an Enochs Erleben in Zelle 46 des Münchener Gefängnisses. Auch für ihn war damals das Vor-dem-Tode-Stehen zu einer Gnade geworden. Dieses Erleben scheint die meisten, die im Widerstand ihr Leben hingaben, durch Tod und Folter getragen zu haben. Einer der SS-Wächter im Gefängnis an der Lehrter Straße sagte zu Lita Stauffenberg: »Wir wußten nicht, daß es solche Menschen gibt, wie diese ›Herren vom 20. Juli‹.« Er sagte wirklich »Herren«.

An der Seite meines Gestapo-Freundes verließ ich das Gefängnis. Ich versuchte, mich der Tränen zu erwehren. Am Tag darauf konnte mich Lita zu Claus Stauffenbergs Witwe Nina in das Frauengefängnis einschleusen. Sie erwartete dort die Geburt ihres fünften Kindes. Wir brachten ihr Essen und warme Kleidung. Es war ein bitterkalter Tag und das Gefängnis kaum geheizt. Nina sah totenbleich aus, aber sie hatte sich wundervoll in der Hand. Als wir das Gefängnis verließen, sagte Lita: »Es ist erstaunlich, was diese Tage aus den Menschen gemacht haben; sie sind heldenhaft, ja heiligmäßig geworden.«

Noch einmal wollte ich in der Prinz-Albrecht-Straße versuchen, Nachrichten über Clemens, Elisabeth und deren Kinder zu bekommen. Ich wurde wieder zu demselben unangenehmen Mann geführt, der mich schon einmal ohne Antwort entlassen hatte. Ich bat, den Stauffenbergs warme Kleidung schicken zu dürfen, da sie im Winter nur Sommersachen bei sich hätten. Erstaunlicherweise stieß diesmal meine Bitte nicht auf taube Ohren. Vielleicht wollte mich der SS-Offizier auch endlich los werden, denn er gab mir Auskunft: »Ihre Stauffenbergs sind alle in einer Baude in Schlesien.« Er schob mir die Adresse zu. »Beeilen Sie sich mit der Kleidersendung. Sie werden nicht lange dort bleiben.«

Gottlob, sie sind am Leben! Ob die Gestapo sie wohl als wertvolle Geiseln erhalten wollte? »Wohin werden sie dann verbracht?« wagte ich zu fragen.

»Das kann ich Ihnen nicht sagen.« Damit war mein Berlin-Aufenthalt zu Ende. Es waren erschütternde Tage – auch physisch anstrengend; denn keine Nacht verging ohne schwere Luftangriffe.

Zurück nach Guttenberg. Ich klammerte mich an die Hoffnung, dort eine Nachricht von Karl Theodor vorzufinden. Seine Frau empfing mich: »Noch kein Wort, wir müssen weiter warten und hoffen!« Doch eine andere, sehr traurige Nachricht erwartete mich. Sie kam aus dem Würzburger Gefängnis über einen Wärter, der aus seiner Militärzeit den alten Grafen Stauffenberg kannte und verehrte. Er ließ uns wissen, daß Onkel Berthold schwerkrank im Gefängniskrankenhaus läge. Er würde nicht mehr lange leben. So war er also nicht mit den anderen in Schlesien. Er war ganz allein. Ich mußte versuchen, ihn zu sehen, und so fuhr ich noch am Abend mit dem letzten Rest Benzin nach Würzburg. Es war Nacht, als ich vor dem Krankenhaus ankam. Noch waren Klosterfrauen dort zur Pflege eingesetzt. Eine alte Schwester führte mich durch dunkle Gänge über Hintertreppen zur Gefängnisabteilung des Hauses. Sie zeigte mir von weitem die Tür von Bertholds Zimmer. Leise wie ein Dieb schlich ich mich heran, um keinen Wärter zu alarmieren. Der winzige Raum – mehr eine Zelle – war kaum beleuchtet, denn Graf Berthold war Gefangener, nicht Patient.

Mein Herz stand still beim Anblick, der sich mir bot. Auf einer eisernen Pritsche lag ein alter Mann, zum Skelett abgemagert, das Gesicht Haut und Knochen. Hätte ich nicht gewußt, daß es der liebe Freund war, ich hätte Berthold nie erkannt. Auch er erkannte mich nicht mehr. Sein Geist war schon woanders, man konnte seine Worte nicht verstehen. Die Hände tasteten rastlos über die harte Decke. Mir wurde mitgeteilt, man habe ihm aus medizinischen Gründen Injektionen geben müssen. Injektionen! Sie haben schnell gewirkt und seine starke geistige und körperliche Kraft vernichtet. Nichts konnte ihn mehr retten. Die Schwester sagte, daß er nicht mehr als ein, zwei Tage zu leben habe. Ich nahm seine kalte, knöcherne Hand in meine Hände und betete weinend für ihn.

Ich entschloß mich, bis zu seinem Tod in Würzburg zu bleiben, in unserem Haus neben dem Dom, wo meine Schwiegermutter lebte, gebeugt von Sorge um ihre Tochter Elisabeth und um Karl Ludwig. Nun traf sie die traurige Nachricht über Berthold, ihren Jugendfreund. Sie war erschreckend gealtert. Ich versuchte sie zu überreden, mit mir nach Guttenberg zu kommen. Sie möge die wohl letzte Automöglichkeit nützen. Vergebens. Sie wollte in Würzburg ausharren.

Am 9. November 1944 starb Berthold. Die Gestapo verbot die Teilnahme am Begräbnis. Trotzdem begleiteten einige von uns, auch meine tapfere Schwiegermutter, den Sarg zum Familiengrab im Würzburger Friedhof. Dort stand zu unserer Freude der Bischof von Würzburg in vollem Ornat. Auch er hatte den Gestapo-Erlaß mißachtet – er, der vor vier Jahren Enoch in seiner Kapelle aufbahren ließ: der mutige Bischof Ehrenfried. Die Nationalsozialisten hatten ihm den Spottnamen »Störenfried« gegeben.

Schnee lag auf dem Land, und Guttenberg schien wie eine Friedensinsel. Weihnachten – die Erinnerung an Enochs Sarg zwischen zwei Weihnachtsbäumen, an das letzte Weihnachten mit Philipp Franz, das Gedenken an die Lieben im Gefängnis, im Lager. Meine Schwiegermutter wollte allein mit ihren Sorgen in Würzburg bleiben. Aber meine Mutter war bei mir. Das Haus füllte sich weiter mit Freunden, die ihr Zuhause im Luftkrieg verlassen hatten. Auch Rosa Sofie, meine Schwiegertochter, war mit ihrer kleinen Elisabeth aus Südbayern zurückgekommen. So versuchten wir Weihnachten zu feiern trotz schwerer Sorgen.

Während der langen Wochen seit der Nachricht, daß Karl Theodor vermißt sei, war mir das Herz wie zugeschnürt in zitternder Erwartung eines Lebenszeichens. Da kam im Januar

1945 die Erlösung. Über das Rote Kreuz erfuhren wir, er sei in englischer Gefangenschaft. Gerettet, in Sicherheit! Ich mußte an das Märchen denken, das von einem eisernen Reifen erzählt, der das Herz einschnürt, dann aber aufspringt, und wieder kann man frei atmen.

Spät im neuen Jahr verschaffte mir ein Freund Zugang zum kommandierenden SS-General in Nürnberg. Von ihm erhoffte ich Nachricht über Clemens und Elisabeth. Man hatte mich vorgewarnt über die Zerstörung der herrlichen alten Stadt. Was ich dort antraf, war erschütternd. Über der Stadt hing ein trüber Dunst, als sollten die furchtbaren Wunden des Krieges verschleiert werden. Die Zerstörung war am schlimmsten in der mittelalterlichen Innenstadt, an den gotischen Kirchen und Patrizierbauten; die Dürer-Türme hatten allerdings sogar direktem Bombenabwurf standgehalten.

Ich hoffte, sobald wie möglich zum SS-General vorgelassen zu werden. Zu meinem Erstaunen empfing er mich ausnehmend freundlich. Offensichtlich entgegen der Vorschrift sagte er mir: »Die Stauffenbergs sind im Konzentrationslager Stutthof in Ostpreußen.«

»Ostpreußen! In den Nachrichten hieß es, daß dort der russische Einmarsch schon begonnen habe. Da muß ich gleich nach Berlin und versuchen, die Familie ins Innere des Landes verlegen zu lassen.«

Der General: »Ich rate Ihnen dringend davon ab, jetzt nach Berlin zu fahren. Die Situation dort ist äußerst gespannt. Hier kann ich Sie schützen, aber bis Berlin reicht mein Arm nicht. Folgen Sie meinem Rat, Baronin, bleiben Sie hier.«

Ich folgte seinem Rat nicht und entschloß mich, nach Berlin zu fahren. Ich war beinahe die einzige der Familie, die in Freiheit geblieben war – wie durch ein Wunder. Also war es meine Pflicht, alles zu versuchen, um zu retten, was zu retten war. Ich war überzeugt, daß die Gestapo nicht wünschen konnte, Stauffenbergs den Russen in die Hände fallen zu lassen.

Es gab Wohlmeinende, die fanden, ich sei zu mutig. Ich war gar nicht mutig; Mutigsein bedeutet Angst zu haben und sie zu überwinden. Ich hatte nie Angst in diesen Tagen. Ich fühlte mich aufgerufen zur Tat, war absolut sicher, wie getragen von oben, »auf Adelers Fittichen«. Und ich erkannte an vielen unserer am meisten Gefährdeten die gleiche Sicherheit.

Diesmal kam meine Schwägerin Therese trotz aller Warnungen mit nach Berlin. Alle Bahnhöfe lagen unter Bombenangriffen, und der Zug blieb oft stundenlang stehen. Es war eisig kalt, die Kälte strömte durch glaslose Fenster herein. Es ist erstaunlich, was der menschliche Körper im Streß aushält. Es war, als verleihe das grauenhafte Geschehen dem täglichen Erleben etwas Unwirkliches, das einem das Durchstehen erleichterte.

Unsere Ankunft in Berlin war ein Schock. Altbekannte Straßen waren unkenntlich, die allgemeine Zerstörung erschütternd. Fast pausenlos heulten die Sirenen. Die meiste Zeit unseres Aufenthalts brachten wir in Luftschutzkellern zu. Im »Adlon« schliefen wir in eiskalten Zimmern; es gab selbst hier kein Glas in den Fenstern mehr. Auch das Telefonieren war in Berlin ein Problem; nur in wenigen Teilen der Stadt funktionierte das Telefon. Endlich gelang es uns, Lita Stauffenberg zu erreichen. Sie kam sofort zu uns. Lita war in größter Sorge um ihren Mann Alexander. Er war aus dem Moabiter Gefängnis abtransportiert worden. Wohin, wußte sie nicht. War es Plötzensee, um dort wie sein Bruder Berthold gehenkt zu werden? Oder war es Schlesien, um dort mit den anderen der Familie interniert zu werden? Sie hatte gerade erfahren, daß am Tag zuvor Graf Moltke, der mutige, überzeugte Christ, gehenkt worden war. Als ich ihr mitteilte, daß Clemens und die Seinen ins Konzentrationslager Stutthof nach Ostpreußen verbracht waren, teilte sie meine Sorge. Ich sagte ihr, daß ich über unseren Freund in der Prinz-Albrecht-Straße versuchen wolle, ihre Verlegung zu erreichen und für Therese einen Besuch bei Karl Ludwig zu erbitten. Lita wußte, daß der hilfreiche Mann nicht in

Berlin war, ihr aber auch keine Information über ihren Alexander geben konnte. Sie fürchtete, daß wir von ihm kaum mehr Hilfe zu erwarten hätten. Lita war entschlossen, am nächsten Tag mit ihrem Flugzeug nach Ostpreußen zu fliegen.

Therese und ich wurden in der Prinz-Albrecht-Straße wieder zu demselben Mann geführt, der Karl Ludwigs Fall bearbeitete. »Es ist völlig ausgeschlossen, daß Sie Ihren Mann sehen dürfen«, sagte er beinahe höhnisch zu Therese. »Er muß sich jetzt ganz auf sein Verfahren konzentrieren.« Dann wandte er sich an mich: »Es hat keinen Sinn, noch einmal vorstellig zu werden.«

Wir wußten: Das war endgültig. Es bedeutete, daß Karl Ludwig sterben mußte. Arme Therese! Sie hatte gehofft, ihn noch einmal sehen zu können.

Ich entschloß mich, noch in Berlin zu bleiben, da mir ein Gespräch mit einem Mitarbeiter Himmlers vermittelt worden war. Ich wollte alles Menschenmögliche versuchen, um die Verlegung meiner Stauffenbergs aus Ostpreußen zu erreichen. Es war höchste Zeit; denn das geschlagene deutsche Heer war schon auf dem Rückzug von der Ostfront.

Am 3. Februar 1945 erlebte ich den schwersten Bombenangriff auf Berlin. Eines seiner Ziele war das Hauptquartier in der Prinz-Albrecht-Straße, das zum großen Teil zerstört wurde und ausbrannte. Als ich zur angegebenen Zeit Himmlers Adjutanten sprechen wollte, hieß es, er sei an die Ostfront geflogen, um mit Himmler zu sprechen. Ich solle warten.

Warten, warten! Zum Warten blieb keine Zeit. Die Ostfront war zusammengebrochen. Russische Panzer hatten Gnesen erreicht. Posen war in russischer Hand. Die Berliner Bahnhöfe waren überschwemmt von Flüchtlingen, Kindern, die nach verlorenen Eltern schrien, Müttern, den erfrorenen Säugling im Arm. Es war bitterkalt, und nirgends war Platz, um die Tausende von Heimatlosen aufzunehmen. Tage und Nächte mußten sie in zerbombten Bahnhöfen oder im überfüllten U-Bahn-Tunnel ausharren – ohne Hoffnung.

Zu allem Elend kam das Entsetzen der pausenlosen Luftangriffe. Alle noch so dürftigen Unterkünfte waren dermaßen überfüllt, daß keiner mehr Zuflucht fand. Meine Erinnerung an diese Berliner Tage ist wie ein Alptraum. Und heute fragt man sich, ob all das Entsetzliche Wirklichkeit war. In den Stunden im Luftschutzkeller war um uns die Hölle los. Einschlag nach Einschlag, das Krachen einstürzender Häuser. Im Morgengrauen kam man heraus – nicht »an die Luft«, nein, in Wolken von Rauch und Brand über zerstörten Bauten. Es hieß, bald werde jedes Reisen in Zügen verboten. Schon jetzt war es kaum mehr möglich, eine intakte Bahn zu finden.

Ich durfte nicht länger bleiben, wollte ich Bayern noch erreichen; ich mußte zu den Kindern. So gab ich alle Versuche auf. Ich ging noch einmal zum Eingang des Moabiter Gefängnisses, um wenigstens ein kurzes Gedenken in den düsteren Bau hinauf zu Karl Ludwig zu schicken. Am nächsten Morgen war am zerstörten Bahnhof ein solcher Andrang, daß ich den Zug kaum von weitem sehen konnte. Da heulen die Sirenen, der Menschenstrom macht kehrt und reißt mich mit in den Unterstand. Als nach langer Zeit »Entwarnung« ertönt und wir wieder ans Tageslicht kommen, sind vom Zug und vom Bahnhof nur noch rauchende Trümmer zu sehen. Etwas später wurde bei einem Luftangriff das Gebäude in der Prinz-Albrecht-Straße zerstört. Mordrichter Freisler kam während einer »Verhandlung« bei einem Bombenangriff ums Leben.

Trotz allem gelang mir eine recht ungewöhnliche Heimreise, zum Teil per Bahn, zum Teil im Bus, zum Teil zu Fuß; normalen Bahnverkehr gab es nicht mehr. Auch Post und Telefon funktionierten kaum noch. Trotzdem kam nach einigen Tagen ein Anruf durch. Der Bahnhofsvorstand der kleinen Station Untersteinach rief an: »Bei uns ist die alte Baronin Guttenberg angekommen. Sie ist sehr schwach. Lassen Sie sie bitte abholen.«

Ich fuhr mit dem alten Jagdwagen und einem Pferd aus dem Dorf; Autos waren konfisziert worden, und Benzin gab es kaum mehr. Ich erschrak, als ich meine Schwiegermutter sah. Sie, die immer so Aufrechte, war gebeugt und völlig abgemagert. Wir hatten, seit ich sie nach Berthold Stauffenbergs Tod verlassen hatte, nichts mehr von ihr gehört. Nun erfuhr ich, daß sie inzwischen schwerkrank gewesen war. Sie sagte: »Weißt du, ich bin gekommen, weil ich in Guttenberg sterben will.«

Man hatte sie in Würzburg ins Krankenhaus gebracht, aber sobald sie wieder auf den Beinen war, hatte sie es heimlich verlassen und war tatsächlich bis Guttenberg gekommen. Nur wie! Die 85jährige kranke, dazu taube Frau hatte fast die ganze Strecke zu Fuß oder auf den Ochsenkarren von mitleidigen Bauern zurückgelegt, eine Leistung, die ihre bewundernswerte Willenskraft bewies.

Im Schloß angekommen, wollte ich sie gleich zu Bett bringen, aber sie verlangte, mit uns zu Abend zu essen. Sie saß an der Spitze der Tafel und nahm an allem teil. Kein Haar ihrer Perücke, die sie liebevoll »Frizette« nannte, war verschoben, und ihre Kleider waren trotz der furchtbaren Reise in tadelloser Ordnung. Dann erst legte sie sich – um leider nie wieder das Bett zu verlassen. Am nächsten Morgen kam unser Hausarzt, auch mit dem Pferdewägelchen. Nach der Untersuchung sagte er mir, daß meine Schwiegermutter nicht mehr lange zu leben habe und wir sie doch zur Pflege in das nahegelegene Krankenhaus bringen sollten, da er nur selten kommen könne. Ich lehnte das ab; ich wußte, daß es ganz gegen ihren Willen wäre, sie jetzt, da sie mit übermenschlicher Anstrengung ihr Guttenberg erreicht hatte, wegzubringen.

In den zwei Monaten, die sie noch lebte, hatte sie tags und nachts nur noch Schmerzen, doch bei allem schweren Leiden schien sie zufrieden und glücklich in ihrem geliebten Guttenberg zu sein. Da es dem Arzt unmöglich war, täglich zu kommen, mußte ich die Pflege übernehmen und ihr Injektionen gegen die Schmerzen geben, eine Verantwortung, die mich belastete. Trotzdem waren die zwei Monate ihrer Krankheit für sie und für mich ein Gnadengeschenk. Nach all den Jahren, die uns so schmerzhaft getrennt hatten, ergab sich nun eine innige Gemeinsamkeit und gegenseitige Liebe. Ich hatte immer geahnt, daß sie eine große Frau war. Aber wie sie nun stark und bewußt dem Tod entgegenging, das war bewundernswert. Sie bat unseren Kaplan, zu ihr zu kommen, und nach einer langen Beichte schien sie wie umgewandelt. Trotz ihrer Schmerzen sah ich sie zum ersten Mal wirklich glücklich. Zwischen uns war nur noch Friede und Liebe. Wenn ich ihr Krankenzimmer betrat, sagte sie: »Hier kommt mein Sonnenschein.« Wie hätte der gute Wagner, Mister Sozusagen, gestaunt! Wir führten lange Gespräche, und meine Schwiegermutter meinte: »Wie nahe sind wir einander, wie schön hätten wir es gehabt, wäre es all die Jahre so gewesen!« Was sie früher nie glauben wollte, war ihr jetzt erst klar geworden: wie groß die Liebe zwischen Enoch und mir immer gewesen war.

Sie wußte, daß Clemens und Elisabeth verhaftet waren, und sorgte sich sehr. Daß aber Karl Ludwig in schwerster Lebensgefahr schwebte, sagten wir ihr nicht. Sie vermutete ihn noch in Jugoslawien.

Ich hatte immer gemeint, alles nur mögliche getan zu haben, um ihr Liebe zu erweisen. Jetzt aber, da auch ich sehr alt bin, erkenne ich viele ungewollte Fehltritte und Unterlassungen ihr gegenüber. Es ist wohl nicht leicht, die Mentalität des Alters zu verstehen, solange man jung ist.

Ende März erreichte mich ein rätselhaftes Telefongespräch aus der Luftfahrtzentrale bei Berlin: »Sprechen wir mit Baronin Guttenberg?«

»Ja.«

»Seien Sie bitte morgen früh am Flugplatz in Hof.« Dann wurde eingehängt.

Dieser Anruf konnte nur von Lita Stauffenberg kommen.

Mit dem letzten Tropfen Benzin fuhr ich am nächsten Morgen nach Hof und ging zum windüberwehten kleinen Flugplatz. Ich war nicht erstaunt, dort Lita vor einer kleinen Hütte stehen zu sehen. Sie sah müde und traurig aus.

»Hallo, Elisabeth! Ich habe Clemens mit meinem Flugzeug hergebracht. Die Gestapo hat ihn freigegeben. Sogar die haben eingesehen, daß er zu krank ist, um von einem Konzentrationslager zum andern gebracht zu werden. Die anderen sind jetzt in Buchenwald.«

Buchenwald! Schon diesen Namen zu hören, genügte, um mich in jähen Schrecken zu versetzen. Ich versuchte, meine Ängste vor Lita zu verbergen. Sie führte mich in die hölzerne Baracke. Dort saß Clemens auf einer Bank. Ich mußte mich zusammennehmen, um mein Entsetzen nicht zu zeigen. Er sah aus wie ein Toter. Ich mußte an den Anblick seines sterbenden Vaters Berthold denken. Mit Lita half ich ihm auf seine Beine, die so geschwollen waren, daß er kaum stehen konnte. Gerade noch schaffte er die wenigen Schritte zum Auto. »Ich muß sofort zurück«, sagte Lita in großer Sorge um ihren Mann. »Gott befohlen!«

»Ja, Gott befohlen, liebe Lita.« Noch ein Winken, und ihr Flugzeug stieg auf.

Dann fuhr ich mit Clemens zurück nach Guttenberg. »Wie geht es Elisabeth und den Kindern?«

Seine Antwort kam mit rauher, leiser Stimme, kaum vernehmbar: »So gut, wie es möglich scheint nach sieben furchtbaren Wochen auf der Fahrt zurück aus Ostpreußen. Wir waren in Viehwagen eingepfercht. Nichts, worauf man liegen oder sitzen konnte. Aber es ist ja erstaunlich, wie viel man ertragen kann. Nur Ninas Mutter, die alte Baronin Lerchenfeld, ist unterwegs gestorben. Unsere Fahrt, so schrecklich sie war, schien noch erträglich, verglichen mit dem Furchtbaren, das wir am Wege sahen. Tausende über Tausende von Flüchtlingen von der Ostfront. Am Wegrand überall Tote, Leichen auch von erfrorenen, verhungerten Kindern.« Er weinte, bedeckte die Augen mit der Hand.

Obwohl ich Clemens nur als gebrochenen Mann nach Guttenberg bringen konnte, war es für mich auch ein Tag großer Freude: Einer wenigstens war befreit! Für ihn war es wie ein Traum, umsorgt und frei bei uns zu sein nach den schlimmen Monaten in Lagern und Gefängnissen. Langsam begann er sich zu erholen. Er sprach wenig. Nur einmal berichtete er von den schweren Tagen im Konzentrationslager Stutthof: »Nachts, wenn wir aus unserem Fenster schauten, erkannten wir, daß alles, was man sehen konnte, weiß gestrichen war mit Leimfarbe: Hecken, Zäune, Bäume, Wege, so daß das blendende Scheinwerferlicht jeden Winkel erreichte. In all dem Weiß die dunklen Gestalten der Wärter, ständig auf Posten. Ihre Schritte hallten, dazwischen das Heulen der Bluthunde, oft Schreie. Tag und Nacht war die Luft vom Rauch und Geruch der Verbrennungsöfen erfüllt, Tag und Nacht erwarteten wir unseren Tod. Nun bin ich frei – aber was, um Gottes willen, wird den Meinen geschehen?« Die Sorge lastete schwer auf ihm – und mit ihm auch auf mir.

Im April verließen meine Schwiegermutter die Kräfte. Die meiste Zeit war sie nicht mehr bei Bewußtsein. War sie aber wach, dankte ich Gott für ihre Taubheit; denn um das Schloß flogen amerikanische Tiefflieger mit heulenden Motoren, und hie und da krachte ein Schuß. Der Lärm konnte sie in ihren Wachträumen nicht stören; in ihren letzten Tagen erlebte ich wieder, daß sie wohl die Gabe des »Zweiten Gesichts« besaß. Sie beschrieb in erstaunlicher Klarheit, was in Würzburg geschehen war: daß unser Haus zerstört war. »Alles, was ich dort habe, ist fort.« Merkwürdigerweise regte sie sich darüber nicht so auf wie über den Verlust von Kleinigkeiten, die sie weinend beschrieb: eine Fotografie ihrer Kinder, ein Babyschuh von Enoch, einen alten Fächer ihrer Mutter.

Die letzten Wochen ihrer Krankheit waren die Wochen der endgültigen, furchtbaren Niederlage der deutschen Wehrmacht. Die Russen hatten die Vororte Berlins erreicht, amerikanische und englische Truppen den Rhein überquert. Sie standen schon tief auf deutschem Gebiet. Doch immer noch war die ölige Stimme von Goebbels im Radio zu hören, noch immer sprach er vom »Endsieg« und verkündete, daß eine neue »Wunderwaffe« den Rückschlag in einen Triumph verwandeln werde. In Berlin, so hieß es, habe Hitler von seinem Kanzlerbunker aus den Befehl gegeben, die U-Bahn-Schächte unter Wasser zu setzen. In ihnen hatten Tausende Zuflucht vor dem Bombenhagel gesucht. Sie mußten zugrundegehen, um das Vordringen der Russen um zwei Tage zu verzögern.

Wir wußten, was es bedeuten würde, wenn russische Truppen Guttenberg besetzen würden. So beteten wir, daß es den Amerikanern gelingen möge, als erste da zu sein. Sie würden uns schützen vor der SS und vor dem russischen Schrecken.

Frühjahr, das erste Grün der Bäume. Das Wunder des Frühlings war kaum zu fassen inmitten all dieses Grauens. Vom Turmfenster her, aus dem ich so oft, auf die Rückkehr meines Mannes wartend, zur Straße im Tal hinabgeschaut hatte, bot sich ein jammervolles Bild: ein endloser Zug grauer, schemenhafter Gestalten, der schleppenden Schritts nach Süden zog, dazwischen Panzer und Lastwagen – der Totenmarsch des geschlagenen deutschen Heeres. So also sah das Ende des »Tausendjährigen Reiches« aus!

Wiedersehen und trauriges Glück

Am 13. April erfuhren wir, die Amerikaner seien schon im nächsten Dorf, in Untersteinach. Für uns waren sie nicht Eroberer – sie waren Befreier, um deren Sieg wir gebetet hatten. Am Fuß des Berges, dem Zugang zum Ort Guttenberg, hatten ein paar unbelehrbare Nationalsozialisten aus dem Ort eine Barrikade errichtet, um den Zugang zu sperren. Als ich das hörte, ging ich hinunter zu dem Anführer: »Sind Sie wahnsinnig? Diese lächerliche Barrikade kann das Ende unseres Dorfes bedeuten. Lassen Sie sie abbauen!«

»Nein, wir haben Befehl.« Darauf schrie ich ihn zu meinem eigenen Erstaunen an: »Dann befehle ich Ihnen den Abbau!« Erstaunlicherweise tat dies sofort seine Wirkung.

Auf dem Schloß ließen wir vom Turm eine große weiße Fahne wehen. Das schwere Schloßtor hatten wir fest verrammelt. Es hieß, die letzten SS-Gruppen seien abgezogen. Diese Information war aber falsch; denn bald hörten wir harte Schläge gegen das Tor, und ein heiserer SS-Offizier schrie mich an: »Fort mit dem weißen Fetzen – im Namen des Führers! Oder wir schießen.« Wir brauchten nicht zu antworten. Das taten für uns amerikanische Geschütze, die, zwei Kilometer entfernt, Feuer gaben. Da verschwand der SS-Trupp eiligst in den Wäldern, von wo aus wohl auch der Befehl zum Bau der Barrikade gegeben worden war.

Zwei Stunden später öffneten wir das Tor für die Amerikaner. Aber wir mußten noch bis zum nächsten Morgen warten. Endlich hatten sie unser Dorf erreicht. Ich stand im Eingang des Schlosses und überblickte den leeren Hof. Meine Gedanken gingen zurück an den Tag meines Einzugs. Da stand Enoch auf demselben Fleck, hielt seine schöne Rede, begrüßt und bejubelt von den Guttenbergern. Welches Glück damals – und heute? Wieder ein Tag des Glücks, eines traurigen Glücks.

Endlich näherte sich das Motorengeräusch eines Fahrzeugs auf dem steilen Schloßberg. Es kam durch die Lindenallee, dann auf den Hof. Ein großer Panzer, schwer bewaffnet. Wie anders als der blumengeschmückte Wagen, der uns damals gebracht hatte. Wäre doch jetzt Enoch an meiner Seite! Wie sollte ich den ersehnten »Feind« empfangen? Vor mir hielt das Riesenfahrzeug. Eine Stimme kam aus dem Ungeheuer: »Ist da jemand, der Englisch spricht?«

»Ja, ich spreche englisch«, sagte ich mit unsicherer Stimme.

Ein junger Soldat, einen roten Schal um den Hals gewunden, steckte den Kopf aus dem Panzer: »Wir sind durstig. Gibt es hier etwas zu trinken?« Als ich sein junges Gesicht, seine blonden Haare, sein Lachen sah, erinnerte er mich an Karl Theodor, und was noch an Unsicherheit und Angst in mir gewesen war, wich einer Willkommensfreude. »Kommen Sie heraus auf ein Glas Wein«, sagte ich.

Er stieg aus und meinte: »Dafür bekommen Sie eine Tafel Schokolade.«

Nach ihm kamen noch ein paar Männer aus dem Inneren des Panzers. Einer lehnte sich zurück, schaute hinauf zum Schloß und meinte: »Schauen wir uns das doch an, scheint ja ganz schön alt zu sein.«

»Über siebenhundert Jahre alt«, sagte ich und führte die Männer ins Haus.

Der junge Mann tat einen Pfiff: »Das stand ja schon, bevor Kolumbus Amerika entdeckte – lange davor.« Er schien im Kopf eifrig nachzurechnen.

Wir gingen ins Haus. Der junge Mann schaute sich sichtlich interessiert um; besonders schienen ihm die alten Waffen an den Wänden zu gefallen. »Da haben Sie ja eine Menge schöner Dinge hier.« Er zog sein rotes Tuch fester um den Hals. »Die würden recht attraktive Souvenirs sein. Ich glaube, was dieses

Haus braucht, ist ein ›Off Limits‹-Zeichen.« Zu meinem Erstaunen zog er einen roten Lippenstift aus seiner Brusttasche, verlangte nach einem Bogen Papier. Linkshändig schrieb er in großen Buchstaben darauf: »Off Limits to all troups, 3rd. armored Div.« Er befestigte den Bogen an der Haustür. Ich erkannte nicht gleich, wie wertvoll diese Lippenstiftmalerei für uns werden sollte. Sie hat uns davor geschützt, als bequeme »Souvenir-Fundgrube« ausgenützt zu werden. Nach einer Besichtigungstour durchs Haus und einigen Gläsern Wein verließ das Panzer-Ungetüm samt seinen höflichen Insassen den Schloßhof.

Einige Wochen später ließ sich ein junger amerikanischer Offizier bei mir melden. Ich ließ ihn in die Bibliothek führen. Als ich hereinkam, stand er auf, salutierte und stellte sich vor: Captain Casademont. »Es tut mir leid, Baronin, daß einige Leute hier im Schloß einquartiert werden müssen.«

»Das Haus steht Ihnen zur Verfügung«, erwiderte ich. Ganz wohl war mir nicht dabei.

Er aber meinte: »Wir brauchen nur einige Zimmer und wollen Ihnen so wenig wie möglich zur Last fallen.«

Ich schaute mir den jungen Offizier genauer an. Er sah sehr gut aus, dunkelhaarig mit blauen Augen. Ich hatte meine beiden jungen, sehr attraktiven Töchter im Haus. Was konnte es bedeuten, junge Amerikaner im Haus zu haben? Ich konnte weder unser Haus vor den jungen Amerikanern verschließen, noch konnte ich Nives und Therese wegschicken. Ich mußte auch diese Sorge in die Hände Gottes legen. Am nächsten Morgen in unserer Kirche kniete sich der junge Casademont an der Kommunionbank neben mich. Das war die Antwort auf meine Sorgen. Nun wußte ich, daß unsere Gäste unter guter Führung standen und keine Gefahr für meine Töchter bedeuteten.

Ich mußte mich viel um Clemens Stauffenberg kümmern, dessen Zustand sich nur sehr allmählich besserte, da die Sorge um die Seinen an ihm zehrte. Wir waren in Guttenberg völlig isoliert. Was sich in dieser Zeit in Berlin ereignete, erfuhren wir erst viel später. Am 21. April rollten die sowjetischen Panzer in die zerstörte Stadt. Die meisten der Männer vom 20. Juli, die bis dahin überlebt hatten, wurden von SS-Streifen aus den Gefängnissen geholt und irgendwo in den Hinterhöfen der Ruinen erschossen. Viel später wußten wir: Karl Ludwig war einer von ihnen. Ich wußte auch, wie aufrecht, wie klar, wie gottergeben er seinem Tod entgegengegangen sein mußte. Sein leuchtendes Gesicht bei meinem letzten Besuch gab mir diese tröstende Gewißheit. Das letzte, was wir von den Stauffenbergs gehört hatten, war, daß sie ins Konzentrationslager Buchenwald verlegt worden waren.

Am 16. März 1945 war der Wahrtraum meiner Schwiegermutter Wirklichkeit geworden: Innerhalb von achtzehn Minuten lagen mehr als neunzig Prozent der herrlichen Stadt Würzburg in Trümmern. Es war einer der schwersten Luftangriffe des gesamten Krieges. Ein Zehntel der Bevölkerung war in den Flammen und stürzenden Häusern umgekommen. Viele, die in den Main gesprungen waren, um vor dem Feuer zu flüchten, verbrannten im Wasser, auf dem das brennende Öl der Phosphorbomben schwamm. Nur drei der vielen schönen alten Kirchen waren verschont geblieben. Von unserem Haus war nur die Außenmauer erhalten.

Am 7./8. Mai 1945 kapitulierte die deutsche Wehrmacht. Wir dankten Gott, daß wir in all dem Grauen heil geblieben waren und Guttenberg noch stand. Einige unserer Gäste, die aus den Städten geflohen waren, verließen uns, und wir versuchten, zu einem einigermaßen normalen Leben zurückzufinden. Die Familie Guttenberg schien bei den Amerikanern einen guten Ruf zu haben. Sie wußten wahrscheinlich aus Geheimdienst-Quellen, wie teuer wir unsere Freiheit erkauft hatten im Widerstand und Kampf gegen den Nationalsozialismus. Nur so konnte ich mir das Entgegenkommen und die Hilfsbereitschaft der Besatzungstruppe erklären. Ich wurde oft gebeten, als Dolmetscher zwischen der Bevölkerung und der Militärregierung zu agieren. Man fragte bei mir an über die Zuverlässigkeit einzelner Personen des Umkreises.

Für meine Schwiegermutter kam in diesen Tagen der Tod als Erlösung. Friedlich schlief sie ein. Ich wachte an ihrem Bett. Am Morgen legten wir sie in den blumengeschmückten Sarg. Sie sah wunderschön aus: ein Lächeln auf den Lippen, über ihrem silberweißen Haar ein Spitzenschleier – keine gelbliche »Frizette« mehr. Ihr Sarg wurde in der Gruft neben dem Sarg ihres Sohnes Enoch aufgestellt.

Die »Nonfraternisation-Order« verbot einen näheren Kontakt mit unseren amerikanischen Gästen. Aber eines Abends meldete sich Captain Casademont bei mir im Musikzimmer. Er sagte, er habe eine besondere Bitte an mich. Er habe zwei junge Wildschweine, Toni und Hilde, mitgebracht und er bitte, die beiden Tiere in seinem Schlafzimmer unterbringen zu dürfen, sie seien ganz zahm.

Tierliebend wie wir waren, schien das keine Schwierigkeit zu bereiten, und, wie die Dinge lagen, hätte er gar nicht um Erlaubnis zu bitten brauchen. Die kleinen Viecher hielten sich in keiner Weise an die Nonfraternisation, und ihre Anwesenheit war der Beginn der Freundschaft zwischen uns und ihrem Herrn.

Eines Abends kam meine Kammerjungfer Gretchen zu mir. Sie hatte immer allerhand zu berichten und zu besprechen.

Diesmal schien sie über etwas recht aufgebracht zu sein.

»Was ist los, Gretchen?« fragte ich.

»Was los ist! Ich wollte, Frau Baronin könnte das Zimmer von diesem jungen amerikanischen Captain sehen! Es ist unglaublich, wieviel komisches Zeug er mitgebracht hat. Es ist ein Durcheinander, schlimmer als bei den jungen Baronen. Das schlimmste sind aber diese zwei Schweine, die darin herumwühlen. Trotzdem glaube ich, Frau Baronin hätten sich auch gefreut; denn auf seinem Nachttisch liegt eine Bibel und ein Rosenkranz.« Anscheinend hatte Casademont trotz seiner Schlamperei Gretchens Herz erobert, und das war auch ein Sieg.

Wochen waren seit dem Einmarsch der Amerikaner vergangen, noch immer hatten wir nichts von den Stauffenbergs gehört. Ich wollte nach Buchenwald, um sie womöglich dort zu finden. So ging ich zum amerikanischen Gouverneur des nächsten Städtchens, berichtete ihm vom 20. Juli, von der Sippenhaft meiner Verwandten und bat um Benzin.

»Haben Sie ein Auto?« Ich bejahte. »Dann gebe ich Ihnen Passierschein und Benzin. Fahren Sie nach Buchenwald. Hoffentlich finden Sie Ihre Verwandten.«

Diese Fahrt durch das verwüstete, ausgeblutete Land werde ich nie vergessen. Fast jede Brücke war gesprengt. Alle größeren Ortschaften lagen in Trümmern. Aber überall waren die diensttuenden Amerikaner höflich und hilfsbereit.

Buchenwald war wie eine ausgeblutete Wunde. Ich hatte das Gefühl, daß die Geister der dort Umgebrachten durch die Straßen des Lagers gingen. Die Lebenden, die uns begegneten, sahen auch aus wie Gespenster. Frühere Gefangene, jetzt befreit, aber noch in ihren Gefangenenkleidern, ausgezehrt und schwach, bewegten sie sich zwischen den Baracken, einen verlorenen Blick in den eingesunkenen Augen.

Ich ging gleich zum amerikanischen Kommandanten des Lagers. »Wissen Sie, ob die Familie Stauffenberg hier ist?« »Ich weiß, daß sie nicht hier ist. Ich weiß nur, daß sie hier war und zusammen mit anderen prominenten Gefangenen von der Gestapo abtransportiert worden ist. Niemand weiß, was aus ihnen geworden ist. Übrigens – vor einer Stunde war die Witwe von Graf Claus Stauffenberg bei mir auf der Suche nach ihren vier Kindern. Die arme Frau weiß nicht, ob sie tot oder noch am Leben sind.«

Das war für mich die erste Nachricht, daß Nina überlebt hatte. Beim Verlassen der Baracke des amerikanischen Offiziers kam ein früherer Gefangener auf mich zu. Eine Gestalt, zum Skelett abgemagert, mit Augen wie Höhlen, noch jung, aber weißhaarig. »Ich habe an Ihrem Auto das bayerische Nummernschild gesehen. Wären Sie so freundlich, diese Karte für mich in Bayern zur Post zu geben? Ich möchte, daß meine Familie erfährt, daß ich am Leben bin; aber sie sollen lieber nicht erfahren, daß ich in Buchenwald bin.«

»Das tue ich natürlich gern. Wie lange waren Sie hier?« Ich versuchte ihn nicht fühlen zu lassen, wie mich sein Aussehen erschütterte.

Er schüttelte den Kopf. »Ich kann noch nicht darüber sprechen. Aber die Hölle müßte paradiesisch sein, verglichen mit den Qualen, die wir hier erleiden mußten.« Er begann am ganzen Körper zu zittern im Erinnern an die Folter der vergangenen Zeit. »Die Amerikaner sind gut zu uns. Sie geben uns kräftiges Essen. Aber diese Ernährung macht uns zu schaffen. Unsere Organe sind nicht mehr an normales Essen gewöhnt. Ich werde noch eine Zeitlang hierbleiben, bis ich mich soweit gekräftigt habe, daß ich die Heimreise antreten kann.«

Da er mir noch jung zu sein schien und der Blick seiner eingesunkenen Augen lebendig und hoffnungvoll, war ich zuversichtlich, daß er doch noch zu Kräften kommen würde.

Beim Verlassen des Lagers sprach ich noch mit dem amerikanischen Beauftragten über die Begegnung mit dem jungen Mann und die furchtbare Behandlung der Gefangenen. Dabei sagte ich: »Man könnte dem Gerücht beinahe Glauben schenken, daß die Gestapo aus Menschenhaut Lampenschirme anfertigen ließ.« »Gerücht?« meinte er. »Ich kann Ihnen solche Lampenschirme zeigen.« »Um Gottes willen, nicht!«

Da meine Fahrt vergeblich gewesen war, bedrückte mich die Enttäuschung, daß ich Clemens keine Nachricht bringen konnte. Bei meiner Ankunft stand er unter dem Tor. »Alles, was ich erfahren konnte, armer Clemens, ist, daß sie von Buchenwald weggebracht wurden – wohin, weiß man nicht. Das heißt, wir müssen weiter nach ihnen suchen und weiter hoffen.«

Aber schon einige Tage danach kam für Clemens und für uns alle ein Freudentag. Wir saßen bei Tisch, als sich die Tür öffnete und Markwart Stauffenberg, der fast das ganze vergangene Jahr mit der Familie die Sippenhaft geteilt hatte, strahlend hereingestürzt kam. Er fiel Clemens um den Hals. Welch unverhofftes Glück!

»Markwart, woher und wie bist du hierher gekommen?«

»Von Dachau, ich bin durchgebrannt.«

»Wo sind die anderen?« fragte sein Vater.

»Das weiß ich nicht, Papa. Bei Annäherung der Amerikaner wurden alle sogenannten prominenten Gefangenen von Buchenwald nach Dachau transportiert. Alle wurden in Lastautos gesteckt. Die unseren, dazu Pastor Niemöller, Léon Blum, Schuschnigg, Bischof Neuhäusler, General Halder in einem der Fahrzeuge. In einem weiteren waren Admiral Canaris, General Oster, Bonhoeffer und andere. Von diesen trennten wir uns in Regensburg. Sie wurden nach Flossenbürg verbracht und dort am 9. April hingerichtet.« Gehenkt, nackt aufgehängt zum Ergötzen der Schergen. Das berichtete später dem Sohn von General Oster der damals auch verhaftete dänische Abwehrchef Hans Lunding.

Canaris, Oster, Bonhoeffer – drei der großen Gestalten des Widerstandes, drei enge Freunde, verehrt, ja geliebt von Karl Ludwig!

»Wir fuhren weiter nach Dachau«, berichtete Markwart. »Da wir zu viele waren, etwa hundertvierzig Gefangene, und in den Fahrzeugen keinen Platz mehr hatten, wurde einigen von uns Jungen befohlen, den Weg unter Gestapo-Bewachung zu Fuß zurückzulegen. Die Wachen kannten die Gegend nicht, so bot ich mich als Wegweiser an.« Markwart lachte über die gelungene List: »Ich führte sie um München herum wie im Karussell – einen ganzen Tag lang. Am ersten Mai marschierten die Amerikaner in München ein, und die SS-Leute verschwanden. Wohin Mama und alle anderen gebracht wurden, weiß ich freilich nicht. Jedenfalls sind sie in südliche Richtung gefahren worden. – Aber habt Ihr gehört, daß Lita tot ist?«

»Wie schrecklich! Die tapfere Lita. Wie ist sie umgekommen? Ich habe sie vor nicht langer Zeit gesehen, als sie deinen Vater in Hof absetzte.«

»Von Hof ist sie gleich weiter nach Buchenwald geflogen. Als sie über dem Lager kreiste, sah sie, daß die Baracken, in denen wir und ihr Mann untergebracht waren, leer standen. Sie landete und erfuhr, daß Alex und die anderen nach Bayern gebracht worden waren. So flog sie auf Dachau zu. Ihr Flugzeug wurde abgeschossen. Man weiß nicht, von wem, aber höchstwahrscheinlich war es ein Deutscher, der wußte, wer da flog.«

Markwart war mit einem Arzt im Auto gekommen, um mit dessen Hilfe seinen Vater nach Jettingen zu fahren. Der folgende Tag brachte eine weitere Überraschung. Das Auto des Landrats von Hof fuhr in den Schloßhof. In ihm saß eine junge Frau mit einem Baby im Arm. Es war Nina Stauffenberg mit ihrer Tochter, die im Gefängnis zur Welt gekommen war. Nina hatte noch immer ihren etwas exotischen Charme. Freilich hatten der Tod ihres Mannes und die vielen Monate der Gefangenschaft ihre Spuren hinterlassen. Noch immer schön, sah sie doch erschöpft aus und viel älter als ihre Jahre. Es kam uns vor wie ein Wunder, daß sie, Claus Stauffenbergs Frau, nicht getötet worden war. Nach der Gefängnis-Geburt ihres Kindes wurden sie und der Säugling abtransportiert, um mit den übrigen Familienmitgliedern interniert zu werden. Eine Fahrt von einem Konzentrationslager zum anderen. In der Nähe von Hof war es ihr gelungen, den SS-Wachen zu entkommen. Sie hatte sich mit dem Baby in einer Hütte versteckt und konnte den Hofer Landrat um Hilfe bitten.

Natürlich nahmen wir Nina mit offenen Armen auf. Ihre große Sorge war, daß sie über das Schicksal ihrer vier älteren Kinder nichts erfahren konnte. »Ich hatte so gehofft, sie in Buchenwald zu finden. Der gute Landrat brachte mich dorthin. Aber dort wußte man nichts Näheres über die Kinder. Es hieß, daß sie wohl von der Gestapo irgendwo in Mitteldeutschland versteckt worden seien.«

Die Suche nach den Kindern war so schwierig, weil die Gestapo sie unter anderem Namen führte. Es war möglich, daß Kinder dieser Herkunft von den Nationalsozialisten erzogen werden sollten, um später führende Positionen einzunehmen. Mit dem Namen Stauffenberg ließ sich das nicht vereinen. Man hatte ihnen den Namen »Meister« gegeben. Sie wollten auf diesen Namen nicht hören. Berthold, der Älteste, zehn Jahre alt, wurde von einer Pflegerin zum Zahnarzt geführt. Sie sagte: »Hier bringe ich Ihnen einen von unseren kleinen Meisters.« Darauf stampfte der Junge mit dem Fuß auf und rief: »Ich heiße nicht Meister. Ich heiße Stauffenberg und habe einen sehr mutigen Papa.«
Gott sei Dank waren die Kinder wohlbehalten, als Nina sie endlich in einem NS-Kinderheim fand.

Die Zeit verging. Noch immer keine Nachricht über Elisabeth Stauffenberg und ihre Kinder. Ich wußte, wie Clemens sich in Jettingen abhärmte. Da kam mir der Gedanke, in München Kardinal Faulhaber um Hilfe bei der Suche zu bitten. So bettelte ich wieder beim amerikanischen Militärgouverneur um Benzin und einen Reiseausweis. In München angekommen, rief ich den Bischofshof an. Der Sekretär des Kardinals fragte nach meinem Anliegen. »Ich möchte die Hilfe von Eminenz erbitten, um Nachricht über die Stauffenbergs zu bekommen.«

»Da kommen Sie gerade zurecht. Vor einer Stunde erhielten

wir einen Anruf. Die Stauffenbergs sind heute früh in München eingetroffen. Wenn Sie gleich zu uns kommen, können Sie sie begrüßen.«

Sofort fuhr ich ins Palais. Eine Stunde später öffnete sich die Tür des Vorzimmers. Herein traten Elisabeth mit ihren Kindern Marie Gabriele und Otto Philipp und die anderen Familienmitglieder, die überlebt hatten. Der Kardinal teilte unser Glück.

Am Tag darauf fuhr ich Elisabeth und ihre Kinder nach Jettingen. Endlich war die Familie wieder vereint. Die Wiedersehensfreude war beinahe zuviel für das kranke Herz von Clemens. Sie berichteten, daß sie nach ihrem Abtransport aus Dachau in ein Lager bei Innsbruck gebracht worden seien. Beim Heranrücken der Amerikaner wurden sie weitertransportiert. Es war der Befehl ergangen, daß diese Gefangenen unter keinen Umständen in die Hände der Alliierten fallen dürften. »Kisten mit Sprengstoff begleiteten unsere Fahrt, die uns von einem Ort zum anderen brachte, immer gefolgt von alliierten Einheiten. Wir wußten, warum die Sprengladungen mitgeführt wurden. Es war vorgesehen, uns als wertvolle Geiseln zu verwenden, um Hitlers Bergrefugium bei Berchtesgaden zu halten. Unter uns Gefangenen waren englische, französische, russische Prominente. Eines Morgens gelang es Oberst von Bonin, aus dem Lager zu entkommen. Da er in Uniform war, konnte er von einer nahen Heereswache aus den nächsten Armeestab telefonisch erreichen. Der General, zu dem er sprach, war zufällig einer seiner Freunde. Er versprach, unverzüglich eine Wehrmachtsabteilung zum Schutz der Gefangenen zu entsenden. Einer der SS-Leute, der das Verschwinden Bonins bemerkt hatte, war ihm gefolgt und hatte einen Teil des Telefongesprächs mitbekommen. Durch ihn wurde unseren SS-Wächtern bewußt, in welch gefährlicher Lage sie sich befanden, und sie wagten es nicht, den Befehl auszuführen und den Gefangenentransport in die Luft zu sprengen. Als die Wehrmachtseinheit erschien, war die SS verschwunden. Am 4. Mai übernahm eine

Truppe der Fünften US-Armee nahe dem Brenner-Paß unseren Gefangenentransport und schickte uns als ›Internierte‹ nach Capri. Dort blieben wir, bis entschieden war, was aus uns werden sollte. Endlich, nach mehreren Monaten, wurden wir in einem amerikanischen Flugzeug nach München gebracht.«

Nach aller Angst, nach all der Suche konnte ich es noch kaum fassen, daß wir wieder vereint waren.

»Ach Elisabeth«, sagte ich, »dich wiederzusehen ist beinahe, als wärest du vom Tode ins Leben zurückgekehrt.«

»Zurück ins Leben?« meinte sie mit ihrem verhaltenen Lächeln. »Weißt du, ich glaube, daß ich nie mehr wirklich ins Leben zurückfinden werde.«

Nach Guttenberg war nun auch Karl Theodors junge Frau mit ihrer kleinen Tochter zurückgekehrt. Die »Nonfraternisation Order« galt nicht mehr. Meine beiden Töchter, nun schon sehr hübsche »junge Damen«, nahmen freudig teil an einer Art »gesellschaftlichen Lebens«, das sich zwischen uns, unseren Nachbarn und den einquartierten amerikanischen Offizieren ganz natürlich ergeben hatte. So war in Guttenbergs alten Räumen wieder junges, sogar frohes Leben.

Da die Stromversorgung völlig zusammengebrochen war und es auch keine Ersatzteile zur Reparatur gab, versorgten uns die Amerikaner mit Kerzen. Es war ein schöner Luxus, das ganze Haus mit Kerzen zu erleuchten. Abends – wir waren eine sehr zahlreiche Gesellschaft – gab es Spiele, Musik, Gesang. Meine Schwiegertochter und Therese sangen Mozart im Duett. Dabei fanden wir bestätigt, daß Therese eine schöne Sopranstimme hatte, sie entschloß sich zum Gesangs-Studium. Unsere »Feinde«, die drei einquartierten Offiziere, fühlten sich in Guttenberg bald zu Hause. Wir aber atmeten auf im Gefühl der Freiheit.

Einer unserer Gäste, der aus München zu uns geflohen war, der bekannte Theologe Pater Przywara, war mir eine große geistige Hilfe. Es war nicht leicht, nach all dem grausamen Schweren wieder ein normales Leben zu beginnen. In langen Gesprächen wies er mir den Weg und gab mir Klarheit. Die Stunden, in denen Ambesser uns in der Bibliothek Klassisches und Lyrik vorlas, waren beglückend für alle, die Deutsch verstanden. Diese Lesungen führten uns zurück in geistig unzerstörte Zeiten – und das in bezaubernder Weise.

Wir waren erfreut, als Casademont, der junge Captain, zum Gouverneur unseres Landkreises ernannt wurde. Nur schade, daß er dafür ins nahe Städtchen Stadtsteinach umsiedeln mußte. Jung wie er war, führte er sein damals sehr verantwortungsvolles Amt gerecht, verständnisvoll und, wenn nötig, auch streng aus. Er half, wo er konnte, den Armen und Hungernden, sah aber klar, daß noch manche NS-Elemente verborgen aktiv waren. Er war bei der Bevölkerung sehr beliebt. Da viele den Namen Casademont nicht aussprechen konnten, gaben sie ihm den Spitznamen »Katzendämon«, worüber wir alle sehr lachten.

Am beliebtesten war er augenscheinlich bei meiner Nives. Sie, die ernste, war plötzlich wie verwandelt. Freudig und vergnügt verbrachte sie ihre Tage, benützte jede Gelegenheit, mit dem Fahrrad nach Stadtsteinach zu »müssen«, um dort etwas »Wichtiges« zu besorgen. Ich dachte an die Zeit, da ihr mangelndes Interesse an der eigenen Erscheinung ein Problem war. Jetzt war es ein Problem, ihr etwas Hübsches zum Anziehen zu beschaffen; denn zu kaufen gab es in Deutschland nichts mehr. So mußten alte Kleider aus meinen glücklichen Zeiten herhalten, um aus ihnen kunstvoll Neues entstehen zu lassen. Aber Nives war so hübsch, daß es auf ihre Kleidung wirklich nicht ankam.

Während der schwierigen Monate, die hinter uns lagen, hatte es keine Möglichkeit gegeben, zu Therese Neumann nach Konnersreuth zu fahren. Ich hatte sie seit dem Tod meines Sohnes nicht mehr gesehen. Ich fragte Henry Casademont, ob er mich nicht einmal nach Konnersreuth fahren könne. Er sagte mit besonderer Freude zu. So fuhren wir an einem Herbsttag durch die goldenen Wälder des Frankenwaldes. Genau so ein goldleuchtender Herbsttag war es gewesen, als Philipp Franz mich bei seinem letzten Urlaub nach Konnersreuth gefahren hatte. Meine Gedanken waren bei ihm. Angekommen bei Pfarrer Naber, empfing uns Therese liebevoll. Es gab so viel zu berichten, und wieder waren ihr Verstehen jeder Situation, ihre klaren Ratschläge hilfreich und tröstend. Sie nahm Henry Casademont sehr freundlich auf, was mir besonders wichtig war. Beim Abschied wurde vereinbart, daß er in einigen Tagen wiederkommen sollte, um Pfarrer Naber und Resel nach Guttenberg zu holen.

Es war etwas Außergewöhnliches, Therese Neumann zu Gast zu haben; sie verließ Konnersreuth sehr selten – meist nur, um in Eichstätt bei Professor Wutz und ihrer Schwester abzusteigen. Sie in Guttenberg zu haben, beglückte uns sehr, besonders meine Tochter Therese, ihr Firmkind. Therese Neumann schaute sich die Räume in Guttenberg mit großem Interesse an. Wir gingen mit ihr in unsere Kirche und in die Gruft unter der Kirche, in der Enochs Sarg steht.

Während wir im Eßzimmer mit Pfarrer Naber bei Tisch saßen, ruhte sich Therese in meinem Schlafzimmer aus. Zu essen konnte ich ihr ja nichts anbieten. Nach Tisch kam sie dann zu uns ins Musikzimmer und hielt meine kleine Enkelin Elisabeth auf dem Schoß. Als Pfarrer Naber und Resel sich zur Abfahrt rüsteten, hatten wir alle Blumen des Gartens ins Auto gelegt, damit Resel die Freude habe, am anderen Morgen die Altäre der Konnersreuther Kirche besonders schön schmükken zu können. Sie war darin wirklich eine Künstlerin. Nach ihrer Abreise ging ich noch einmal in die Kirche und dankte Gott für die Freude dieses Besuches. Ich fühlte, er würde Gnade in unser Haus bringen.

Eine biblische Aufgabe

Eines Tages im Oktober 1945 saßen wir in der Bibliothek und sprachen über meinen Sohn. Ich sah seiner jungen Frau an, wie schwer das Warten auf ihr lastete. Gerade als ich sagte: »Er muß ja wohl bald zurückkommen«, öffnete sich die Tür und vor uns stand Karl Theodor – jung, aufrecht, glücklich.

Mit einem Aufschrei stürzte sich Rosa Sofie in seine Arme. Dann umarmte er mich und begrüßte alle Gäste. Er wurde gleich mit echtem Tee – einer Rarität – und einigen kuchenähnlichen Kunstwerken unserer Lina gelabt und natürlich mit tausend Fragen bestürmt.

»Wie bist du denn hierher gekommen?«

»Auf Lastautos, in Kohlewaggons und zu Fuß. Es war für mich erschütternd, die Zerstörung des Landes zu sehen. Von Kulmbach aus bin ich zu Fuß hergelaufen, Angst im Herzen, ob Guttenberg noch steht. An der letzten Biegung der Landstraße leuchtete mir das rote Dach des Hauses entgegen. Und hier bin ich nun – Gott sei Dank!«

»Wie kommt es, daß du einer der ersten bist, die aus englischer Kriegsgefangenschaft heimkommen?«

»Das ist eine eigentümliche Geschichte. Ich wurde in Belgien gefangengenommen. Als der belgische Offizier in meinem Soldbuch sah, daß meine Frau eine Arenberg ist, meinte er: ›*Sa femme est une Princesse d'Arenberg*‹ (die Arenberg sind Belgier). Außerdem sah er aus meinem Soldbuch, daß ich höheren Stäben angehört hatte. Darum wohl war ich für die Engländer interessant und wurde in ein sogenanntes ›Interrogation Center‹ gebracht. Ein freundlicher, fließend Deutsch sprechender Offizier unterwarf mich einem unendlich langen ›Verhör‹, stellte Fragen über Fragen. Nach einigen Tagen dann diese: ›Sind Sie bereit, in ein Anti-Nazi-Lager zu gehen? Ich kenne jetzt Ihre Einstellung. Dort gehören Sie hin.‹ Ich fragte: ›Was ist ein Anti-Nazi-Lager?‹ – ›Lauter Antifaschisten sehr verschiedener Provenienz.‹ Von diesem Lager aus wurde ich von London zum Sender Calais gebracht. Dort wurde ich gefragt, ob ich den Kriegsgefangenensender Calais kenne? Ich kannte ihn nicht. Man erklärte mir, daß seine Sendungen nicht antideutsch, wohl aber gegen das braune Regime gerichtet seien. Ziel sei, die Deutschen über die wahre Lage zu informieren und davon zu überzeugen, daß es sinnlos sei, den verlorenen Krieg fortzusetzen. Auf diese Erklärung hin willigte ich ein, an diesem Sender mitzuarbeiten. So wurde ich dort Nachrichtensprecher und militärischer Berater.«

Wie aus einem Munde sagten wir, Rosa Sofie und ich: »Ja, darum kam uns die deutsche Stimme im englischen Sender so bekannt vor!« Daß es die Stimme von Karl Theodor sein konnte, war uns nicht in den Sinn gekommen.

»So hast du also doch mitwirken können am Widerstand«, stellte ich fest.

»Ja«, meinte er, »nur leider in bescheidener Form.«

Welches Glück, ihn wohlbehalten und voller Lebenskraft wieder zu haben. Nun wird die Last der Verantwortung auf seinen jungen Schultern liegen. Es gibt für Guttenberg eine Zukunft. Ich weiß, daß sie in seinen Händen wohlgeborgen ist. Für das junge Paar konnte nun endlich ein frohes Leben beginnen. Sie würden »Haus und Hof« übernehmen. Rosa Sofie war schon lange meine große Hilfe gewesen. Jetzt sollte sie an der Seite von Karl Theodor Schloß- und Gutsherrin sein. Nicht nur wir waren glücklich über Karl Theodors Heimkehr. Es war rührend zu erleben, wie die Guttenberger an unserer Freude teilnahmen. Ich war nun frei und entschlossen, Guttenberg bald zu verlassen, um den Jungen freie Bahn zu lassen.

Ich glaube nicht an Zufall. So war es nicht erstaunlich, daß zugleich mit meinem Entschluß ein Schreiben aus München eintraf, in dem Kardinal Faulhaber mir vorschlug, im Rahmen des Katholischen Frauenbundes eine Hilfsorganisation für die Opfer des Krieges mit aufzubauen. Mir war das wie ein Wink des Himmels, und ich sagte freudig zu. Freilich ahnte ich nicht, welch große Aufgabe auf mich zukam, auch wenn sie sich nur auf einen begrenzten Umkreis beschränkte.

Kriegsopfer! Mein Gott, das waren Millionen: Versehrte, Heimatlose, Flüchtlinge, Verzweifelte und Halbverhungerte. Was konnte ich da, als einzelne und unerfahren, bewirken, auch wenn ich nur in Bayern und im Namen einer großen Frauengemeinschaft mein Möglichstes täte? Es war mir klar, daß seelische, geistige Hilfe zumindest so bitter nötig war wie materielle. Denn Verzweiflung und Hoffnungslosigkeit machten das Elend fast unerträglich.

Ich wußte, Enoch würde dieses Engagement von mir verlangen. Es würde sich ja nicht nur um seelische und materielle Hilfe für die Notleidenden und Verzweifelten handeln. Zugleich war es die Aufgabe, mitzuarbeiten am Wiederaufbau und Wiedererstehen unseres schwer getroffenen Volkes, mitzukämpfen gegen die neue dämonische Gefahr, der es nun, aus dem Osten kommend, ein Leichtes scheinen mußte, das zerschlagene, desorientierte, demoralisierte Deutschland für den Weltkommunismus zu gewinnen. Unser Land war der Schauplatz einer gefährlichen geistig-politischen Auseinandersetzung geworden.

So machte ich mich dann auf den Weg. In München angekommen, kamen mir die Tränen: Verwüstung, Ruinen, fast die Hälfte der schönen Stadt lag in Trümmern. Mein erster Gang führte mich zu Kardinal Faulhaber, der versprach, sogleich die anderen bayerischen Bischöfe um Mithilfe zu bitten. Auch Direktor Jandl vom Caritas-Verband sagte seine Hilfe zu. Mit ihm zusammenzuarbeiten war eine Freude. Ich wurde als Landesvorsitzende der Caritas-Kommission des Katholischen Frauenbundes in Bayern eingesetzt und hatte somit einen offiziellen Status. Das ermöglichte mir, bei der amerikanischen Militärregierung in München vorstellig zu werden, und von dieser Stelle bekamen wir die größte und wirksamste Hilfe.

Was ich in diesen ersten Tagen meines Münchener Aufenthalts sah, war herzzerreißend. Mit Caritas-Direktor Jandl besuchte ich viele Flüchtlingslager. (Von zwölf Millionen Ostflüchtlingen waren bis 1950 fast zwei Millionen nach Bayern gekommen.) Es war kaum möglich, Unterkünfte im Land zu finden, in denen noch ein Dach die Ankömmlinge vor Wind und Regen schützte. So waren die raren Unterkünfte so überfüllt, daß oft sechzig und mehr Personen – Männer, Frauen, Kinder – in einem Raum von fünfzig Quadratmetern zusammengepfercht leben mußten. Andere waren in Kellern der Ruinen untergebracht, alle in bejammernswertem Zustand. Auf der Flucht aus dem Osten hatten sie nur das retten können, was sie auf dem Leibe trugen. Inzwischen war ihre Kleidung zerfetzt und zerschlissen. Es gab weder Faden noch Nadeln zu kaufen, um die schmutzigen Fetzen zu flicken. Es gab keine Seife in den leeren Geschäften. Ausgezehrte, hungrige Gestalten waren das, die unbedingt richtig und vorsichtig ernährt wurden mußten. Womit? Die Nahrungsmittelsituation war verzweifelt. Alte Menschen: hoffnungslos, ohne Zukunft, ohne Trost. Säuglinge, in Zeitungspapier gewickelt; es gab keinen Stoff für Windeln. Und am traurigsten: zahllose elternlose Kinder, noch zu klein, um ihren eigenen Namen zu kennen.

Eine wahrhaft biblische Aufgabe lag vor uns: die Hungernden speisen, die Nackten kleiden, die Kranken pflegen! Aber das Furchtbare war: Es gab kaum Speise, es gab keine Kleidung, es gab keinen Raum für Kranke. Das andere sehr ernste Problem war die Versorgung der heimkehrenden Versehrten. Da es keinen Staat gab, gab es für sie keine Hilfe. So fuhren wir mit Direktor Jandl durchs Land, um halbwegs intakte Häuser zu finden, in denen Versehrtenheime eingerichtet werden konnten. In der Diözese Augsburg konnten wir ein Heim für blinde Doppelamputierte errichten. Es gelang, im Schloß Hohenaschau im Chiemgau ein Versehrtenkrankenhaus einzurichten. Auf der Suche nach verwendbaren Gebäuden war mir Erwein Aretin eine große Hilfe. Mit Auto und Benzin von der Militärregierung durchfuhren wir die bayerischen Lande und wurden oft auch fündig. Aber in den Lagern überall grenzenloses Elend, hoffnungsloses Leid, graue Gesichter, verlorene Blicke, hilfesuchend ausgestreckte Hände. Die Militärregierung tat das Menschenmögliche, um auch mit Lebensmitteln und Medikamenten zu helfen. Aber es war angesichts des Ausmaßes der Not ein Tropfen auf den heißen Stein.

Ich hatte meine Töchter, Nives und Therese, in Guttenberg zurückgelassen. Sie sollten nachkommen, wenn ich eine Wohnung in München gefunden hatte. Mitten in unsere rastlose Arbeit der Flüchtlings- und Versehrtenhilfe kam ein Anruf aus Guttenberg. Rosa Sofie bat mich, doch bald auf einige Tage zu kommen. Sie mache sich Sorgen um Nives. Sie empfing mich im Hof und berichtete: »Nives ist beinahe mehr in Stadtsteinach bei Henry Casademont als hier bei uns. Immer findet sie eine Ausrede hinunterzuradeln. Ich kann es ihr nicht verbieten, weiß auch nicht recht, ob ich es ihr überhaupt verbieten sollte.«

Daraufhin nahm ich Nives in mein Zimmer. »Kind, was ist das mit Henry Casademont? Sei doch vernünftig und sieh ein, daß diese Liebe nur ein vorübergehendes Glück sein kann. Henry würde doch nie eine Deutsche heiraten!«

»Wir lieben uns, und Henry will, daß ich seine Frau werde – glaube es mir, Mama. Heute nachmittag wird er kommen, um es dir zu sagen.«

Am späten Nachmittag erwarteten wir Henry im Musikzimmer. Zu meinem Erstaunen war er pünktlich; denn er ist der unpünktlichste Mensch, den ich kenne. Er war reizend und bester

Dinge, blieb zum Abendessen. Aber von Heirat fiel kein Wort. Dagegen sagte er, daß er nun bald nach Amerika zurückkehren werde.

Nives versuchte, sich nichts von ihrer Enttäuschung anmerken zu lassen. Ich war sehr müde und zog mich bald zurück, da ich früh am nächsten Morgen nach Bamberg zum Erzbischof fahren mußte, um seine Hilfe für unsere karitative Arbeit zu erbitten; er hatte einst die Trauerfeier für Enoch in Guttenberg zelebriert.

Ich fand in dieser Nacht wenig Schlaf. Wie sollte ich mich Nives gegenüber entscheiden? Ich wünschte ihr so sehr ein wenig Glück nach den langen, trüben Jahren des Krieges – und Henry war in jeder Hinsicht liebenswert. Aber ich konnte nicht glauben, daß es ihm ernst war, sich ein Leben lang an Nives zu binden. Ach, wenn ich nur Enoch um Rat fragen könnte! Auch wenn es zu einer Heirat käme, wäre ein Leben in völlig fremdem Rahmen für Nives nicht leicht. Nach langer Überlegung entschloß ich mich, Nives bis zur Abreise von Henry in Guttenberg zu lassen. Sie sollte selbst entscheiden.

Als ich am nächsten Morgen im bischöflichen Vorzimmer wartete, ging endlich die Tür auf. Es war aber nicht der Erzbischof, der hereinkam, es waren Nives und Henry. Nives fiel mir um den Hals: »Wir haben uns verlobt, Mama!«

Henry setzte sich zu mir: »Gestern Abend waren wir zu viele Leute, so daß ich nicht mit Ihnen sprechen konnte. Als ich heute früh hörte, daß Sie nach Bamberg gefahren waren, entschlossen wir uns, Ihnen nachzufahren.« Er wurde sehr ernst: »Frau Baronin, ich bitte um die Hand Ihrer Tochter.«

Ergriffen konnte ich nur sagen: »Lieber Henry, wir alle lieben dich. Ich glaube, du wirst Nives glücklich machen. Nimm sie an dein Herz – fürs Leben.«

Ich stellte das Brautpaar dem Erzbischof vor. Er gab ihm den Segen.

Nach meiner Rücksprache mit dem Erzbischof gingen wir zu

dritt in den Dom. Henry betete am Grabmal des heiligen Kaisers Heinrich, seines Namenspatrons. Dann fuhren wir zurück nach Guttenberg und machten Zukunftspläne. Henry wollte im kommenden Sommer aus den USA zurückkommen. Dann sollte die Hochzeit in München gefeiert werden. Die wenigen Tage, die Henry noch bei uns sein konnte, wollte ich Nives nicht nehmen. Ich ließ sie, die strahlend Glückliche, in Guttenberg zurück. Sie und Therese würden mir bald nach München folgen.

Dort führten wir den Kampf gegen das bodenlose Elend weiter, einen Kampf, der hoffnungslos schien. Es gab kaum mehr ein Haus, in dem die Heimatvertriebenen notdürftig unterkommen konnten. Es gab kaum genug Lebensmittel für die ansässige Bevölkerung; wie sollten die völlig ausgehungerten Flüchtlinge halbwegs ernährt und versorgt werden? Die Heimkehrer von der russischen Front? Die Hoffnung auf Heimkehr hatte sie am Leben erhalten. Sie sahen erbarmungswürdig aus. Alte Lappen statt Schuhen an den wunden Füßen, geschwollen von Hungerödemen, so erreichten sie den Heimatort – und für viele, allzuviele war es keine Heimkehr mehr: das zerstörte Haus, die Familie nicht mehr am Leben. Da genügte die lebensnotwendige Hilfe nicht. Wer aber konnte sie trösten? Angesichts der verzweifelten Situation hing das Gespenst des Aufruhrs in der Luft, Aufruhr und Chaos! Es darf nie vergessen werden, daß einzig die amerikanische Hilfe uns davor bewahrt hat.

Allmählich begannen Post und Telefon wieder zu funktionieren. So hörten wir von Verwandten und Freunden. Es waren Lebenszeichen, aber auch allzuviele Todesnachrichten. Ich erfuhr, daß Pater Rösch, der frühere Jesuiten-Provinzial, zu Fuß von Berlin nach München gekommen war. Er hatte das Gefängnis an der Lehrter Straße am Tag des russischen Einmarsches verlassen. Als führendes Mitglied des Kreisauer Kreises war er im Widerstand tätig und mit Karl Ludwig im Moabiter

Gefängnis in Haft gewesen. Er mußte einiges über ihn wissen. Ich sagte mich bei Pater Rösch an und wurde sehr gütig empfangen.

Ich schilderte ihm, wie beunruhigt wir waren, daß uns von oder über ihn keinerlei Nachricht erreicht hatte.

»Nachricht über Guttenberg? Mein Gott, Baronin, was ich weiß, ist sehr traurig. Ich habe ihn in der Nacht vom 23. April 1945, einen Tag vor dem russischen Einmarsch, zuletzt gesehen. Da kam ein ›Rollkommando‹ der SS und holte ihn ab, mit ihm den Grafen Bernstorff und Minister Schneppenhorst. Dasselbe Rollkommando hatte in der Nacht zuvor achtzehn Gefangene abgeholt. Einem von ihnen gelang die Flucht. Er hat mir später berichtet, daß die Gefangenen in der Nähe des Gefängnisses in einen Hinterhof der Ruinen geführt wurden. Plötzlich kam das Kommando ›Halt!‹, und ohne Warnung wurden alle von hinten erschossen. Der einzige Überlebende konnte sich schwer verwundet wegschleppen, nachdem die SS-Leute verschwunden waren. Er fand den Ort des Mordes wieder, und die sterblichen Überreste der Getöteten konnten geborgen werden. Soviel ich weiß«, fuhr Pater Rösch traurig fort, »hat von Karl Ludwig, Bernstorff und Schneppenhorst niemand mehr etwas gesehen oder gehört. Ihre Leichen wurden nicht gefunden. Es ist wohl sicher, daß die drei den gleichen Tod erlitten wie die achtzehn Männer, die einen Tag früher sterben mußten.«

Karl Ludwig, der frohe, der liebenswerte – meuchlings ermordet! Wie war er dem Tode begegnet? Als ob der Pater meinen Gedanken gehört hätte, gab er die Antwort: »Ich bin überzeugt, daß er aufrecht, bewußt, im hellen Licht des Glaubens auf Gott zugegangen ist. Wir sind uns im Gefängnis sehr nahe gekommen, und die Tage mit ihm werde ich nicht vergessen, solange ich lebe. Er war für uns alle wie zu einem Licht im Dunkel der Gefangenschaft geworden. Nur auf den kurzen gemeinsamen Wegen im Gefängnishof konnten wir einige Worte wechseln. Im Vorbeigehen konnte er beichten, und ich gab ihm die Absolution. Kardinal Preysing hatte einige konsekrierte Hostien in die Zellen bringen lassen, von denen sie täglich ein Stück zu sich nehmen konnten.« Das taten sie, während Pater Rösch verbotenerweise in seiner Zelle die Messe zelebrierte. »An ihr nahmen alle unsere Gefangenen teil, Katholiken und Nichtkatholiken. Ich hatte durchgeben lassen, daß ich bei Beginn der Messe ein besonderes Klopfzeichen an beiden Zellenwänden geben würde, das von Zelle zu Zelle pflichtgetreu weitergemorst wurde: das ›Glockengeläut‹ vor dem Gottesdienst. Dann gab ich ein anderes Klopfzeichen vor der Wandlung. Auf diese Weise konnten alle Gefangenen an der Feier der Heiligen Messe teilnehmen.«

Kardinal Preysing ließ durch die mutige Fürsorgerin auch Pater Rösch mit konsekrierten Hostien versorgen. Während der letzten Tage vor der Eroberung Berlins war das Gefängnis von Bombenangriffen so zerstört, daß von Einzelhaft nicht mehr die Rede sein konnte. In dieser Zeit hatte Pater Rösch viele religiöse Gespräche mit Karl Ludwig, die ihn tief ergriffen. Damals fanden einige der Gefangenen zum Glauben.

Karl Ludwigs Schicksal, sein Wachsen zu innerer Größe, zu wahrer Freiheit war kein Einzelschicksal. Er war einer der vielen, die so ihr Leben hingaben, um Deutschland zu retten. Sie haben Deutschland zwar nicht retten können, aber sie haben seine Ehre gerettet. Waren die Leiden der Gefangenschaft, der Folter und des Sterbens ein zu hoher Preis? Sie haben Karl Ludwig zu einer hell strahlenden Geistigkeit geführt, die sogar für einen Mann wie Pater Rösch eine unvergeßliche Gnade bedeutete. Der Schleier des Geheimnisses über Karl Ludwigs Tod wird nie gelüftet werden. Aber wir wissen, daß er bewußt und zuinnerst bereit sein Leben hingegeben hat.

Sein Freund Reinhold Schneider schrieb in der kleinen Schrift *Allerseelen 1946* über ihn, ja an ihn:

Nach dem wenigen, das ich aus den letzten Monaten Ihrer Haft von Ihnen weiß, haben Sie in wunderbarer, gnadenhafter Sicherheit gelebt. -- Die Gnade war immer mit Ihnen. -- Vielleicht kamen sie deshalb in unser Leben nicht mehr zurück. Sie hätten zu tief herabsteigen müssen. Sie alle haben nicht um Ruhm, um Haus und Gut gestritten, sondern um das Unveräußerliche im Menschen. Sie haben den letzten Kampf bestanden -- gewiß auf verborgene, glorreiche Weise -- an den Orten des Grauens, über denen eine unvergängliche Siegesmelodie schwebt. Ich weiß - Sie sind geborgen. Was ist das Gebet der Lebenden? Es ist arm und schwach. Das Gebet derer, die die ewige Liebe schon an sich gezogen hat, ist um vieles stärker.

So wollten wir - Nives, Therese und ich - ein neues Leben in München beginnen. Aber kaum hatten wir uns ein wenig im neuen Zuhause eingelebt, erreichte uns die traurige Nachricht, daß mein Onkel, Bischof Mikes, tot sei. Wir hatten jahrelang nichts von ihm gehört. Nur einmal hatte uns ein unbekannter Ungar einen Zettel übergeben, der an meine Mutter und mich gerichtet war. Die typische, wie hingeworfene Schrift, die grüne Tinte meines Onkels waren unverkennbar. Auf dem Zettel stand: »Meine Liebe, mein geliebtes Ungarn hat seine politische und geistige Mission verraten. Es hat sich dem Bösen ausgeliefert - ohne Kampf! Wie furchtbar wird es dafür zu leiden haben. Ich bleibe hier bis zum Ende. Adieu.«

Er war bis zum bitteren Ende geblieben. Vor einigen Jahren mußte er sich wegen einer Herzerkrankung von der aktiven Arbeit zurückziehen, blieb aber in seiner Diözese und lebte in dem Schlößchen in Répce Szent Györgyi. Dort hat er Verwandte und Freunde aufgenommen, die aus Budapest geflohen waren, meist Frauen.

Als sich die Russen dem Haus näherten, legte er den bischöflichen Ornat an und erwartete sie - die Mitra auf dem Haupt, den Bischofsstab in der Hand - auf der Freitreppe. Er hoffte, die

Frauen im Haus so vor Übergriffen russischer Soldaten bewahren zu können. Die Hoffnung, das geistliche Gewand könne die Männer beeindrucken, trog. Der Anführer stürzte sich auf ihn, entriß ihm den Bischofsstab. Das mutige Herz meines Onkels erlag dem Schock. Er fiel seinem Sekretär tot in die Arme.

Mein Onkel wurde im Dom von Steinamanger neben seiner Mutter unter dem Gedenkbild des heiligen Augustinus und dessen Mutter, der heiligen Monika, beigesetzt.

Es war uns klar, der Kampf war mit dem Ende des Nationalsozialismus nicht ausgekämpft. Vom Osten her wuchs die Gefahr des militanten Kommunismus – auch er eine diabolische Pseudo-Religion!

Im Sommer 1949 erhielt ich von meiner Cousine aus Wien dieses Telegramm: »Glücklich gelandet Hanna.« Ihr Mann, Géza Teleki – der Sohn des toten ungarischen Ministerpräsidenten – war 1944 in Horthys Auftrag nach Moskau geflogen, um dort mit Molotow über einen Waffenstillstand zwischen der Sowjetunion und Ungarn zu verhandeln. Der Waffenstillstand kam zustande. Als Teleki nach Budapest zurückkehrte, war Horthy von den Deutschen verhaftet. Sein Nachfolger, Ministerpräsident Miklós, bildete eine Allparteien-Regierung, der auch die Kommunisten angehörten. Er berief Géza Teleki zum Kultusminister, der dann in dieser Eigenschaft die Ernennung Kardinal Mindszentys zum Fürstprimas von Ungarn erwirkte.

Im Laufe der Jahre wurden der Einfluß und die Aggression der Kommunisten immer größer. 1948 wurde Mindszenty verhaftet, 1949 zwangen Morddrohungen Teleki zur Flucht. Auf einem russischen Lastwagen versteckt, eingezwängt zwischen Fässern mit Explosivstoff, konnte Teleki mit Frau und Kind unentdeckt die ungarisch-österreichische Grenze passieren.

Im Rahmen unserer Flüchtlingshilfe mußte ich mit Erwein Aretin beim Bischof von Würzburg vorsprechen. Wir kamen per Auto an. Ich hatte in Würzburg beinahe jede Straße gekannt. Jetzt konnte ich den Weg zum Bischofspalais, das neben unserem Haus stand, nicht mehr finden. Von Würzburg war fast nichts mehr zu erkennen. Rauchgeschwärzte Trümmer, Ruinen, wohin man blickte, zermalmt so viel Schönheit, flachgewalzt das Bild einer einst lebendigen Stadt. Ich konnte mich der Tränen nicht erwehren. Endlich standen wir vor der hohlen Fassade unseres Hauses und neben dem, was vom Bischofshof noch bewohnbar war.

An ein Übernachten in der Stadt war nicht zu denken. So stiegen wir in einem ländlichen Gasthof auf dem Weg nach Weisendorf ab, wo ich seit Kriegsende noch nicht gewesen war. Dort erwartete mich eine böse Überraschung: Das Haus mit seinen vier runden Türmen, das ich besonders liebte, in dessen Kirche wir vor sechsundzwanzig Jahren glücklich vor dem Traualtar gekniet hatten, stand zwar noch, aber innen, in den alten Räumen, war fast alles zerstört. Deutsche SS, dann amerikanische Truppen waren dort einquartiert gewesen und hatten die Rokokomöbel zum Heizen verwendet, die Berge jahrhundertealter Wäsche nach einmaligem Gebrauch im Garten verbrannt, Gemälde aus den Rahmen geschnitten, antikes Porzellan zertrümmert. Unser Verwalter durfte das Haus erst nach Abzug der Amerikaner wieder betreten und stellte die traurigen Reste der alten Kunstwerke bei sich unter. Angesichts der Gefahr in Guttenberg, von russischen Truppen überfallen zu werden, hatte ich alle besonders wertvollen Gemälde, altes Porzellan und altes Silber nach Weisendorf bringen lassen und in die Obhut des dortigen Verwalters gegeben. Nur weniges konnte gerettet werden.

Weisendorf, wo ich immer sehr glücklich war, sollte einmal mein Witwensitz werden. Vielleicht haben auch Häuser so etwas wie eine »Seele«, und die »Seele« Weisendorfs war besonders liebenswert. Es war gut, daß ich meine Aufgabe in München hatte und dort eine Bleibe besaß. Aber das Herz tat mir weh angesichts der Zerstörung. Doch mußte ich mir sagen: Andere haben im Osten alles verloren – Haus, Heimat und all ihre Habe. Uns ist noch viel geblieben, danke Gott dafür! Es war mir klar, daß es offensichtlich nicht Gottes Wille war, mir ein beschauliches, bequemes Leben in Weisendorf einzurichten. Meine Aufgabe war es jetzt, alles, was in meinen Kräften stand, einzusetzen, um Not zu lindern, um Zerstörtes aufzubauen.

Zum ersten Mal in meinem Leben mußte ich angestrengt arbeiten. Das war für mich eine große Hilfe; es blieb mir kaum Zeit, dem schweren Erleben der vergangenen Jahre allzusehr nachzutrauern.

Auf meiner Fahrt von Flüchtlingslager zu Flüchtlingslager kam ich auch manchmal nach Jettingen. Zu meinem Kummer mußte ich sehen, daß Clemens und Elisabeth sich trotz der Freude der Heimkehr von den durchlebten schweren Zeiten nicht erholen konnten. Elisabeth hatte recht gehabt, als sie sagte, sie wisse nicht, ob sie den Weg zurück ins Leben finden werde. Ich fühlte, wie sie von Mal zu Mal dem vitalen Leben mehr entwich. Sie wurde immer schwächer, bis sie wegen bohrender Kopfschmerzen in eine Münchener Klinik gebracht werden mußte. Ein Gehirntumor wurde festgestellt, es gab keine Hoffnung. Ich konnte oft bei ihr sein und mit ihr ein Stück Wegs in die Ewigkeit gehen. Ihr Sterben erlebte ich mit Clemens in Jettingen. Er war zu schwach, um nach München gebracht zu werden, und die Kinder hatten mich gebeten, in den schweren Stunden bei ihm zu sein. Der Tod meiner Schwägerin bedeutete für mich den Verlust eines der Menschen, mit denen ich mich am besten verstanden hatte.

Es gab aber nicht nur Trauer in diesem Jahr. In Guttenberg blühte das Glück. Es wurde im Juli 1946 Karl Theodor ein Sohn geboren und zu meiner Freude Georg Enoch getauft. Ein sonniger Tag, ein blumengeschmücktes Haus, Gesang und Freude in der lieben Schloßkirche. Karl Theodor war durch Gottes

Gnade heil zur Familie und voller Energie zu seiner Aufgabe für Haus und Land zurückgekehrt, und nun war ihm der Erbe geboren.

Karl Theodor eroberte im Sturm das Vertrauen und die Liebe der Bevölkerung. Gleich nach seiner Heimkehr fuhr er nach München zu einem Gespräch mit Joseph Müller, dem sogenannten Ochsensepp. Dr. Joseph Müller war während der Jahre 1939 bis 1943 sehr bemüht gewesen, über den Vatikan eine Verständigung zwischen dem deutschen Widerstand und den Alliierten herbeizuführen. Er wurde im April 1943 verhaftet und 1945 von den Amerikanern befreit. Er war damals einer der Gründer der Christlich-Sozialen Union in Bayern. Mein Sohn wollte sich bei ihm über die politische Situation informieren. Sowie in Bayern wieder Parteien zugelassen waren, gründete Karl Theodor für den Landkreis Stadtsteinach die christlichsoziale Partei, die CSU, deren Kreisvorsitzender er wurde.

Nach langem Warten kam endlich von Henry Casademont die Nachricht, daß er im Juli 1947 aus Amerika zurückkehren werde. Das hieß, Nives' Hochzeit vorzubereiten. Es war beinahe ein Wunder, daß ich die weiße Seide für das Brautkleid und den Schleier bekommen konnte. Die Schneiderin, die noch mein Brautkleid angefertigt hatte, fand diese Wertstücke in ihren alten Beständen. Zu kaufen gab es so gut wie nichts mehr in den leeren Geschäften. Die Aussteuer der Tochter war deshalb äußerst spärlich. Aber die Hochzeit selbst sollte so festlich wie möglich sein. Zu unserer großen Freude hatte Kardinal Faulhaber angeboten, die Trauung in seiner Privatkapelle vorzunehmen, in derselben Kapelle, in der er Nives und Therese gefirmt hatte.

Der große Tag kam. Die ganze Familie war vereint. Ich half meiner glückstrahlenden Nives in ihr Brautgewand und band ihr den langen Schleier mit einem Kranz von Myrten und Orangenblüten auf die dunklen Locken. Sie sah aus wie eine kleine spanische Madonna. So fuhren wir zum Bischofspalais und versammelten uns dort in der Vorhalle: meine noch jugendliche Mutter, meine Schwester, Karl Theodor mit seiner jungen Frau. Aus Jettingen konnte Clemens nicht kommen; er war zu schwach. Aber seine drei Kinder waren da und Therese, Karl Ludwigs Witwe, auch einige amerikanische Freunde.

Der Kardinal erwartete uns in vollem Ornat. Alles war versammelt, nur einer fehlte – der Bräutigam. Man wartete, wartete, zehn Minuten, zwanzig Minuten. Ich wagte kaum, zum Kardinal aufzuschauen. Endlich entschloß ich mich, einen Freund Henrys, der auch sein Trauzeuge sein sollte, in das Hotel »Vier Jahreszeiten« zu schicken. Der fand Henry friedlich schlafend in seinem Hotelbett. Es gelang den beiden, in zehn Minuten zur Stelle zu sein. Der Kardinal tat, als sei nichts geschehen, und wir zogen hinauf zur Kapelle.

Der Altar war mit weißen Lilien geschmückt, die Sonne erleuchtete den Raum, schien auf den feinen Brautschleier und machte ihn so durchsichtig, daß ich das glückliche Lächeln und die Freudentränen meiner Tochter erkennen konnte. Der Kardinal sprach von der Heiligkeit der Liebe, es erklang Mozarts *Laudate Dominum,* gefolgt vom Segen des Bischofs, und die ganze Gesellschaft kehrte ein in unser blumengeschmücktes Haus zu einem noch recht kärglichen Hochzeitsmahl. Dann aber kam der tränenreiche Abschied, mein Herz geteilt in Freude und Zukunftssorge.

Aus unserem hübschen Münchener Haus war ein wirkliches »Zuhause« geworden mit den alten Möbeln, einem kleinen Garten und dem offenen Kamin, der ein rechter Trost war. Für die Zentralheizung genügend Kohlen zu bekommen schien unmöglich. Mit mir zugleich war die Familie von Ambesser von Guttenberg nach München gekommen. Sie, das Ehepaar und meine Freundin, die Schwiegermutter Axels, bewohnten den oberen Stock des Hauses. Lina, die einzige der »alten

Garde«, versorgte uns alle – eine wahre Kunst, denn die Lebensmittelmarken brachten immer spärlichere »Erträge«.

Meine Therese war zu einer schönen jungen Dame herangewachsen. Sie widmete sich mit großem Ernst ihrem Gesangsstudium. Ihre Stimme und ihre Musikalität wurden von ihrem Lehrer hoch geschätzt. Sie sang schon in Kirchen Solopartien. Ich aber ging beinahe unter im Bemühen, der Not soweit wie möglich helfend zu begegnen.

Es war uns bewußt, daß sich Hilfe in den übervollen Flüchtlingslagern nicht in dilettantischem Helfenwollen leisten ließ. Man mußte dafür Kenntnisse besitzen, vor allem auch, um den so bitter nötigen geistigen Trost zu bringen. Aus dieser Einsicht erwuchs im Kloster Indersdorf bei München eine bescheidene Schulungsstätte für Nachbarschafts- und Familienhilfe. Dort wurden drei- bis vierwöchige Kurse für junge Frauen und Mädchen, die sich als Helfende betätigen wollten, abgehalten. Eine Sozialpflegerin übernahm die Leitung, und einige Priester führten auf die religiös-geistige Hilfeleistung zu.

Im Verlauf der Zusammenarbeit mit der Militärregierung lernte ich eine sehr kluge und aktive amerikanische Sozialarbeiterin kennen, eine Jüdin. Wir freundeten uns an, sie kam mich besuchen. Einmal sagte sie bei dieser Gelegenheit: »Wissen Sie, ich habe mir überlegt: Sie sollten nach Amerika und dort über die große Not der Flüchtlinge berichten und dafür Hilfe erbitten. Sie sind der Typ, der dort ankommt. Ich könnte Ihnen eine offizielle Einladung zum International Congress of Socialwork vermitteln.« Nach einiger Überlegung war ich einverstanden.

Meine Sozialhelferin hatte Erfolg. Sie beschaffte mir durch die Militärregierung eine Einladung zur Internationalen Conference of Socialwork in New Jersey. Die Militärregierung sorgte für Paß und Flug. Ich konnte Therese, behütet von meiner Mutter, den Ambessers und Lina, beruhigt zurücklassen.

So kam ich denn als eine der ersten deutschen Frauen, wahrscheinlich als die erste deutsche Frau nach dem Krieg, im Jahr

1947 in New York an. Es war mein erster Flug, und Erwein von Aretin, der mich zum Flugplatz brachte, verabschiedete sich mit dem tröstlichen Ausspruch: »Wenn zu diesem Bullauge ein Walfisch hereinschaut, weißt du, daß du abgestürzt bist.«

Es begegnete mir aber kein Walfisch, und ich kam gut, doch recht verunsichert in New York an. Ich fürchtete, daß so bald nach Ende des von Deutschland verschuldeten Krieges das Erscheinen einer deutschen Frau in den USA keine Freude auslösen würde.

Ich war für zwei Wochen angesagt und hatte dafür eine recht bescheidene Dollarsumme von der Militärregierung bekommen. Eigenes Geld mitzunehmen war noch nicht gestattet. Die ersten Eindrücke in Amerika hatten für mich etwas Unwirkliches, Traumhaftes. Die Auslagen der Läden voll der herrlichsten Dinge, die man bei uns kaum noch kannte, herrlich warme Hotelzimmer, sogar geheizte Kirchen! In den Restaurants standen alle nur erdenklichen Köstlichkeiten zur Wahl.

Die Konferenz, zu der ich geladen war, fand in Atlantic City statt. Ich wurde sehr freundlich als zuhörender fremder Gast empfangen. So folgte ich den ersten Berichten interessiert, ganz in meiner Anonymität geborgen, als zu meinem Entsetzen einer der leitenden Herren sagte: »Wir haben eine Dame aus Deutschland hier. Sie wird uns von der Flüchtlingssituation in ihrem Land berichten.«

Ich hatte noch nie öffentlich gesprochen, mein Englisch war recht mangelhaft, und der Umgang mit einem Mikrophon war mir völlig fremd. Ich zögerte, sagte mir dann aber: Wenn du diese Gelegenheit, vor sozial engagierten Vertretern von siebzig Nationen das Flüchtlingselend zu schildern, nicht wahrnimmst, ist das eine große Unterlassungssünde. So trat ich mit zitternden Knien und zitterndem Herzen vor das Mikrophon. Zum erstenmal erlebte ich das merkwürdige Gefühl, als ob ein anderer aus mir spräche und meine Gedanken und Worte eingegeben wären. Freilich war ich selber so tief ergriffen von der

Not, dem Elend, der Verzweiflung, über die ich berichten sollte, daß ich immer wieder mit den Tränen zu kämpfen hatte, und die Tränen halfen mehr als Worte. Jedenfalls bewirkte mein erster Auftritt, daß ich statt der vorgesehenen vierzehn Tage acht Monate in Amerika blieb, weitergereicht von einer Stadt zur anderen, von einem Staat zum anderen – und das ohne einen Cent in der Tasche.

Meine Befürchtung, als unerwünschte Deutsche empfangen zu werden, erwies sich als falsch. Im Gegenteil: wohin ich auch kam, wurde ich geradezu liebevoll aufgenommen. Die Hilfsbereitschaft, ja Begeisterung, in Deutschland Hilfe zu leisten, war überwältigend. Dieses Sich-persönlich-Einsetzen, wo Hilfe nottut, ist eine der liebenswerten Eigenschaften des amerikanischen Volkes. Die große Herzlichkeit und Hilfsbereitschaft, die mich wie eine Welle überfiel, bleibt eine der großen Erfahrungen meines Lebens. Immerhin kam ich aus dem Land, das den Krieg verschuldet hatte, in dem Tausende der Söhne Amerikas ihr Leben gelassen hatten.

Auf die Frage, woher im amerikanischen Volk diese Stärke mitmenschlicher Hilfe in jeder Not stammt, hört man oft, das komme aus der Pionierzeit, als die neu Eingewanderten einander halfen. Das mag stimmen. Aber ich glaube, daß dieses Sich-aufgerufen-Fühlen, wo immer eine Not nach Hilfe ruft, zutiefst aus einer religiösen Haltung stammt. Schon die Konstitution dieses Staates ist christlich.

Ich erlebte staunend, wie lebendig Religion, Gott, die Bibel im täglichen Leben der Amerikaner sind, freilich in den verschiedensten Formen. Das Religiöse spielt auch im öffentlichen und politischen Leben eine wichtige Rolle. So ist es verständlich, daß Amerika auch in der Weltpolitik mit einer Art missionarischem Geist die Verpflichtung des Eingreifens fühlt. Aus diesem Grund heraus ist die Großtat zu verstehen, daß Amerika den Feind, das zusammengebrochene Deutschland, gerettet hat.

Auch mir selbst versuchten alle, Liebes und Gutes anzutun. Leider auch durch viel gutes Essen, das mir schwer zu schaffen machte; denn seit vielen Jahren war ich an kräftige Kost nicht mehr gewöhnt.

Diese meine erste – von zweiundzwanzig folgenden – Amerika-Tourneen war eine Bettelfahrt; denn einzig um Hilfe für unsere Flüchtlinge, Heimkehrer und Heimatlose zu erbitten, war ich losgefahren. Nur am Rande sprach ich von den NS-Schrecken und unserem Widerstand, von der neuen Gefährdung durch den Kommunismus, der viele dem Nationalsozialismus ähnliche Züge aufwies.

Von New York wurde ich weitergereicht nach Washington, wo mir wertvolle Kontakte in der Zentrale der dortigen Caritas vermittelt wurden. Ich war von der klassischen Schönheit dieser Stadt sehr beeindruckt. Dort erreichte mich eine Einladung nach Los Angeles, die ich natürlich mit Freuden annahm. In meinem Unverstand dachte ich, das seien ein paar Stunden Autofahrt. So war ich höchst erstaunt, daß ich für diesen Besuch einen ganzen Kontinent zu überfliegen hatte. Dafür war mein Eintreffen in Kalifornien wie eine Ankunft im Paradies. Dieser Streifen Land an der Westküste der Vereinigten Staaten ist für mich noch immer ein »Garten Eden«.

Auch dort war ich, wie meistens, privat untergebracht: bei zwei älteren Damen, mit denen mich seitdem eine beständige Freundschaft verbindet. Ich kam am späten Abend an. Der nächste Morgen wie ein Wunder im Dezember: Vogelgesang weckte mich, im Garten blühten Rosen und Kamelien, Erdbeeren reiften, und die schönsten Schmetterlinge segelten herum.

Auf unserer Fahrt nach San Diego, entlang rotblühenden Weihnachtssternen, sahen wir eine Weihnachtskrippe aufgebaut: eine junge Frau als Madonna, ein stattlicher Josef, ein lebendiger Esel und eine lebendige weiße Kuh – nur das Jesuskind war nicht lebendig, sondern ein Wachsbaby.

Während meines Aufenthalts in Los Angeles lernte ich auch

einige Hollywood-Stars kennen. Besonders reizend wurde ich von Loretta Young aufgenommen. Zwischen uns erwuchs eine lebenslange Freundschaft, und auf späteren Amerikareisen habe ich oft bei ihr gewohnt. Sie war damals unglaublich schön – und ist es auch heute noch, nach vierzig Jahren. Aber nicht ihre Schönheit allein macht sie so anziehend. Sie ist ein wunderbar geistiger und liebevoller Mensch.

Ich hielt – wie schon in New York und Washington – viele Vorträge in Colleges, vor Frauenvereinen, an Universitäten und fand überall die gleiche beinahe übereifrige Hilfsbereitschaft, die sich in recht reichlichen Geldspenden und vor allem in Lebensmittel- und Kleidersendungen für unsere notleidenden Heimatvertriebenen materialisierte. Seit 1946 wurden bereits Care-Pakete an die unter den Kriegsfolgen leidende Bevölkerung verschickt.

Auf dem Rückweg zur Ostküste blieb ich längere Zeit in Chicago, wo ich vor lauter Rede-Einladungen kaum zum Atmen kam. Ich erinnere mich an einen Tag, an dem ich fünf Vorträge halten mußte, und an die Mühe, die es kostete, mich darauf zu konzentrieren, was ich im vorhergehenden Vortrag oder schon im augenblicklichen gesagt oder noch zu sagen hatte. Ich kann – auch heute noch – nicht vom Manuskript sprechen, daß heißt, ich kann es nur frei. Es war bekannt geworden, daß ich mit Therese Neumann befreundet war. In katholischen Kreisen wußte man von ihr, und so kam es, daß ich in den Diskussionen nach dem Vortrag auch viel über Konnersreuth berichten mußte.

Der Umstand, daß ich fast immer in Privathäusern bei Familien untergebracht wurde, gab mir Gelegenheit, dort viele Menschen kennen und meist auch lieben zu lernen. Die Gastlichkeit, die mir entgegengebracht wurde, war beglückend. Nur einmal ging sie fast zu weit. Es war in Wisconsin, wo ich bei einer Naturheilpraktikerin einquartiert war. Die Frau konnte sich gar nicht genug tun, mich zu verwöhnen. Da hatte sie sich ausgedacht, ich müsse mich vor meinem Vortrag noch ordentlich erholen. Da sie in ihrer Praxis auf Darmbäder schwor, hatte sie für mich ein kostenloses Bad vorbereitet. Ich war entsetzt über dieses Geschenk, konnte mich aber nicht dazu durchringen, das Angebot abzulehnen. So unterzog ich mich dieser gräßlichen Prozedur, die für mich alles andere als erholsam war. Trotzdem war der Vortrag am Abend erfolgreich.

Nach New York zurückgekehrt, traf ich meine jüdische Sozialhelferin wieder, die mir eine sehr interessante Demarche vorschlug. Sie wußte, daß den deutschen Gefangenen während des Krieges eine Entlohnung zugesprochen worden war, die ihnen aber nicht ausgezahlt wurde. Diese Gelder waren in einem Fonds sichergestellt. Nun meinte meine Freundin, ich solle doch auf dem Heimweg zum Papst gehen und ihn bitten, er möge intervenieren und sich dafür einsetzen, daß diese Gelder für die Flüchtlingshilfe nach Deutschland geleitet würden. Natürlich war ich Feuer und Flamme für diese Idee, wußte ich doch, wie schlecht die Finanzlage der Flüchtlingsbetreuung war.

Bei meiner Ankunft in Rom überfiel mich die Schönheit und Würde dieser herrlichen Stadt, die Freude, die alten Mauern wiederzusehen. Ich streichelte das alte Gestein, und mir wurde erst hier bewußt, daß es im schönen Amerika solche ehrwürdigen grauen Mauern nicht gab. Durch Madre Pasqualina und Pater Leiber erhielt ich gleich eine Privataudienz – allein mit dem Heiligen Vater in seinem bescheidenen Arbeitszimmer. Ich kannte Pius XII. bereits aus seiner Münchener Zeit als Nuntius, hatte aber nie Gelegenheit gehabt, so menschlich nahe und ruhig mit ihm sprechen zu können. Das Glücksempfinden dieser Stunde ist mir unvergeßlich. Der Papst hörte sich mein Anliegen interessiert an, konnte aber natürlich keine Entscheidung treffen.

Ich erinnere mich noch, wie ich am Ende dieses Besuchs in meinem langen schwarzen Kleid, eingehüllt in den schwarzen

Spitzenschleier, langsam die vielen Stufen zum Bronzeportal hinunterging, vorbei an den salutierenden Schweizergardisten. Noch beschwingt von Freude kam mir der Gedanke: Auch in kurzer Begegnung mit einem Menschen von starker Geistigkeit gibt es ein »Herüberleuchten«, ein Weitergeben inneren Lichts an den anderen. Dieses Leuchten besaß Pius XII. in wunderbarer Weise.

Dann kam der Tag der Heimkehr nach München, die Freude, endlich wieder meine Therese im Arm zu halten, die gute, altgewordene Lina wiederzusehen, die hübsche Wohnung mit all den bekannten Dingen. Aber . . .! Die Monate in Amerika hatten für mich den Schleier des Vergessens über die Mühsal des deutschen Alltags gebreitet.

Ich kam gerade rechtzeitig zu Beginn des bösen Hungerwinters 1948 zurück: für jeden fünfundsiebzig Gramm Fett als Monatsration. Freilich gab es immer helfende Hände, so einmal ein unerlaubter Hase aus Weisendorf, von meiner Schwester sogar ein Pfund Butter und vor allem Kartoffeln. Ambessers, mit denen ich den Haushalt teilte, kannten eine Helferin, die einen »Draht« zum Schlachthof hatte und manchmal ein großes Stück Fleisch anbrachte. Gegenseitige Hilfe unter Freunden war an der Tagesordnung.

Das schlimmste Problem war das Heizen der winterkalten Zimmer, Kohle für die Zentralheizung so gut wie nicht zu beschaffen. Da bot sich ein »neuer Freund« an. Er wolle und könne helfen. Tatsächlich fuhr bald eine Ladung Kohlen in den Hof. Aber sie kam nicht aus reiner Freundschaft. Als Dank für das gewärmte Haus hatte der »neue Freund« die Absicht, sich meine noch kindliche Therese zu erobern. Es gab zwischen ihr und mir lange und schwere Auseinandersetzungen. Sie bestand darauf, der neue Freund brauche sie, nur sie könne ihm helfen, den Weg zurück zum Glauben zu finden. Es sei ihre Pflicht, für ihn dazusein. Er hatte geschickt diese Version erfunden, gewiß ohne jede Bereitschaft zum Glauben. Dieser Kampf dauerte viele Monate lang, bis Therese, auch mit Hilfe ihrer Schwester Nives, sich freimachte und nun ganz ihrem Gesangsstudium lebte. Zwei Jahre danach fand sie den Mann ihrer Liebe: Alexander von Branca.

Gleich nach meiner Rückkehr wurde ich zu Kardinal Faulhaber gerufen. Er erwartete mich mit »erhobenem Zeigefinger«. Er hatte von meinem Besuch beim Heiligen Vater gehört und meinte streng, aber freundlich: »Man kann doch nicht einfach so, ohne mich zu fragen, mit einem derart heiklen Problem zum Papst gehen.« Leider wurde das Problem nicht gelöst. Die Finanzhilfe für die Flüchtlinge wäre ein großer Segen gewesen. Trotz der Rüge berief mich der Kardinal in einen kleinen Laienrat, der allmonatlich bei ihm zusammenkam. Er nannte uns die »dreizehn Apostel«. Dieses Gremium war so etwas wie der erste bescheidene Beginn des »Laienapostolats«.

Unsere Arbeit für die Flüchtlinge und Heimkehrer ging unvermindert weiter. Ein schöner »Zufall« ereignete sich. (Ich glaube nicht an Zufälle.) Der Flüchtlingsbischof Jansen von Hildesheim gab während einer Sitzung in München einen Bericht und meinte, wir brauchten in Bayern dringend ein Heim, in dem neuankommende Heimatvertriebene für einige Wochen unterkommen und auf ihre neuen Lebensumstände vorbereitet werden konnten. Wegen meines kranken Hündchens fuhr ich über Mittag nach Hause. Neben meinem Suppenteller lag eine aufgeschlagene Zeitung, aus der mich ein Inserat »anlachte«, Villa, sechzehn Zimmer, Starnberger See, für eine damals aufbringbare Summe zu verkaufen. Ich nahm dieses Inserat zur Nachmittagssitzung mit und zeigte es Bischof Jansen. Der bestieg mein Auto – das Haus in Kempfenhausen wurde gekauft und hat fast vier Jahrzehnte lang Neuankommende aus dem Osten betreut und beherbergt.

Unsere Kurse für Familienhilfe in den Lagern waren gut besucht, und die Frauen und Mädchen, die von dort aus eingesetzt wurden, waren ein Segen für die von ihnen Betreuten. Dieser Erfolg aber brachte mir ein ernstes Problem ein. Die besten unserer Helferinnen kamen, nachdem sie viele Monate eingesetzt waren, zu mir und sagten, die soziale und apostolische Arbeit bereite ihnen so viel Freude, daß sie sie am liebsten zu ihrer Lebensaufgabe machen würden. Ob ich ihnen dazu verhelfen könne? Natürlich war ich beglückt von dieser Reaktion. Es war mir aber klar, daß für eine derartige Lebensaufgabe eine grundsolide Ausbildung und eine Art »Mutterhaus« unbedingt nötig wären. Wie aber beides finanzieren? Monatelang versuchte ich, Startkapital zu erbetteln – ohne Erfolg.

Seit der Währungsreform im Juni 1948 normalisierte sich die wirtschaftliche Lage etwas. Die Zeit, da jeder Deutsche ganze vierzig neue DM sein eigen nannte, war überstanden. Das Kapital als solches war auf zehn Prozent seines Wertes geschmolzen. Aber für das wenige Geld, das einem geblieben war, boten die bisher leeren Geschäfte nun eifrig alle Waren an.

Diese finanzielle Situation machte das Finden eines Startkapitals nahezu unmöglich. Doch eines Tages saß ich in meinem Zimmer vor dem Radio und hörte eine Übertragung aus Rom. Es war 1951, die Seligsprechung von Papst Pius X. Als der neue Selige proklamiert wurde, fiel ich spontan auf die Knie: Jetzt, lieber heiliger Pius (ich hatte ihn schon zum Heiligen gemacht) – jetzt mußt du unbedingt ein Haus für die Familienpflege beschaffen!

Einige Tage später besuchte mich ein mir bis dahin unbekanntes Ehepaar aus Chicago. Die beiden hatten erfahren, daß ich Therese Neumann gut kannte, und baten mich, mit ihnen nach Konnersreuth zu fahren. Sie hätten ein besonderes Anliegen, das sie ihrem Gebet empfehlen wollten. Wir fuhren, und auf der Fahrt erzählte ich ihnen von meiner Arbeit, von unserem Plan, eine Art Mutterhaus für die katholische Familienpflege zu errichten. Der Besuch bei Resel war für uns alle eine

Freude. Am nächsten Tag flog das Ehepaar zurück nach Chicago – und zwei Tage später erreichte mich ihr Telegramm: »Freuen uns, Ihnen vierzigtausend Dollar als Starthilfe für das Haus überweisen zu können.« Vierzigtausend Dollar – damals hundertachtzigtausend DM –, ein Vermögen! Danke, heiliger Pius!

Wir konnten ein halbfertiges Haus kaufen und ausbauen –, mit dreißig Einzelzimmern, im Keller eine Kapelle – und hatten das erste Mutterhaus für Familien- und Altenpflege und eine Bräuteschule. Das »Werk« erhielt den Namen »Pius-Maria-Werk« und hat sich bis heute so bewährt, daß wir mehr als dreitausend Familien- und Altenpflegerinnen ausbilden konnten. Nicht nur das Startkapital hatte uns der Himmel geschickt. Auch die zwei sowohl in praktischer wie in geistig-religiöser Beziehung hervorragenden Leiterinnen, Frau Römer und Frau Steeb, schienen Geschenke des Himmels zu sein.

Inzwischen gab es in Bonn eine deutsche Regierung: Theodor Heuss war Bundespräsident, Konrad Adenauer Bundeskanzler. Sowohl politisch als auch wirtschaftlich begann sich das Leben zu normalisieren. Der Marshallplan erwies sich als Rettung aus sozialem und wirtschaftlichem Chaos. Ohne diese lebensentscheidende amerikanische Hilfe wäre die deutsche »Auferstehung« aus dem völligen Zusammenbruch unmöglich gewesen. Es ist betrüblich und beschämend, daß diese amerikanische Rettungsaktion dem früheren Feind gegenüber heute von so vielen nicht mehr realisiert und nicht mehr anerkannt wird. Auch der lebenswichtige Schutz, den uns die Westmächte durch ihre militärische Anwesenheit bieten, wird nicht dankbar genug gesehen.

In Guttenberg herrschte Freude: eine zweite Tochter, Michaela, wurde geboren. Mein Sohn war tätig im Aufbau der Christlich Sozialen Union. Dabei wurde er im Umkreis bekannt und vom Großteil der Bevölkerung nicht nur geachtet, sondern auch geliebt. Meine Schwiegertochter, die nun Hausfrau in Guttenberg war (eine viel bessere, als ich es jemals gewesen bin), bereitete mit viel Liebe und Geschick die Hochzeit unserer Therese mit Alexander von Branca vor.

Dieser neue Schwiegersohn hatte unsere Herzen im Sturm erobert, und es war eine Freude, das Glück des verlobten Paares mitzuerleben. In allem schienen die beiden jungen Menschen wie füreinander geschaffen: beide musisch begabt, sie für Musik und Innenarchitektur, er als Architekt (er ist heute einer der bekanntesten deutschen Architekten), beide religiös sehr interessiert.

An einem Frühlingstag des Jahres 1952 – der Schloßberg war ein blühender Fliedergarten – war alles für die Trauung in der Schloßkirche vorbereitet. Die Gäste, die das Brautpaar schon am Vorabend bei Musik und Tanz gefeiert hatten, versammelten sich in der Waffenhalle, um sich für den Zug über den Schloßhof zu formieren. Die Guttenberger hatten eine Bläsergruppe bestellt, die den langen Brautzug musikalisch begleitete, und da unsere »Resi« im Dorf sehr geliebt wurde, waren viele in den Schloßhof gekommen, um zu rufen und zu singen. Früh am Morgen war ich aufgestanden, um sie einzukleiden. Ich führte sie die hohe steinerne Treppe hinunter in die Waffenhalle, wo sich der Zug in Bewegung setzte, als letzte Paare Alexander mit seiner sehr schönen Mutter, ich mit Alexanders Vater, dann die Braut am Arm ihres Bruders Karl Theodor, vor ihr her die Kleinen, Elisabeth und Enoch, Blumen streuend.

Blumen und Sonnenschein auch in der geschmückten Kirche, Orgelklang und Singen: Freude und Hoffnung auf das Glück des jungen Paares. Nach dem Dinner im Ahnensaal wieder einmal Abschied! Ein Blick, ein Winken vom Turmfenster ins Tal, wo der Wagen die Jungvermählten in ein glückliches Leben entführen sollte. Auch für mich Abschied von Guttenberg; in diesen frohen Tagen hatte ich mich dort wieder so »zu Hause« gefühlt.

Zurück nach München an die Arbeit. Trotz der fühlbaren Normalisierung des täglichen und wirtschaftlichen Lebens gab es nach wie vor Flüchtlingselend, Not auch in der einheimischen Bevölkerung; besonders in Familien des Mittelstandes, die in den zwei Geldentwertungen alle ihre Ersparnisse verloren hatten, brachte dieser Verlust vor allem alte Menschen in größte Bedrängnis. Wir hatten im Katholischen Frauenbund eine eigene Mittelstandshilfe eingerichtet. Aber noch immer waren die Mittel viel zu knapp, um wirklich helfen zu können. Sehr wichtig – und auch ohne Geld ausführbar – war die mitmenschliche, oft die religiöse Hilfe.

Am 12. Juni 1952, während der Fronleichnamsprozession, starb Kardinal Faulhaber – ein bitterer Verlust auch für mich persönlich. Er war ein väterlicher Freund, ein mutiger und großer Mann der Kirche.

Wieder plante ich eine Bettelfahrt nach Amerika, die ich diesmal mit dem Besuch meiner Freundin Spearman in Los Angeles verbinden wollte. Ich hatte meine Memoiren in englischer Sprache im unkorrigierten Manuskript fertiggeschrieben und wollte sie nun mit Hilfe von Elisabeth Spearman überarbeiten. Wir hofften, daß das Buch einen Beitrag leisten würde zur freundschaftlichen deutsch-amerikanischen Annäherung. Ende November 1952 verabschiedete ich mich an einem adventlichen Abend von dem glücklichen Paar. Therese sah blühend aus in der Vorfreude auf ihr Kind. Ich sollte nur zwei Monate in den Staaten bleiben, um im Februar zur Geburt des neuen Enkels zurück zu sein. So flog ich direkt nach Los Angeles und nach einigen Vorgesprächen von dort nach New York, wo eine Feier zur Herausgabe meines Buches geplant war. Nach einigen Tagen erreichte mich dort ein Telegramm, daß Therese einen Sohn geboren habe. Zwei Monate zu früh! Ein zweites Telegramm: »Zustand ernst«. Es gelang mir, den Arzt telefonisch zu erreichen. Er versuchte mich zu beruhigen. Aber ich setzte alles in Bewegung, sofort nach München zu fliegen. Dort traf ich mein sterbendes Kind an.

Dieses Sterben war für mich kaum zu fassen. Ich erlebte wieder das merkwürdige, beinahe physisch spürbare Verströmen meines blutenden Herzens. Mein Kind lag lächelnd und wunderschön im Sarg. Therese wurde in Guttenberg in der Kirche aufgebahrt und in der Gruft beigesetzt. Wir alle waren dort vereint. Mein Schwiegersohn Alexander Branca und ich verbrachten viele Stunden gemeinsam kniend vor ihrem Sarg. Der gemeinsame Schmerz hatte uns einander noch näher gebracht. Diese geistige Nähe sollte mein Leben lang zwischen uns anhalten. Noch heute, nach fünfunddreißig Jahren, ist mir Alexander wie ein geliebter und liebender Sohn.

Nach der Beisetzung mußte ich gleich zurück in die Staaten. Es warteten viele Vorträge auf mich, denen eine Autographing-Party folgen sollte, bei der das Buch zum Verkauf aufliegen würde.

Da ich hauptsächlich über den Inhalt des Buches – den Nationalsozialismus, den Widerstand und die politische Situation in Deutschland und Europa – sprechen sollte, waren meine Vorträge nun weniger sozial-karitativ als vielmehr politisch und geistig-religiös ausgerichtet. Es lag mir daran, eindeutig vor der neuen Gefährdung aus dem Osten zu warnen, hinzuweisen auf die große Ähnlichkeit der beiden pseudo-religiösen, dämonischen Ideologien Nationalsozialismus und Kommunismus.

Das Interesse an der Nachkriegsentwicklung in Europa, besonders in Deutschland, war in Amerika sehr groß, und ich war immer erstaunt über die in viele Einzelheiten gehenden Fragen bei den Diskussionen. Ich konnte von vielen Anzeichen eines beginnenden Neuanfangs bei uns, einer Art »Auferstehung« nach dem totalen Zusammenbruch berichten. Wie Knospen an noch winterlichen Zweigen war eine neue Hoffnung, ein unglaublich starker Überlebenswille zu erkennen.

Zu dieser Zeit gab es sogar noch eine reale Möglichkeit der Wiedereinführung der bayerischen Monarchie, die amerikanischerseits bejaht wurde. Sie wurde aber leider bald wieder von den Amerikanern fallengelassen aus Sorge, ein bayerischer Alleingang könne eine Absplitterung bedeuten.

Der beinahe wahrgewordene »Untergang des Abendlandes« schien abgewendet und dem »Abendland«, heute vereint mit Amerika, eine neue, große Aufgabe zuzuwachsen. Letztlich waren die Kräfte, die den zerstörerischen Mächten gottloser Diktaturen entgegengestellt werden mußten, geistiger Natur, der Geist des christlichen Abendlandes in neuer Form. Sowohl Hitlers als auch Lenins Ideologie wurzelten in der »Aufklärung«, in der Abkehr der Massen vom Göttlichen. Diese Erkenntnis schien nach Tod und Verderben doch allmählich zu erwachen. Oft zitierte ich in diesem Zusammenhang die Worte des heiligen Paulus:

Denn wir haben zu ringen nicht mit Fleisch und Blut, sondern mit Mächten, Gewalten und Herrschern der Finsternis und den Geistern der Bosheit im Bereiche des Unsichtbaren.

(Epheser 6,12)

Das brachte mir die erstaunliche Frage ein: »Sind Sie wirklich Katholikin?«

»Warum fragen Sie das?«

»Weil Sie öfter die Heilige Schrift zitieren. Kennen denn die Katholiken die Bibel auch so gut?«

Ich sprach häufig vor nichtkatholischen Gruppen, so einmal in Cleveland in einem methodistischen College. Ich wurde freundlich empfangen, dann aber in die Sakristei geführt. Dort wurde ich zu meinem Entsetzen in einen roten Talar gekleidet und gebeten, die Kanzel zu besteigen. Es war ein beklemmendes Gefühl, das, was ich zu sagen hatte, als Predigt von mir geben zu müssen. Aber es blieb mir nichts anderes übrig, und meine »Predigt« wurde so herzlich aufgenommen, daß am Ende alle Zuhörer aufstanden und spontan für Deutschland beteten.

Gegen Ende dieser Reise hatte ich in Milwaukee vor einer Gruppe von Herren aus Wirtschaft und Politik zu sprechen. Als nach dem Vortrag die Autographing-Party für mein neuerschienenes Buch beginnen sollte, waren wieder – wie schon oft – die Bücher vom Verlag nicht rechtzeitig eingetroffen. Einer meiner Zuhörer, der Congressman von Milwaukee – Charles Kersten (er hatte mein Buch schon gelesen) – nahm mich beiseite und sagte: »Bitte glauben Sie nicht, daß dies Versagen des Verlages in Boston unabsichtlich geschieht. Ihr Buch ist genau in dem Geiste geschrieben, den die Kommunisten nicht verbreitet sehen wollen. Ich rate Ihnen, schreiben Sie dem Verlag und verlangen Sie, daß nachgeforscht wird, wer für die Verzögerung der Lieferung verantwortlich ist.«

Ich folgte diesem Rat und schrieb an den Bostoner Verlag »Little, Brown and Company« zu Händen eines Mr. Seavers, der für den Verkauf verantwortlich war. Ich bat ihn zu ergründen, ob vielleicht all die peinlichen Pannen ohne sein Wissen absichtlich geschähen. Mr. Seavers antwortete kurz und unhöflich, wie ich denn annehmen könne, daß der Verlag so dumm sei, den Verkauf eines bei ihm erschienenen Buches zu unterminieren. Damit fand ich mich ab. Doch kurz nach meiner Rückkehr nach München wurde mir ein Sonderheft der *American Legion* über kommunistische Unterwanderung im Verlagswesen zugeschickt. In diesem Heft stand ein ausführlicher Artikel ausgerechnet über diesen Mr. Seavers, der prokommunistisch agiere und früher für die linke Zeitschrift *Daily Worker* gearbeitet habe. Trotz Mr. Seavers erschien das Buch in sieben Auflagen.

Zu Hause ging die karitative Arbeit weiter. Das Geld, das ich mit meinen Vorträgen verdient hatte, verwendete ich dafür. Es ergab sich aber für mich eine zusätzliche Aufgabe. Ich sollte im Rahmen des Katholischen Frauenbundes die staatsbürgerliche Kommission übernehmen und ausbauen. Das war von Wichtigkeit, denn gerade in der katholischen Bevölkerung galten für die Frauen noch weitgehend die berühmten drei »K«: Kinder, Küche, Kirche. Wie aber jetzt das öffentliche und politische Leben gestaltet war, mußte die Frau aktiv und informiert sein. Da die Wählerstimmen der Frauen ausschlaggebend sein konnten, mußten sie Bescheid wissen, wofür sie einstehen wollten – sowohl auf der politischen wie auf der gesellschaftlich-sozialen Ebene. Diese neue Aufgabe bedeutete viele Fahrten durchs Land, Vorträge und Diskussionen, aber auch die Freude des Gelingens. Für die Entwicklung dieses Teiles der Erwachsenenbildung galt es, die neue Aufgeschlossenheit, den Willen zum Wiederaufbau zu nutzen. Auch – und gerade – bei den Frauen hatte das schwere Erleben der Kriegs- und Nachkriegszeit eine neue Bereitschaft geweckt.

Um was es in Wahrheit geht

Im Frühjahr 1952 war mein Sohn mit großer Mehrheit zum Landrat von Stadtsteinach, zu dem Guttenberg gehört, gewählt worden. Er hörte jeden an und versuchte jedem zu helfen; er besaß das Charisma der Mitmenschlichkeit. Das bescheidene Amt, Landrat eines kleinen Kreises zu sein, nahm er sehr ernst. Es sollte für ihn der Beginn einer erstaunlich steilen Karriere werden; denn im Jahr 1957 wurde er in den Bundestag gewählt.

In Guttenberg ging das Leben friedlich und glücklich weiter. Die Kinder wuchsen heran. Es war noch eine dritte Tochter geboren worden, Praxedis, das »Wunderkind«; denn die Kleine war, anderthalb Jahre alt, aus dem Fenster der oberen Schloßetage etwa zwanzig Meter tief auf den Felsen gefallen, auf dem das Schloß steht. Sie blieb unverletzt.

Bei mir wuchs die Arbeit, unterbrochen von alljährlichen Vortragsreisen in Amerika. Inzwischen hatte das Bundespresse- und Informationsamt in Bonn von meinen Vorträgen gehört und sie wohl als nützlich eingestuft; denn meine Reiseauslagen wurden jetzt von diesem Amt übernommen. Das steigerte meinen »Verdienst« als Rednerin entschieden, und so konnte mit diesem Geld allerhand für unsere karitative Arbeit geschehen.

Es war uns gelungen, das neugebaute »Mutterhaus« für Familienpflege mit erheblichem Gewinn zu verkaufen. So konnten wir - allerdings mit zusätzlicher staatlicher und kirchlicher Hilfe - ein großes Grundstück mit Gebäude in Bogenhausen erwerben. Für diesen Kauf - der Besitz gehörte der Militärregierung - mußte ich nach Bonn. Dort hatte ich ein schwer belastendes Erlebnis. Schon seit längerer Zeit hatte ich gespürt, daß auf dem Verhältnis zwischen mir und meinem Sohn ein Schatten lag. Als ich nun bei ihm in Godesberg übernachtete, gab es eine ernste Auseinandersetzung zwischen uns. Er lehnte meine Arbeit ab, meinte, sie beruhe auf einer Art Geltungsbedürfnis. Ich solle sie aufgeben und ein »normales Landleben« im Gärtnerhäuschen in Weisendorf führen; das Schloß war durch die Zerstörung der Räume unbewohnbar geworden.

Ich traf keinen Entschluß, wollte erst den Kauf der neuen Zentrale für Familienpflege unter Dach bringen und mir dann bei unserem neuen Kardinal Wendel Rat holen. Es war mir klar, woher die ablehnende Haltung meines Sohnes stammte. Er hatte einen hochbegabten geistlichen Freund, der mich wohl deshalb ablehnte, weil ich ihm auf religiösem Gebiet nicht folgen wollte. Er war gewiß in vielem ein geistiger Gewinn für meinen Sohn, hatte aber einen Einfluß in der Familie, der sich sehr negativ auswirkte.

In München führte mich mein erster Weg zu Kardinal Wendel, der mir ernst, beinahe streng riet, meine Arbeit fortzusetzen. Gottlob klärte sich die Atmosphäre zwischen mir und meinem Sohn, und nach längerer Zeit gestand mir Karl Theodor: »Ich habe mich damals geirrt. Ich weiß jetzt, wie wertvoll dein Einsatz in Amerika ist, und wünschte, wir hätten mehr Leute wie dich in diesem Feld.«

Ich stand wieder einmal vor der Abreise zu einer Vortragstournee nach den USA. Meine Mutter war nach München gekommen, um in meiner Wohnung mit den beiden treuen Hausgeistern zu wohnen – und München zu genießen, vor allem die Oper. Sie konnte sich wie ein junges Mädchen von einer guten Aufführung begeistern und beglücken lassen. So besaß sie schon Karten für einige Vorstellungen. Sie kam mit mir zum Flughafen. Umarmung – und »Auf Wiedersehen!«

Es kam anders. Ich war in Chicago und sollte am Abend sprechen, als mich ein Anruf aus New York erreichte. Nives' Schwiegervater war am Telefon: »Elisabeth, du mußt tapfer sein. Ich habe eine traurige Nachricht. Deine Mutter ist tot. Dein Sohn hat mich aus München angerufen.«

Meine geliebte, lebensfrohe Mutter! Ich konnte es kaum fassen. Noch vor einer Woche waren wir froh vereint – und nun? Ich würde nicht einmal rechtzeitig zu ihrem Begräbnis in Neuenbürg zurückkommen können. Trost war, daß meine Schwester Hilda sie noch gesehen hatte und an der Beisetzung teilnehmen konnte. Meine Mutter tot – und in ein paar Stunden mußte ich auf dem Podium stehen und sprechen. Doch irgendwie wird man »durchgetragen« in so schweren Momenten, und »es sprach aus mir«. Ich stand die vorgesehenen Vorträge durch bis zu meiner traurigen Rückkehr.

Von Anfang an stand mein Sohn als »Kämpfer« im Bundestag – für die Freiheit. So schrieb er später in seinen *Fußnoten:* »Die Einheit Deutschlands könnten wir morgen haben.« (Damit meinte er natürlich eine Wiedervereinigung unter roter Flagge.) »Wir sollten von dem reden, um was es in Wahrheit geht: von der Freiheit für alle Deutschen.«

Im Herbst 1959 kam es dann zu seiner berühmten Rede gegen den sogenannten Deutschlandplan der Sozialdemokraten. Durch diese Rede kam es zu einer harten Auseinandersetzung, heftig geführt von der SPD. Karl Theodor griff den »Glauben« der Sozialdemokraten scharf an, daß »im paritätischen Zusammenwirken mit den Ostberliner Kommunisten ein freies Gesamtdeutschland geschaffen werden könne«. Er wurde von der Gegenseite beschimpft und attackiert. Helmut Schmidt, der spätere Kanzler und Freund meines Sohnes, ließ sich zu Folgendem hinreißen: »Es ist zu beklagen, daß die Deutschen niemals eine Revolution gegen Großgrundbesitzer (wie Guttenberg) zustande gebracht haben.«

Durch seine Rede, mit der er den Plan der Sozialdemokraten verhinderte, wurde Karl Theodor als Politiker berühmt. Er war der geborene Politiker, klar, logisch denkend, begnadet mit einer außergewöhnlichen Gabe des gesprochenen Wortes. Er setzte in seiner politischen Laufbahn seine ganze Kraft, seine ganze Person ein. Er erkannte, wie groß die Gefährdung der uns noch verbliebenen Freiheit war. Seine Politik war in seinem christlichen Gewissen begründet. Als Mitglied des Außenpolitischen Ausschusses wurde er bald zu Gesprächen mit Adenauer herangezogen. Er galt als eine der großen Hoffnungen der Union. Für seine Frau, für mich und für viele Gleichgesinnte war es klar, daß er ein »geborener Staatsmann« war. Er galt als Zukunftshoffnung für das Land, auch für die Familie. In allem freilich war ich mit ihm nicht immer einer Meinung.

So war mir seine Freundschaft mit Herbert Wehner immer eine Sorge. Ich konnte seinen Glauben an Wehners Abwendung vom Kommunismus nicht teilen. Auch Karl Theodors Überzeugung, Wehner sei ein gläubiger Christ, schien mir fraglich. Ebenso schwankend war meine Einstellung gegenüber dem Bemühen, die »Große Koalition« zu realisieren – eine Bemühung, zu der Adenauer sehr positiv stand. Ich weiß bis heute nicht, ob das Zustandekommen dieser Koalition ein Glück für Deutschland war. Jedenfalls war mein Sohn ganz in seinem Element und darum auch glücklich. Seine Frau stand ihm in allem klug und geschickt zur Seite. Die Kinder wuchsen heran, Elisabeth zu einem besonders reizenden Teenager, Enoch zu einem sehr begabten, äußerst faulen Gymnasiasten, der, statt zu studieren, nur musizierte. Unvorsichtigerweise hatte ihm sein Vater ein Klavier und ein Horn geschenkt.

Meine Arbeit als Vorsitzende der staatsbürgerlichen, der Hausfrauen- und der Caritas-Kommission im Katholischen Frauenbund war so angewachsen, daß ich für andere Aufgaben kaum Zeit fand. Es war uns gelungen, parallel zur Familienpflegeschule eine Ausbildungsstätte für Dorfhelferinnen zu errichten. Die jungen ländlichen Mädchen wurden zur aktiven Hilfe in Haus und Hof geschult. Außerdem gelang es, eine Soziale

Frauenschule auf einem Grundstück in Harlaching zu erbauen. So wurde der bisherige Bau in der Stadt frei, und wir konnten dort eine Mütterschule errichten.

Mitten aus dieser Arbeit wurde ich wieder zu Vorträgen nach Amerika gerufen. Ich sollte diesmal hauptsächlich an der Westküste – in Kalifornien und in Seattle – sprechen. In Los Angeles wohnte ich bei den Benziger-Schwestern und anschließend bei meiner Freundin Loretta Young.

Dort erreichte uns die Nachricht vom Tod des Papstes Pius XII. Es war erschütternd und tröstlich zugleich zu erleben, wie auf der ganzen Welt Trauer herrschte um diesen Großen, väterlich Liebenden.

Auf dem Rückweg machte ich Station in New York und besuchte Bischof Sheen, den ich auf früheren Reisen kennen und bewundern gelernt hatte. Er war der großartige Prediger, der über das Fernsehen Millionen von Menschen mit seiner religiösen Botschaft erreichte und zahllosen Zuhörern den Weg zum Glauben öffnete. Ihn zu kennen und immer wieder bei ihm sein zu dürfen, war für mich beglückend. Ich erinnere mich an seinen Ausspruch, der mich sehr berührte: »Das möchte ich Ihnen sagen. Ich weiß, daß ich ein sehr begabter Schauspieler bin. Das ist für mich eine große Versuchung. Ich muß mich streng ›in die Hand‹ nehmen, um beim Predigen ganz einfach und ohne Pose zu bleiben.« Das war mir ein Beweis, wie demütig dieser gefeierte und brillante Mann geblieben war. Ihm verdanke ich viel für mein religiöses Leben, ihm – und zu Hause dem unvergeßlichen Romano Guardini, Pater Przywara und später Prälat Forster, dem Leiter der Katholischen Akademie in Bayern, vor allem auch Kardinal Wendel. Er hatte 1957 die Katholische Akademie in Bayern gegründet. Bei dieser Feier sprach Guardini.

Wir alle fühlten, wie unendlich wichtig katholische Erwachsenenbildung war. Denn schon begann das »deutsche Wirtschaftswunder« neben seiner großen sozialen, wirtschaftlichen

Aufbaustärke das geistig-spirituelle Erwachen in Deutschland zu gefährden. Es führte unser Volk in eine primitive Haltung des Materialismus, zu einer Vergötzung des wirtschaftlichen, finanziellen Erfolges, der wahrhaftig an ein Wunder grenzte.

1958 wurde ich in eines der Führungsgremien der Katholischen Akademie berufen und durfte dort unter Karl Forster als Frauenvertreterin mitarbeiten. Im selben Jahr nahm mich Kardinal Wendel in den Orden des Heiligen Grabes auf. Zwei Jahre später stand ich mit einigen Rittern des Ordens an seinem offenen Sarg in der Kapelle des Bischofspalais.

Auf einer meiner vielen Amerikareisen kam ich auch nach Louisiana. New Orleans bezauberte mich, die alte französische Stadt und ihre Menschen haben einen einmaligen Charme und eine hinreißende Liebenswürdigkeit, die so ganz hineinpaßt in die Überfülle des Blühens in den Gärten und Parks. Ich wollte mir den Luxus erlauben, in einem berühmten Restaurant zu essen, ich glaube, es hieß »Antoine«. Als ich meine Rechnung verlangte, kam der Besitzer und meinte: »Es ist mir eine Ehre, Sie zu dieser Mahlzeit einzuladen.« Er hatte mein Bild in der Zeitung gesehen.

Von Louisiana flog ich über San Antonio nach Los Angeles. Dort hatte ich bei meinen Benzigers zwei »Hundeerlebnisse«, eines sehr komisch, das andere traurig. Die Schwestern Benziger waren sehr tierliebend. Sie hatten elf Hunde, die im Garten ihr eigenes Häuschen besaßen. Nun war neben dem Grundstück ein Krankenhaus gebaut worden. So fuhren – auch nachts – immer wieder Krankentransporte mit heulender Sirene an unserem Haus vorbei. Die elf Hunde schienen nur darauf zu warten, um einstimmig mitzuheulen. Sie müssen recht musikalisch gewesen sein; denn es war kein Unterschied zwischen den Heultönen wahrzunehmen. Allerdings hörte die Autosirene bei Ankunft am Spital auf. Die begeisterten Hunde aber heulten lange weiter. Das führte in der Nachbarschaft zu einem Aufstand.

Das andere Hundeerlebnis war merkwürdig. In München hatte mir meine Tochter Nives aus Lissabon, wo sie mit Henry und ihren sechs Kindern lebte, ihren Dackel – Dummkopf genannt – für einige Monate zur Pflege übergeben. Er trug seinen Namen sehr zu Unrecht; denn er war außergewöhnlich gescheit, und wir zwei hatten uns sehr befreundet. Von diesem Dummkopf träumte ich eines Nachts in Kalifornien. Ich hatte ihn im Arm und streichelte ihn, und er blickte mich treuherzig an. Und noch im Traum kam mir der erschreckende Gedanke: »Das ist ja genauso wie damals mit Purzel! Es wird ihm doch nichts zugestoßen sein! Tatsächlich war der Hund am selben Tag in München von Nachbarn vergiftet worden. Es war das zweite Mal, daß sich ein Hund im Tod bei mir »gemeldet« hatte. Erstaunlich, daß auch von einem Tier solche Wellen ausgehen können.

Auf dem Rückflug konnte ich, wie öfter, ein paar Tage bei meiner Tochter Nives Station machen; Tage der Ruhe vor der Heimkehr, wo sehr viel Arbeit auf mich wartete. Dann wurde ich eingeladen, eine Woche lang an den Sitzungen des Konzils teilzunehmen. Wir alle setzten große Hoffnungen auf die Auswirkung dieser mit so viel Idealismus begonnenen kirchlichen Erneuerung – nicht ahnend, wieviele Gefährdungen sie barg. Ich erinnere mich an eine Ansprache von Karl Rahner, in der er von der Haltung im Konzil sprach, die sich von einem übersteigerten Verständnis des Satzes »Außerhalb der Kirche kein Heil« distanziert hatte. Dies war mir eine wahre Beruhigung, weil ich mir nie vorstellen konnte, daß der gütige Gott Menschen, die Christus nicht kannten, deswegen verwerfen würde.

An einem ruhigen Morgen ging ich allein in die Peterskirche und hinunter in die Gewölbe, um das Grab des Papstes Pius XII. zu besuchen. Ich stand vor dem Sarkophag, in Erinnerung versunken. Als ich aufblickte, sah ich, daß der kleine Raum von leuchtend weißem Licht erfüllt war: die gleiche absolute Helligkeit, wie ich sie vor Jahren im Sterbezimmer meines Mannes erlebt hatte. Später fiel mir ein Buch über Papst Pius XII. in die Hand. Darin schreibt Fürst Franz Josef von Liechtenstein von einem Erlebnis im Petersdom. Auf seiner Sedia gestatoria wurde Pius XII. hereingetragen, und als der Fürst aufblickte, sah er um ihn ein glänzend weißes Licht.

Im Jahr 1963 war ich zur Landesvorsitzenden des Bayerischen Katholischen Frauenbundes gewählt worden. Damit lag die Verantwortung für alle Zweige des großen Verbandes auf mir. Meine beste Stütze und mein Ratgeber war unser Landesbeirat, Prälat Sommer aus Passau. Mit ihm entwarfen wir einen wichtigen Plan. Wir wollten eine Möglichkeit finden, die zwei großen katholischen Frauengruppen in Bayern – Frauenbund und Frauengemeinschaften – lose zusammenzuführen und so eine starke und einflußreiche Zentrale der katholischen Frauen im Lande zu gründen. Prälat Sommer besuchte alle bayerischen Bischöfe und hatte von ihnen die Zusage, uns in diesem Falle die katholische Frauenseelsorge zu übergeben. Dies wäre sowohl vom religiösen, sozialen wie auch vom politischen und finanziellen Standpunkt aus die Ideallösung gewesen. Sie mußte freilich sehr überlegt und gründlich vorbereitet werden.

Inzwischen gab es manch andere Probleme. Es gelang, eine neue katholische Monatsschrift *Frau im Leben* als Zeitschrift sowohl des Katholischen Frauenbundes als auch für alle interessierten katholischen Frauen herauszugeben. Heute hat *Frau im Leben* eine Auflage von mehr als 160 000 Exemplaren.

Mein anderer Wunsch, eine lose Zusammenarbeit aller katholischen Frauengruppen zu erreichen, ging noch mit Hilfe von Kardinal Wendel 1959 in Erfüllung. Wir gründeten die »Arbeitsgemeinschaft katholischer Frauen Bayerns«, die, wenn eine wichtige Frage einer Entscheidung bedarf, zusammenkommt und gemeinsam Stellung nimmt oder in Aktion tritt. Diese Arbeitsgemeinschaft besteht und wirkt noch heute.

Doch der große Plan, den Prälat Sommer mit mir so hoffnungsvoll vorbereitet hatte – die Übernahme der Frauenseelsorge zusammen mit den Frauengemeinschaften – scheiterte 1967 durch eine Intrige, die eine Gruppe unserer Frauen gegen Sommer und mich inszeniert hatte. Diese Frauen verbreiteten, daß eine so enge Zusammenarbeit mit den Bischöfen und schon gar mit den Gruppen der Frauengemeinschaften den »Geist des unabhängigen Frauenbundes unterhöhle«. Der Erfolg dieser Intrige war, daß ich mich 1967 nicht mehr als Vorsitzende zur Wahl stellte, Prälat Sommer beinahe abgewählt und die Leiterin des Pius-Maria-Werkes öffentlich so beleidigt wurde, daß sie – sollte das Werk weiter unter dem Dachverband des Frauenbundes bleiben – ihr Amt niederlegen wollte. Wissend, daß das blühende Werk ohne ihre Leitung zusammenbrechen würde, entschlossen wir uns, es aus dem Frauenbund zu lösen und zu einem eigenen eingetragenen Verein zu machen. Entstanden war es im Rahmen des Frauenbundes.

Auch als ich nicht mehr Landesvorsitzende war, arbeitete ich weiter für den Frauenbund als Leiterin der Caritas- und staatsbürgerlichen Kommission sowie als zweite Vorsitzende der großen Hausfrauenvereinigung. Natürlich ging meine Zusammenarbeit mit dem Pius-Maria-Heim weiter, und es gelang, die Mittel aufzubringen, um die große Schule für Altenpflege in München-Laim zu bauen.

In Guttenberg herrschte Freude. Meine Enkelin Elisabeth hatte sich mit Franz Ludwig Graf Stauffenberg, dem Sohn Claus Stauffenbergs, verlobt. Im Mai 1965 war Hochzeit. Der Schloßberg hatte sich wieder in Flieder gehüllt. Die Kirche war festlich geschmückt, im Hof wehten die Fahnen in den Stauffenbergischen und Guttenbergischen Farben. Am Vorabend tanzte die Jugend so hingegeben, daß der Boden des Ahnensaales ins Wanken geriet. Am Morgen der Trauung waren wir alle – Familie und viele Gäste – unten in der Waffenhalle versammelt und erwarteten die Braut. Der lange Zug über den Schloßhof zur Kirche setzte sich in Bewegung, an seinem Ende der Bräutigam am Arm seiner Mutter Nina und mein Sohn, der stolze Vater, der die Braut zum Altar führte.

Beim Hochzeitsmahl gab es dann Köstlichkeiten und viele ernste Reden. Mein Sohn sprach das junge Paar bewegend an. So sagte er unter anderem: »Der Name Stauffenberg, den du, lieber Luffel, trägst, ist in der Stunde der geschichtlichen Prüfung vor allen übrigen zum Zeichen des anderen, des achtbaren und würdigen Deutschland geworden. Als dein Vater handelte, als er sein Leben ließ und die Ehre unseres Landes durch ihn wiederhergestellt war – da war dies eine wahrhaft edle, eine wahrhaft adelige Tat. Von diesem Tage an bis in ferne Zukunft wird man den Namen Stauffenberg mit Achtung nennen, solange es Deutsche gibt, die ihre eigene Nation achten. Laß mich also sagen, daß ich keinen Namen wüßte, der mir für meine Tochter lieber wäre als der deine.«

Mir war diese Verbindung eine besondere Freude. Das Erbe, das die Jungvermählten mitbrachten, war von besonderer Art, und ich wußte, wie froh mein Mann darüber gewesen wäre. Ganz persönlich war mir Franz Ludwig ein Freude; er war klug, und trotz seines Ernstes hatte er Humor. Er war politisch, aber auch musisch sehr interessiert und von einer herzlichen Liebenswürdigkeit.

Karl Theodor und seine Frau mußten gleich nach der Hochzeit zurück nach Bonn. Die politische Arbeit meines Sohnes wurde immer intensiver. Als Mitglied des Auswärtigen Ausschusses des Parlaments nahm er teil an vielen Auslandsreisen: Sydney, Thailand, Formosa, wo er sehr beeindruckt war von der Persönlichkeit Tschiangkaischeks. In Spanien lernte er Franco kennen, und es gab Treffen mit de Gaulle und zahlreiche Besuche im Weißen Haus in Washington, Begegnungen mit John F. Kennedy, der ihm »zwiespältig« erschien, mit Johnson, dann mit Nixon, in dem er – entgegen der Medienmeinung – den Staatsmann von Format erkannte. Besuche und Gespräche auch mit Henry Kissinger, den er zu seinem Schritt auf China zu beglückwünschte.

Diese Reisen unterbrachen seine rastlose politische Tätigkeit im Parlament. Adenauer zog ihn oft heran und schätzte seine freimütig geäußerte Meinung. Schon bald ergaben sich Gespräche mit führenden Männern von CDU und SPD über eine vielleicht erstrebenswerte Große Koalition. Als im Jahr 1962 der Austritt der FDP aus der Regierung eine Regierungskrise auslöste, schien sich die Möglichkeit für eine Große Koalition zu ergeben, wurde aber nicht realisiert.

Alle Aktivitäten und Aktionen meines Sohnes galten dem Kampf gegen jede Aufweichung gegenüber der östlichen Gefahr – sie galten dem freien, geeinten Europa. Im Jahr 1966 war es soweit, daß die Große Koalition mit Kurt Georg Kiesinger als Kanzler Wirklichkeit wurde. Kiesinger setzte es gegen großen Widerstand durch, daß mein Sohn als Parlamentarischer Staatssekretär zu ihm ins Kanzleramt kam und so zu seinem engsten Mitarbeiter wurde. Das letzte Telegramm, das Adenauer vor seinem Tod versandte, war an meinem Sohn gerichtet, um ihm die Freude über diese Berufung auszudrücken.

Der Tod des großen alten Kanzlers ging vielen zu Herzen – in besonderer Weise meinem Sohn. Bei der Trauerfeier traf Karl Theodor einen anderen weisen alten Politiker: Ben Gurion. Nie vergaß er den Satz, den dieser dem neuen Kanzler sagte: »Schaffen Sie Europa. Die Zukunft der Menschheit hängt davon ab.«

Seit seiner Ernennung zum Staatssekretär war die Last und Hektik seiner Arbeit kaum noch zu bewältigen. Karl Theodor setzte eben alle seine Kräfte ein für ein klares Ziel. Manchmal klagte er über ein leichtes Zucken im rechten Bein. Er konsultierte einen Münchener Professor, der meinte, es sei lediglich eine Nervenreaktion auf Überlastung und Streß. Als sich am anderen Bein das gleiche Zucken zeigte, befragten wir den uns befreundeten Professor Simon. Er nahm die Symptome ernst. Ich höre noch, wie er sagte: »Ich hoffe mich zu irren – wenn es aber das ist, was ich befürchte, so ist es keine Krankheit, sondern ein Schicksal.«

Er irrte sich nicht. Karl Theodor arbeitete jedoch unbeirrt weiter. Im Jahr 1968, als in der Tschechoslowakei der »Prager Frühling« von sowjetischen Panzern niedergewalzt wurde, war dies eine furchtbare Bestätigung der östlichen Gefahr.

Als sich zum zunehmenden Nervenzucken in den Beinen spürbare Gehbeschwerden einstellten, entschlossen sich Karl Theodor und seine Frau, in Amerika die Mayo-Klinik aufzusuchen, um dort eine Diagnose gestellt zu bekommen. Nach zwei Wochen kamen sie zurück. Ich erwartete sie in Guttenberg. Dort bat mich mein Sohn ins Turmzimmer und sagte: »Mama, ich muß dir etwas sagen. Ich habe noch zwei, höchstens drei Jahre zu leben. Sie haben in Amerika einwandfrei erkannt, daß ich an Amyotropher Lateralsklerose leide. Das ist eine Krankheit, für die es keine Heilung gibt; sie führt über eine allmähliche Lähmung unaufhaltsam zum Tod – bis zur Lähmung der Lunge. Ich wollte von den Ärzten die absolute Wahrheit hören und habe sie gehört – und angenommen. Solange ich noch gehen und sprechen kann, will ich in Bonn weiterarbeiten. Ich werde dort gebraucht.« Das Turmzimmer, von dessen Fenster aus ich so oft das Kommen meines Mannes erwartet hatte, ist für mich immer von diesen Worten meines Sohnes erfüllt.

Er hatte recht, er wurde gebraucht; denn im Herbst 1969 ging zwar die Union aus den Wahlen als stärkste Partei hervor, es taten sich aber die SPD und FPD zusammen zur Brandt-Scheel-Regierung, und so wuchs die Gefahr der Unterhöhlung des Widerstandes, die Gefahr der Annäherung an den Osten.

Die Krankheit meines Sohnes schritt schnell voran. Das

Gehen fiel ihm schwer. Er begann weitere Lähmungserscheinungen zu fühlen, konnte kaum mehr das Haus verlassen. Sein politisches Interesse und sein Engagement aber waren ungebrochen. Er sah viele seiner Parteifreunde, besonders Marx und Mertes. Nach den Sitzungen des Auswärtigen Ausschusses kamen sie regelmäßig, um ihm zu berichten und um seinen Rat einzuholen. Auch Helmut Kohl besuchte ihn. Einer seiner häufigsten Gäste aber war der damalige Verteidigungsminister Helmut Schmidt. Er kam aus Freundschaft, zum Trost, zur Freude, feinfühlend, mitfühlend. Oft brachte er eine ausgewählte Schallplatte mit, meist Bach. Es war erstaunlich, wie sich diese beiden Männer, die politisch noch immer auf sehr verschiedenem Boden standen, menschlich nahegekommen waren.

Die Tragik dieser Zeit wurde von einem glücklichen Ereignis in Guttenberg erhellt: die Hochzeit der Tochter Michaela mit dem jungen Baron Heeremann. Wieder einmal waren Haus und Kirche festlich geschmückt. Aber diesmal führte nicht der Vater die Braut. Die Braut mußte den Vater stützen, damit er den kurzen Weg des Brautzuges schaffen konnte.

Gleich nach den Feierlichkeiten fuhren mein Sohn und seine Frau zurück nach Bonn. Die Sorge um das deutsche, um das europäische Schicksal lastete schwer auf Karl Theodor, besonders schwer, weil er physisch kaum mehr in der Lage war, aktiv einzugreifen. Angesichts der immer spürbarer werdenden Aufweichung des Widerstandes, der gefährlichen Annäherungsversuche dem Osten gegenüber, entschloß er sich im Mai 1970, wissend, daß es seine letzte große Rede im Parlament sein würde, dort ernst und deutlich zu sprechen. Er fühlte sich berufen, mit letzter Kraft die schwache Haltung der Regierung anzugreifen und zu warnen. Es sollte seine größte Rede werden. Die Medien sprachen von einer »Sternstunde des Parlaments«, von der »Rede des Jahrhunderts«, von »Guttenberg, dem Rufenden in der Wüste«.

Ich konnte diese Rede in München am Fernsehgerät miterleben. Manche ihrer Worte liegen mir noch heute im Ohr. Karl Theodor sprach von der tiefen Sorge der Union, wohin die Reise führe, die die Bundesregierung nach Osten angetreten habe. »Für die Union sind die Dinge unserer Nation keine Parteipolitik, sondern Sache des Gewissens«, sagte er, und: »Sie, Herr Bundeskanzler«, wandte er sich an Brandt, »sind dabei, das Deutschland-Konzept des Westens aufzugeben und in jenes der Sowjetunion einzutreten. ... Ich bin überzeugt, daß ihre Regierung auf Anerkennungskurs liegt« (Anerkennung der DDR als Staat). »Dieser Kurs wird dazu führen, daß eines Tages der Schutz der NATO zerbröckeln und die Sowjetunion die Vorherrschaft über ganz Europa gewinnen kann. Wir (die Union)«, bekräftigte er, »bleiben bei der Politik des Angebots der Verständigung mit dem Osten, aber unter strikter Wahrung der Freiheitsrechte unserer Nation. Wir müssen die Widerstandskraft aufbringen, die notwendig ist – wenn nötig durch eine ganze Generation hindurch, vielleicht noch länger –, für Recht und Freiheit und Menschenwürde *aller* Deutschen einzustehen.« Und er schloß seine Rede: »Wir wissen nicht, wann die Stunde der Freiheit jenseits von Mauer und Stacheldraht wieder schlagen wird. Wir wissen aber dies, daß sie dann nie wieder schlagen würde, wenn wir – die freien Deutschen – bereit wären, vor schierer Macht in die Knie zu gehen. Und wir wissen, daß unsere Unterwerfung unter den Willen der Sowjetmacht dieser den Weg öffnen würde hinein ins freie Europa.«

Als er geendet hatte, war er zu schwach, um allein vom Podium zu steigen; Strauß und Barzel gingen nach vorn, um ihn zu stützen. Der Beifall der Union wollte nicht verstummen, die Abgeordneten hatten sich von den Plätzen erhoben. Als erstes sandte ich ihm ein Telegramm: »Herrlich! Mama.« Dann aber überließ ich mich meinem Schmerz: Wie brauchen wir diesen Mann! O Gott, kann er nicht doch gerettet werden?

Die Krankheit nahm schnell ihren grausamen Verlauf. Die Lähmungen nahmen überhand, das Gehen wurde zur Qual. Meine Schwiegertochter war tapferer als ich. Liebend und klug begleitete sie jeden seiner Schritte, jeden Schritt – tiefer hinein in die Krankheit, näher auf das Ende zu. Karl Theodor selbst war innerlich ungebrochen, in Klarheit bereit, die Krankheit zu tragen und dem nahen Tod zu begegnen.

Ich aber versuchte noch immer zu hoffen – auf ein Wunder der Medizin, auf eine Gebetserhörung. Ich war beschämt, mich so gegen das Unentrinnbare zu wehren, und sprach darüber mit dem Prälaten Jandl. Der meinte: »Haben Sie schon versucht, Gott zu bitten, er möge Ihnen statt Ihrem Sohn die Krankheit auferlegen?«

»Ja, Herr Prälat, darum habe ich schon inständig gebetet – aber es wurde nicht angenommen.« Erinnert dieser Wunsch nicht an ein Märchen oder eine Legende? Da läßt sich jemand das Herz aus dem Leibe schneiden, das ein Tyrann als Lösegeld für einen zum Tod Verurteilten verlangt. Ich fragte mich ernsthaft, ob ich dazu bereit wäre, mein Herz für die Rettung meines Sohnes zu geben. Ja, ich wäre bereit, und ich tröstete mich bei dem Gedanken, daß man, wäre erst das Herz herausgeschnitten, ja keinen Schmerz mehr spüre. Doch was halfen solche Gedanken! Die Krankheit siegte.

Karl Theodors seelische Kraft konnte die Krankheit nicht besiegen. Am Ende dieses schweren Jahres durfte mein Sohn noch eine große Freude erleben: die Verlobung seines Sohnes Enoch mit Christiane Gräfin Eltz. Zur Hochzeit in Eltville im Frühjahr wurde er gefahren. Die Treppe im Schloß mußte er hinaufgetragen werden. Nach dem feierlichen Gottesdienst nahm er teil am Hochzeitsmahl und hielt – allerdings sitzend – eine ergreifende Ansprache an das junge Paar. Sie endete: »Die Liebe . . . ist wie etwas Heiliges, das man nicht selbst besitzen kann, das vielmehr von uns Besitz ergreift . . . Es gibt nichts, was solche Liebe nicht zu überwinden vermag. . . . Wer auf diese Liebe baut, baut auf das Unendliche, der baut auf Gott neben sich.«

Nach dem Fest ging er zurück nach Bonn, dort noch immer mitdenkend, mitwirkend in der Politik. Er hatte begonnen, sein letztes Buch zu schreiben. Es wurde sein politisches Testament. Jede freie Minute nutzte er, denn seine Zeit enteilte. Wer dieses Buch – die bereits erwähnten *Fußnoten* – liest, wird erkennen, daß sein Lebenswerk vom ersten Tag an ein Kampf für ein fest umrissenes Ziel war: für die Freiheit und Menschenwürde aller Deutschen, für ein in Freiheit geeintes Deutschland, für ein geeintes starkes Europa. Sein Schwert war sein unbeugsames politisches Gewissen, seine absolute Glaubwürdigkeit und seine Freiheit. Und was seine Begabung für das Wort betrifft: es ist besonders tragisch, daß ihm gegen Ende seiner Krankheit auch die Sprache genommen wurde; seine Zunge konnte keine Worte mehr formen.

1972 sieht ihn das Parlament zum letzten Mal. Es wird abgestimmt, und es kommt auf jede Stimme an in der Auseinandersetzung um die Ostverträge. Karl Theodor wird im Rollstuhl zur Wahlurne gefahren, um seine Nein-Stimme abzugeben. Nach diesem letzten politischen Akt zieht er sich mit seiner Familie nach Guttenberg zurück. Er erlebt die letzten Monate seines Lebens in völliger geistiger Klarheit und mit brennendem Interesse am politischen Geschehen, doch gelähmt. Nur mit den Händen kann er sich verständlich machen.

Im Frühherbst 1972 komme ich auch nach Guttenberg. Obwohl der Schatten des Todes über uns allen liegt, ist das Haus erfüllt von Ruhe und Harmonie. Karl Theodor, nun ans Bett gefesselt, strahlt Gelassenheit, ja eine fast freudige Bereitschaft aus, und er ist eingehüllt in die liebevolle Fürsorge seiner Frau. Am 4. Oktober geht sein Leben zu Ende. Es ist, als ginge Trauer durch das ganze Land.

Der große Schloßhof füllt sich mit zahllosen Kränzen. Am

Tag der Beisetzung kann er die vielen Trauernden nicht fassen. Über Zehntausend waren gekommen, um Abschied zu nehmen. Bambergs Erzbischof zelebrierte. Reden am Sarg, der im Schloßhof aufgebahrt war, alle erfüllt von Trauer um einen, der unersetzlich war. Die wohl ergreifendste Ansprache hielt der damalige Verteidigungsminister Helmut Schmidt. Auch Strauß war gekommen, und ich werde nie vergessen, wie dieser »starke Mann« in Tränen auf den Sarg zuging. Nach dem Gottesdienst trugen vier Männer aus Guttenberg den Sarg hinunter in die Gruft.

Dort steht er nun neben dem Sarg seines Vaters. Die beiden waren sehr verschieden, aber doch im Kern einander ganz gleich: in der vollkommenen Hingabe an die Berufung, für ihr Volk und dessen Seele, dessen Würde zu kämpfen. Sie waren gleich unbeirrbar, unversuchbar und unermüdlich.

Und über allem viel Musik

Nach Karl Theodors Tod schien das Haus leer geworden, schien für uns alle das Leben stehengeblieben zu sein, für seine Frau und ihre Kinder und auch für mich. Aber das Leben forderte sein Recht. Auf dem jungen Sohn Enoch lastete nun die Verantwortung für Familie und Besitz. Er nahm sie gewissenhaft wahr.

Wie sehr fehlte mir Therese von Konnersreuth! Sie war für mich nach dem Tod meiner beiden Kinder Hilfe und Trost gewesen. Aber schon 1962 war sie während einer meiner Amerikareisen gestorben. Wir, die sie gekannt und geliebt hatten, waren zu einem Arbeitskreis unter dem Bischof von Regensburg zusammengekommen, um für Rom Resels Leben und Leiden aufzuzeigen mit dem Ziel einer späteren Seligsprechung.

Das Einander-Nahesein mit meinem Schwiegersohn Alexander Branca war mir in diesen schweren Tagen ein großer Trost. Er war einer der wenigen, mit denen Karl Theodor über sich und sein Schicksal gesprochen hatte. So war Alex in den letzten Wochen der Krankheit öfter nach Guttenberg gekommen zu langen nächtlichen Zwiegesprächen – solange mein Sohn noch sprechen konnte, am Ende mittels Zeichensprache. Trotzdem gelangen den beiden ernste Aussprachen über Leben und Tod, über Glaube, Freiheit, Liebe, über das Mysterium stellvertretenden Leidens, stellvertretender Liebe. Alex war dermaßen berührt von den Worten meines Sohnes, daß er sie in Notizen festhielt. So konnte er mir nach Karl Theodors Tod von diesen Gesprächen berichten. Bis dahin wußte ich wohl, wie ernst mein Sohn sein Christsein, seine christliche Pflicht als Politiker genommen hatte. In welcher Tiefe er sich aber geistig und seelisch in den Glauben versenkt hatte, wurde mir erst durch Brancas Bericht bewußt. Ich verstand, daß die Gelassenheit, mit der mein Sohn seinen Weg in den Tod ging, aus der Kraft seines Glaubens erwachsen war. Aus dieser Quelle floß die Harmonie seines Sterbens.

Alex und ich fuhren zurück nach München zu unseren alltäglichen Verpflichtungen. Wir blieben einander sehr nahe. Da waren viele Gemeinsamkeiten und geistige wie künstlerische Beziehungen. Ich hatte seine steile Karriere als Architekt sehr bewußt miterlebt. Seine erste, sehr eigenwille, sehr schöne kleine Kirche hatte er in der Münchener Buttermelcherstraße gebaut. Am Altar dieser Kirche ist eine Gedenkinschrift an Therese angebracht; sie war während der Fertigstellung der Kirche gestorben. Seit diesem noch bescheidenen Anfang wurde Alex zu einem der berühmtesten Architekten unserer Zeit. Zu seinen wichtigsten Bauten gehörten viele Kirchen. Sie alle sind trotz ihrer Großzügigkeit und Modernität erfüllt von religiöser Strahlkraft – bei heute gebauten Gotteshäusern eine Seltenheit.

Branca hat das Priesterseminar in Augsburg gebaut, bei dessen Einweihung Papst Johannes Paul II. anwesend war. Er hat auch viele wichtige weltliche Bauten geschaffen: die Neue Pinakothek in München, die Botschaftsgebäude in Madrid und in Rom beim Vatikan, Klöster und Banken, und nun ist er dabei, das Münchener Residenztheater umzubauen.

Die Familie Branca kam vor langer Zeit aus Italien. Da berührt es mich immer wieder, wie noch heute, nach einigen Jahrhunderten, ein italienischer – ich möchte sagen – »Duft« über Brancas Bauten schwebt. Er hat seinen unverkennbaren Stil. Für mich aber ist es besonders wichtig, daß er ein so liebenswürdiger, feinsinniger Mensch ist. Er, seine Kinder und seine von mir sehr geliebte zweite Frau bedeuten mir sehr viel.

Nach der Beisetzung meines Sohnes begleitete mich meine Tochter Nives zurück nach München und blieb einige Zeit bei mir. Sie lebt mit ihrer Familie in Lissabon, kommt aber zu meiner Freude oft nach München. Sie und die älteren ihrer sechs Kinder gehören einer katholischen Gemeinschaft an, deren Zentrum in München ist. Das Ziel dieser Gemeinschaft war und ist es, neues Leben, insbesondere Gemeinschaftsleben in die Kirche zu tragen. Viele schlossen sich dieser überzeugt religiösen Gruppe an. Für meine Tochter bedeutet die Zugehörigkeit zu dieser Gemeinschaft eine große Hilfe und religiöse Stützung in ihrem nicht leichten Leben in der »Fremde«. Oft habe ich sie bei mir in meiner schönen Wohnung, die zu einem Treffpunkt der Familie geworden ist. Oft versammeln wir uns zu abendlichen Stunden am Kamin zu Aussprachen und Diskussionen. Die drei, und ich muß eingestehen, besonders schönen Töchter von Nives, Carmelita, Pilar und Christina, haben junge Deutsche aus der Gemeinschaft geheiratet und leben hier, so daß ich sie zu meiner Freude oft sehe.

Mein Haushalt war erheblich geschrumpft. Von der alten Garde war mir nur die kleine Babette geblieben. Sie war vom Hilfsmädchen im Kinderzimmer allmählich zur wohlbestallten und sehr kompetenten, manchmal auch recht autoritären Haushälterin avanciert und nahm mir alle Sorge um den Haushalt ab, so daß ich für meine übrigen Aktivitäten frei war. So klein Babette ihrer Statur nach war, so groß war ihr Verstand und vor allem ihre Treue. Sie verließ mich erst, nachdem wir das sechzigjährige Jubiläum ihres Dienstes bei mir gefeiert hatten.

Meine Verpflichtungen waren nicht weniger geworden. Zu den Ämtern, die ich noch in den verschiedenen Gebieten des Katholischen Frauenbundes innehatte, und zu der Verantwortung für die von mir gegründeten Heime traten weitere Aufgaben auf mich zu. Ich war Mitglied eines Führungsgremiums der Katholischen Akademie in Bayern. Die Zusammenarbeit mit ihrem Direktor Dr. Henrich, dem Nachfolger von Prälat

Forster, war mir eine Freude; mit ihm verbindet mich wirkliche Freundschaft.

Ich erinnere mich an einen Zwischenfall während einer Akademietagung, bei der Herbert Wehner Hauptredner war. Es war kurz nach dem Tod meines Sohnes, nach dem Inkrafttreten der Ostverträge. Wehner war wie immer eloquent. Er wollte dem katholischen Auditorium klarmachen, daß die Sozialdemokratie für jeden Christen wählbar sei. Dabei sprach er viel von seinem verstorbenen Freund Kurt Schumacher. Als er geendet hatte, wartete ich vergebens auf eine Meldung zur Diskussion. Viele der Anwesenden wären kompetent gewesen. Aber Stille. Da nahm ich mir ein Herz, stand auf und sagte: »Herr Wehner, wir danken Ihnen, daß Sie so schön von Ihrem Freund Schumacher gesprochen haben. Sie wissen wohl, wie sehr dieser Mann auch in unseren Reihen geschätzt war. Was meinen Sie, wäre sein Kommentar zur heutigen Situation? Zwei getrennte deutsche Staaten, davon einer in kommunistischer Hand?« Wehners Antwort war eigentlich keine Antwort – eine vage Umgehung.

Auf einem für mich gänzlich neuen Gebiet wurde ich zur Teilnahme aufgefordert. Bei einem Zusammentreffen mit der alten Gräfin Tolstoi, der jüngsten Tochter des großen Vaters, und mit ihrer Freundin Tatjana Schaufuß wurde ich zur Mitarbeit im deutschen Zweig der Tolstoi-Foundation und in deren Vorstand als zweite Vorsitzende gebeten. Die Gräfin war eine charmante, außergewöhnliche Frau von enormer Vitalität, glühend in ihrem Einsatz und ihrer Hilfsbereitschaft den notleidenden Emigranten gegenüber. Sie war so russisch, wie man nur sein kann, und tief in ihrem orthodoxen Glauben verwurzelt. Ich traf sie einmal, als sie gerade von Rom zurückkam, wo sie vom Papst empfangen worden war. Es hat mich sehr berührt zu fühlen, wie beeindruckt dieser hochgeistige alte orthodoxe Mensch von Rom, dem Papst und unserer Kirche war.

Die Hilfsorganisation der Tolstoi-Foundation, deren Vorsitzende für die Bundesrepublik ich noch heute bin, hilft russischen und anderen Emigranten aus dem kommunistischen Osten, den in Deutschland verbleibenden, in vielen Fällen aber auch denen, für die eine Weiterführung in andere westliche Länder ermöglicht werden muß. Außerdem besitzt die Foundation in München die einzige russische Bibliothek in der Bundesrepublik und ein Kulturzentrum, wo Vorträge, Konzerte und Zusammenkünfte veranstaltet werden. Die meisten unserer Betreuten gehören der orthodoxen Kirche an. So war es wohl in diesem Zusammenhang, daß im Jahr 1979 General Oster (der Sohn des 1945 hingerichteten Generals) mit einem russischen Freund und Professor Stadtmüller zu mir kam und mich bat, mit ihnen einen Verein zu gründen, dessen Aufgabe es sein sollte, über geheime Kanäle religiöses – natürlich orthodoxes – Material nach Rußland einzuschleusen. Die kleine Organisation wurde gebildet, und mit Hilfe einiger russischer Theologen und Emigranten und vor allem durch die sofortige tatkräftige Unterstützung durch den Erzbischof von München, Kardinal Ratzinger, ist es gelungen, Tausende von Kassetten mit religiösen Texten und Kirchenmusik nach Rußland zu schaffen.

Der Besuch bei Kardinal Ratzinger, bei dem Frau Dr. Mertens, die Vorsitzende der Organisation, und ich um Hilfe baten, bleibt mir unvergessen. Es war eine Freude, das sofortige Verständnis dieses bedeutenden Theologen, Priesters und Kirchenfürsten zu erleben.

Es erreichen uns immer wieder Dankesbotschaften von drüben. Die Kassetten werden sehnsüchtig erwartet und gehen von Haus zu Haus, da keinerlei religiöse Literatur, kein Katechismus und keine Bibeln zu erhalten sind. Heute, im Jahr 1989, da durch Michail Gorbatschow die Schranken gegenüber der Kirche etwas angehoben sind, sollte man meinen, daß unsere Aktion nicht mehr so dringend notwendig sei. Das Gegenteil ist der Fall. Nun, da manche Verbote gefallen sind, können wir kaum mehr der Anforderung nach Material genügen. Die Kassetten werden uns aus der Hand gerissen.

Fast alljährlich wurde ich weiterhin aus Amerika zu Vortragsreisen angefordert. Inzwischen habe ich beinahe alle Staaten Nordamerikas besucht und »besprochen« und weiß dort viele gute und treue Freunde.

Jedes Jahr verbringe ich einen Monat in unserem kleinen Heilbad am Rande der Rhön, in Neustadt. Ich fühle mich dort aufgehoben, geborgen auch durch die rührende Anhänglichkeit der Angestellten und die Freundschaftlichkeit der Bevölkerung. Bad Neustadt ist zu einer Art zweiter Heimat für mich geworden. Das Wohnen in dem reizenden kleinen Rokoko-Schloß, das nun Hotel geworden ist, die barocke Schloßkirche, der schöne alte Park, in dem einem die Meisen ihre Körner aus der Hand holen und die Eichhörnchen Nüsse aus der Manteltasche – all das ist mir ein Zuhause. Meine Schwägerin Therese, die auf der Salzburg lebte, ist leider tot.

Von Bad Neustadt ist es nur eine Autostunde nach Tann. Natürlich nutze ich diese Gelegenheit, dort meine Verwandten, aber vor allem meine Kindheitsfreunde zu besuchen: die lebendigen Ahnenbilder, das Puppenhaus, die Rutschbahn und alle meine lieben Gespenster, von denen ich zu fühlen meine, daß sie alljährlich auf mich warten.

Ich liebe die Rhön als Landschaft, die Weite ihrer bewaldeten Berge und die merkwürdige Stimmung, die dort an keltische Zeiten denken läßt. Für mich haben Landschaften so etwas wie eine Seele, eine besondere Ausstrahlung, die mit dem Geistigen zusammenhängt. So empfinde ich immer wieder das Land um Bad Neustadt als »frommes«, ja als katholisches Land. Ähnlich hat mich schon als Kind die helle, weite ungarische Ebene ergriffen.

Zwischen all den Reisen und Verpflichtungen hausten wir

einträchtig in meiner schönen Münchener Louis-XVI-Wohnung: Babette, ihre Helferin, meine Zwergdackelin »Wachtel« und ich. Die Bindung zum Haus Wittelsbach war nicht abgebrochen. Zu meiner Freude lud mich Herzog Albrecht, der Chef des Hauses, öfter nach Nymphenburg ein, und mit seinem Sohn, dem Prinzen Franz von Bayern, der heute Kronprinz wäre, verbindet mich wirkliche Freundschaft.

Es flossen die Jahre dahin. Oft kam meine Schwester Hilda Schaezler zu Besuch aus Augsburg. Immer brachte sie Blumen, Freude und Helligkeit mit. Auch meine Schwiegertochter und ihre Töchter sah ich oft.

Aber einer meiner häufigsten Besucher war mein Enkel Enoch. Uns hatte bereits seit seiner frühen Kindheit etwas Besonderes verbunden. Vielleicht war es das Musische, das sich auffallend früh bei ihm zeigte. Schon als kleiner Knirps arrangierte er ganze Theaterstücke, zu denen er pfiff und sang. Dann kam die höchst ungeliebte Schule und, von Deidesheim aus, das noch weniger geliebte Gymnasium. Mit Mühe und Not – das heißt: ohne Mühe und zur Not – kam er durch; denn statt Aufgaben zu machen, saß er stundenlang am Pianino, versuchte sich im Klavierspiel und vor allem am Komponieren.

Aus diesen noch dilettantischen musikalischen Leistungen glaubte ich eine vitale Musikalität herauszuhören. Seine Mutter und ich versuchten, ihn in seinem Wunsch zu stützen, das Musikstudium zu beginnen. Natürlich war dieser Wunsch für meinen Sohn schwer zu akzeptieren. Er hätte seinen einzigen Sohn und Erben lieber in Politik und Wirtschaft gesehen. Der Drang zur Musik aber konnte nicht unterdrückt werden, und Enoch begann sein Studium in München.

Während dieser Zeit fand er in Neubeuern, einem hübschen Ort in den Voralpen, eine Jagdhütte mit Klavier. Dorthin zog er sich zurück, um in Ruhe zu komponieren. In der alten Kirche des Ortes hörte er einige Male den Gesang des kleinen Kirche chores. Die Klarheit und Musikalität dieser Stimmen fesselten ihn so, daß er bat, den Chor dirigieren zu dürfen. Daraus ergab sich, daß er bald sein ständiger Dirigent wurde. Er fuhr regelmäßig hinaus nach Neubeuern, beriet, erweiterte, schulte und dirigierte den Chor, bis sie anfangen konnten, Kirchenkonzerte zu geben. Sie wagten sich gleich an große Werke.

Ich erinnere mich an eine dieser Aufführungen. Es ist lange her. Ich war erstaunt und ergriffen von der Aussagekraft dieser doch noch recht dilettantischen Musiker. Jemand hatte offenbar den Starkritiker Joachim Kaiser auf Neubeuern aufmerksam gemacht. Nach der Aufführung fragte ich ihn, ob er glaube, daß es für Enoch das richtige sei, Dirigent zu werden. Kaisers Antwort war vorsichtig; es sei noch zu früh, darüber zu entscheiden. Anders der inzwischen verstorbene Musikkritiker Mingotti, der im selben Jahr über eine ebenso unvollkommene Aufführung eine hingerissene Kritik schrieb, der er die Überschrift »Der fliegende Wunderteppich« gab. Er hatte, wie er mir bald darauf sagte, die unglaublich lebendige musikalische Kraft dieses jungen Chores staunend empfunden.

Enoch machte sich nun mit aller Kraft daran, regelmäßig und konsequent den Chor auszubilden und zu vergrößern. So gab er 1969 im Schleißheimer Schloß ein Konzert, zu dem noch sein damals schon sehr kranker Vater kommen konnte. An diesem Tag erkannte mein Sohn Enochs große Begabung und akzeptierte dessen Weg zur Musik. Ich sehe noch meinen Sohn in der Pause schweigend aus dem hohen Saalfenster in den Park schauen, die Arme verschränkt, es kamen ihm die Tränen. Die großen Triumphe, die Enoch später mit seinem Chor in der Bundesrepublik, Europa und Südamerika feierte, erlebte er nicht mehr.

Enoch hat den kleinen Kirchenchor zu einem international anerkannten Chor aufgebaut. Er nimmt die Arbeit an seiner Musik sehr ernst und studiert jedes Werk bis ins kleinste Detail genau, um es technisch fehlerlos dirigieren zu können. Sein eigentliches Anliegen aber ist die Aussagekraft seines Musizierens und die Gewissensbindung dem jeweiligen Komponisten gegenüber. Bach hat verschiedene seiner großen Werke unter das Motto »Soli gloria Dei« gestellt. Wenn Enoch diese Werke dirigiert, tut er das im Nachvollzug der Bachschen Intention.

Sein Instrument ist der Chor; meistens führt er die großen Chorwerke auf. Das kommt seiner Zuwendung zu Bach und Mozart entgegen. Er ist voll ausgelastet mit Proben, Konzerten, Reisen. Für ihn ist sein Beruf als Musiker eine Berufung. Darin ähnelt er seinem Großvater und seinem Vater. Beide hatten sich ihrer – in ihrem Fall: politischen – Berufung völlig ausgeliefert, ohne an sich selbst zu denken. Auch für Enoch ist die Botschaft seiner Musik das Wichtige – nicht seine Erfolge. Doch der Erfolg ist groß: immer ausverkaufte Säle und meist Jubel der Zuhörer. In Südamerika küßten begeisterte Zuhörer den Rocksaum der Dirndlkleider seiner Chorsängerinnen. Für Enochs Mutter und auch für mich war es oft nicht leicht, die Höhen und Tiefen seines Weges mitzugehen, die Problematik seiner Leidenschaftlichkeit und großen Sensibilitäten zu akzeptieren.

Im März 1989 wurde Enoch und seinem Chor in der Münchener Residenz der »Deutsche Kulturpreis« feierlich verliehen. Die Stiftung »Kulturförderung« nennt Neubeuern im Festprogramm ein »Wunder«. Sie schreibt: »Aus dem Dorfchor wurde einer der besten Oratorienchöre der Welt.« Enoch bekennt in seiner Dankansprache: ». . . die schönen Töne interessieren mich gar nicht, solange sie nicht ihren Sinn erfüllen . . . die subjektive Wahrheit auszusprechen.« Zu Beginn seiner Rede fragt er, wie weit er es vor sich selber verantworten könne, noch Musik zu machen . . . während die Welt von heute mit überschlagender Geschwindigkeit absterbe.

Er macht weiter Musik, weil sie für ihn und seinen Chor Botschaft ist (wohl Botschaft vom Göttlichen der Schöpfung). Doch er fühlt sich berufen, sich mit aller Kraft für die Rettung von Umwelt und Natur einzusetzen. Er erkennt, daß ihre Zerstörung die Zukunft der Menschheit bedroht. Unbeirrt tritt er für seine Überzeugung ein – auch wo es unerwünscht ist.

Enochs Werdegang habe ich, oft zitternd, oft beglückt, intensiv miterlebt. In seine Konzerte zu gehen, war – und ist noch immer – für mich ein erregendes Ereignis. Ich lasse mich mitreißen von seiner Kraft der Übertragung, dieser Kraft, die wohl Voraussetzung für einen guten Dirigenten ist. Sie ist ein Fluidum, das sowohl auf die Musiker als auch auf die Zuhörer übergeht. Ich glaube, daß diese Kraft metaphysischen Ursprungs ist. Enoch ist diese Ausstrahlung fraglos in hohem Maße gegeben.

Seit dem Tod seines Vaters liegt auf Enoch zusätzlich die schwere Verantwortung als Chef der Familie, als Leiter des komplizierten, verzweigten Besitzes. Auch diese Aufgaben nimmt er sehr ernst und ist viel auf den Gütern unterwegs. Gottlob hat er sehr gute Mitarbeiter, doch die Entscheidungen liegen bei ihm. So muß er im wahrsten Sinne des Wortes ein Doppelleben führen: hier Chef-Dirigent, dort Familien-Chef.

Um den Fortbestand des jahrhundertealten Besitzes zu gewährleisten, haben wir alle – ich 1919, meine Schwiegertochter bei ihrer Heirat, unsere Töchter bei ihrer Großjährigkeit – auf unseren Erbanspruch verzichtet in der Hoffnung, daß der neue Familienchef die Tradition fortsetzen kann. Er wurde durch eine lebenslange Apanage abgegolten. Bei dieser Überlastung Enochs fällt nicht mehr sehr viel ab für das Familienleben. Das ist wohl der Grund, weshalb seine junge Ehe, nachdem ihnen zwei Söhne – wieder, wie bei mir, mit Namen Karl Theodor und Philipp Franz – geboren waren, in Freundschaft auseinanderging. Die beiden Söhne sind jetzt schon beinahe Männer. Sie leben mit ihrem Vater zur gegenseitigen Freude.

Mit der Zeit hatte sich zwischen Enoch und seinen Chormitgliedern ein Freundschaftsverhältnis gebildet. Er fühlt sich bei seinen Neubeurern, auch bei den meisten Familien im Ort, zu

Hause und geborgen. Sein Doppelleben ist jetzt auch äußerlich sichtbar geworden. Er hat sich in Neubeuern, wo er sich von Freundschaft umgeben fühlt, einen alten Kuhstall zu einem kleinen Rokoko-Palais ausgebaut. Ich weiß, daß das Leben dort mit seinen Söhnen der tiefen Bindung an Guttenberg, wo die Wurzeln vieler Generationen liegen, nichts wegnimmt. Er ist sowohl in Neubeuern als auch in Guttenberg ganz zu Hause.

Beim Namen gerufen

Es kam mein achtzigster Geburtstag. Enoch hatte den Chor nach Guttenberg eingeladen. Am Geburtstagsmorgen sangen sie in der Schloßkirche meine Lieblingskantate »Jesus bleibet meine Freude«. (Ich habe sie mir beim Chor für meine Beisetzung vorausbestellt.) Dann war Feier im Schloßhof mit Pauken, Trompeten und dem Guttenberger Gesangverein, anschließend im blumengeschmückten Schloß Empfang und Gratulation. Am Abend viele Gäste – Familie, Nachbarn und Freunde. Nach dem Festessen Tanz im Ahnensaal, den ich mit einem Walzer im Arm meines Neffen Bottlenberg eröffnete. Das Tanzen ging noch recht gut unter den erstaunten Augen der Ahnenbilder. Eines meiner Geburtstagsgeschenke war der goldene Stift, mit dem ich all diese Zeilen geschrieben habe – ein Geschenk von einem lieben Freund. Auch er ist tot – tot wie so viele. All das Sterben um mich her hat mir die Vergänglichkeit allen Lebens sehr nahe gebracht – fühlbar nahe.

In München gab mein Freund, der Direktor der Katholischen Akademie, Prälat Henrich, eine offizielle Feier für mich. Sie begann mit einem Gottesdienst in der schönen Kapelle des Hauses. Anschließend festliches Essen im Schlößchen Suresnes mit reizender Laudatio von Dr. Henrich und vielen Ansprachen, einige Tage später die Feier des Katholischen Frauenbundes in einem der von mir gegründeten Heime am Starnberger See. Wieder begann der Tag mit einer Messe in der winzigen Kapelle des Hauses, dann Frühstück mit Laudatio, Gratulation. Anschließend wurde das Geburtstagsgeschenk geholt. Ich erwartete mir als Gabe – wie so oft – ein dickes religiöses Buch, das ich wahrscheinlich schon besaß, und bereitete mich auf »dankbare Überraschung« vor. Doch meine Nachfolgerin als

Landesvorsitzende, Frau Ode, kam nicht mit einem Buch, sondern mit einem Körbchen auf mich zu. Ich enthüllte es und fand darin einen winzigen, dreihundert Gramm schweren schwarzen Hund, einen jungen Yorkshire-Terrier, der mich gleich abschleckte. Natürlich war ich selig. Wir nannten ihn »Santi«, weil er mir ja von 150000 katholischen Frauen geschenkt war. Dieser Santi ist ein »Wunderhund« geworden, gescheit, beinahe belastend anhänglich, ein Freund, eine Freude. Nachdem meine kleine Dackeline vor Jahren einem Schlaganfall erlegen war, hatten Babette und ich entschieden: Nie wieder einen Hund! Aber Santis Erscheinen war »höhere Gewalt«. Und sein Dasein beglückend.

Nach den Geburtstagsfeiern ging das Leben normal weiter: immer noch Sitzungen und Vorträge, zwei Amerika-Fahrten, Familienbesuche, Freude an Enochs Konzerten in der Philharmonie, meist Bach oder Mozart, das Verdi-Requiem. Und ich machte eine neue geistige Entdeckung.

Schon Pater Przywara hatte mich mit den Werken Martin Bubers bekannt gemacht. Erst jetzt stieß ich auf dessen Schriften über die Chassidim und auf deren Erzählungen. Ich war beeindruckt von der Aussage dieser Schriften, von ihrer Frömmigkeit. Sie zeichnen ein Leben der Einfalt, der Stärke des Glaubens, der Geborgenheit in der lebendigen Nähe Gottes. In ihrer liebenden Verbundenheit mit Gottes Willen und seiner Schöpfung fand ich viele Ähnlichkeiten zwischen Baal-Schem-Tov, dem Gründer des Chassidismus, und dem heiligen Franziskus, besonders in der Zuwendung zu Mensch und Tier und zu den großen und kleinsten Dingen der Schöpfung. Bei Baal-Schem-Tov findet sich der Gedanke, daß in jedem Menschen, in jedem kleinsten Teil der Schöpfung ein Funke von Gottes eigenem Licht lebe, daß zum Beispiel bei uns Menschen jeder liebende Gedanke wesenhaft ein solcher Funke göttlicher Liebe und Gnade sei, der für jede Kreatur gedacht werden könne und solle. Da ich in meinem langen, dem Religiösen zugewandten

Leben immer mehr auf den Wert der Einfachheit im Glauben gekommen bin, hat mich die Art der chassidischen Frömmigkeit tief berührt.

Im Jahre 1984 gab es nochmals eine Hochzeit in Guttenberg. Praxedis, die jüngste Tochter, heiratete einen besonders liebenswerten Westfalen, Baron Albrecht Boeselager. Meine Schwiegertochter setzte alles daran, ihr die Hochzeit so schön zu gestalten, wie sie bei ihren beiden Schwestern gewesen war. Nur eines konnte sie nicht ersetzen: den Vater. Praxedis wurde am Arm ihres Bruders, der ja jetzt Familienchef war, zum Traualtar geführt. Heute, nach fünf Jahren, gibt es schon drei kleine Boeselager-Töchter.

Wieder zurück nach München, zurück zu allen noch bestehenden Tätigkeiten. Aber allmählich kommt doch das Alter. Körperlich und geistig fühle ich es kaum. Ich fahre noch Auto, wenn es sein muß, halte Vorträge, zum Beispiel 1987 die Gedenkrede für die Gefallenen des Reiter-Regiments in Bamberg (vgl. S. 285). Ich reise noch viel, genieße schöne Musik, besonders bei Enochs Konzerten in der Münchener Philharmonie. Seelisch aber erlebe und realisiere ich das Alter. Es ist, als käme man in die Nähe des Meeres. Man fühlt seine Nähe, bevor man es sieht. So fühlt man die Nähe der Ewigkeit. Aus dieser Nähe ergibt sich eine neue Sicht, eine neue Dimension aller Dinge und allen Geschehens.

Manches, das mir früher wichtig erschien, ist nun zu reiner Zeitverschwendung geworden. Es scheinen nur die Dinge Gültigkeit zu haben, die in irgendeiner Weise Beziehung zum ewigen Leben haben, eben solche, denen der »göttliche Funke«, von dem die Chassidim sprechen, innewohnt: wahre Schönheit und Kunst, die Schönheit der Natur, geistig gültige Literatur – aber auch eine winzige Blüte im Gras einer Wiese und die fraglose Treue im Blick eines kleinen Hundes. Vor allem aber der Mensch: seine Schicksale, seine Leiden.

Da erhebt sich die bange Frage: Was wird aus dem deutschen Menschen? Wird er im Moralischen, im Metaphysischen wieder Boden unter den Füßen finden und nicht im Reichtum ersticken? Wohl ist eines erreicht: Der Westen ist stark geblieben. Diese Stärke zu bewahren, war Sinn und Ziel des politischen Einsatzes meines Sohnes gewesen, so daß auch ihm ein in sich starker Westen zu verdanken ist, ohne den ein Mann wie Gorbatschow den kühnen Versuch eines »russischen Frühlings« nicht hätte wagen können. Wenn seine Perestroika überlebt, wird Europa wohl dem Schicksal, ein kommunistischer Kontinent zu werden, entgehen. Vielleicht kann dann auch der Traum einer deutschen Wiedervereinigung in Freiheit Wirklichkeit werden. Wird es ein Vereinigtes Europa geben, und was wird die Rolle Deutschlands in einem neuen europäisch-amerikanischen Abendland sein? Was wird der Geist dieses neuen Abendlandes sein? Wird Rußland sich bekehren, und kann – wie vorhergesagt – die Bekehrung Europas aus dem Osten kommen? Kann Afrika seine furchtbare Zerrüttung überstehen? Fragen über Fragen, die alle den Menschen betreffen und deren Antwort ich wohl nicht mehr erleben werde.

Beim Schreiben dieses Buches habe ich im Geist mein ganzes Leben nochmals durchlebt, und in der Rückschau auf dieses Leben erfüllt mich tiefe Dankbarkeit: Dankbarkeit für alles Schöne – aber auch für alles Leid; denn mit jedem Schicksalsschlag kam zugleich die Gnade. Von ihr war ich gestützt und getragen.

Es gab viel Schmerz in meinem Leben. Wenn ich ihn aber vergleiche mit dem namenlosen Leiden von Millionen – Millionen einzelner Menschen, einzelner Schicksale – in unserer heutigen Welt, erscheint mir, was ich gelitten habe, gering.

Der Gedanke an alle, die in Hitlers Mordlagern gequält und vernichtet wurden, läßt mich nicht los. Wie viele jüdische Frauen haben dort das Schicksal Mariens nacherlebt, ihre Söhne geächtet, gefoltert und getötet zu sehen. Ich denke an die Millionen Toten der Kriege, der Toten von Katyn, an die Qual der Millionen unter russischer Tyrannei Ermordeter, an die Opfer Khomeinis und Ceauşescus, an die Verhungerten und Verhungernden in Afrika.

Was will Gott mit diesen beinahe apokalyptischen Plagen, was ist der Sinn des Leides? Wo finden die vielen Trost, die von Angst getrieben sind, gepeinigt von der Furcht vor der Zerstörung der Welt, zermürbt von Existenzangst. Man kann nur beten und hoffen, daß doch für jeden zu allem Leid ein Funke Gnade gesandt ist – wie ich es erlebt habe –, daß für jeden auf seine Weise Gottes Wort gilt: »Fürchte dich nicht! Ich habe dich erlöst. Ich habe dich bei deinem Namen gerufen. Du bist mein!« (Jesajas 43,1)

Ich bin in meinem Leben dem Mysterium des Bösen begegnet, habe das Mysterium des Leides miterlebt und war geborgen im Mysterium der Gnade. In ihr wurde ich durch alle Dunkelheiten in Liebe geführt. Es ist die Liebe das einzig Fraglose, Ewige. Die Liebe ist Ursprung allen Seins und Sinn allen Lebens.

Anhang

Bamberger Rede

Rede bei der Einweihung der Gedenktafel für die Gefallenen des Reiter-Regiments 17 im Kaisersaal der Residenz in Bamberg 1987

Eure Exzellenz, liebe, verehrte Anwesende!

Ich darf hier stellvertretend für die Mütter der Gefallenen dieses Regiments, die lebenden und die schon verstorbenen Mütter, Worte des Gedenkens sagen. Stellvertretend für die Mütter, die zitternden, blutenden Herzens den Opfergang dieses Regiments, den Opfergang ihrer Söhne mitgegangen sind. Für die vielen, die diesen Krieg nicht bejahen konnten, war das Opfer doppelt schwer und wohl in den Augen Gottes noch wertvoller.

»Worte des Gedenkens« – das ist so wenig, da unsere Herzen so erfüllt sind dieses Gedenkens. Denn wir Mütter durften es ja erleben, dieses »Stärker als der Tod ist die Liebe«. Ja, unsere Liebe war stärker als der Tod. Denn sie hat das Sterben unserer Söhne überlebt. In dieser lebendigen Liebe sind sie uns nahe geblieben. Und wenn wir Mütter sterben, wird uns diese lebendige Liebe zutiefst mit unseren Söhnen wieder vereinen. Denn: »Die Liebe höret nimmer auf.«

Stammtafel der Freiherren v. und zu Guttenberg (Auszug)

Theodor Frhr. v. und zu Guttenberg (1854–1904)
⚭ 1888 Maria Gräfin v. Rottenhan (1860–1945)

Maximilian (1889–1914)	Elisabeth (1891–1946) ⚭ 1911 Clemens Schenk Graf v. Stauffenberg (1885–1949) *s. Tafel »Stauffenberg«*	Georg Enoch (1893–1940) ⚭ 1919 Elisabeth Freiin v. und zu der Tann- Rathsamhausen (* 1900)	Karl Ludwig (1902–1945) ⚭ 1929 Therese Prinzessin zu Schwarzenberg (1905–1979) 1 Sohn, 2 Töchter

Kinder von Georg Enoch:

Philipp Franz (1920–1943)	Karl Theodor (1921–1972) ⚭ 1943 Rosa Sofie Prinzessin und Herzogin v. Arenberg (* 1922)	Maria Nives (* 1925) ⚭ 1947 Henry Casademont (* 1914) 3 Söhne, 3 Töchter	Therese (1929–1953) ⚭ 1952 Alexander Frhr. v. Branca (* 1919) 1 Sohn

Kinder von Karl Theodor:

Elisabeth (* 1944) ⚭ 1965 Franz Ludwig Schenk Graf v. Stauffenberg (* 1938) *s. Tafel »Stauffenberg«* 2 Söhne, 2 Töchter	Georg Enoch (* 1946) ⚭ 1971 Christiane Gräfin und Tochter v. und zu Eltz (* 1951) (○I○ 1977) 2 Söhne	Michaela (* 1949) ⚭ 1970 Johannes Frhr. Heereman v. Zuydtwyck (* 1944) 4 Söhne, 2 Töchter	Benedikta (1953–1954)	Praxedis (* 1956) ⚭ 1984 Albrecht Frhr. v. Boeselager (* 1949) 3 Töchter

Stammtafel der Schenk Grafen v. Stauffenberg (Auszug)

Klemens Schenk Graf v. Stauffenberg (1826–1886)
⚭ 1857 Leopoldine Gräfin v. Oberndorff (1831–1919)

- **Berthold**
  (1859–1944)
  ⚭ 1884 Maria Freiin
  Groß v. Trockau
  (1860–1943)
  - **Clemens**
    (1885–1949)
    ⚭ 1911 Elisabeth Freiin
    v. und zu Guttenberg
    (1891–1946)
    s. *Tafel »Guttenberg«*
    - **Marie Gabriele**
      (* 1914)
    - **Karl Berthold**
      (1918–1941)
    - **Markwart**
      (* 1921)
      ⚭ 1948 Anna
      Edle v. Rauscher
      auf Weeg (* 1923)
    - **Otto Philipp**
      (* 1926)
      ⚭ 1949 Oculi
      Freiin v. Lerchenfeld
      (* 1923)
- **Alfred**
  (1860–1936)
  ⚭ 1904 Caroline Gräfin
  v. Üxküll-Gyllenband
  (1875–1956)
  - **Berthold**
    (1905–1944)
    ⚭ 1936 Maria
    Classen (1900–1977)
    1 Sohn, 1 Tochter
  - **Alexander**
    (1905–1964)
    ⚭ I. 1937 Melitta Schiller
    (1903–1945)
    ⚭ II. 1949 Marlene Hoffmann
    (* 1913)
  - **Claus**
    (1907–1944)
    ⚭ 1933 Nina Freiin
    v. Lerchenfeld
    (* 1913)
    3 Söhne, 2 Töchter, u. a.
    - **Franz Ludwig** (* 1938)
      ⚭ 1965 Elisabeth Freiin
      v. und zu Guttenberg
      (*1944)
      s. *Tafel »Guttenberg«*

Maria Gräfin von Maltzan

Schlage die Trommel und fürchte dich nicht

Erinnerungen

Ullstein Buch 20941

Ullstein

»Die Geschichte der Gräfin von Maltzan ist vieles zugleich: Zeitdokument über die Lebensart hochherrschaftlicher Familien, Zeugnis für die Möglichkeiten des alltäglichen Widerstands im Nationalsozialismus und Abenteuerbericht eines weiblichen Menschen, dem vornehme Geburt, Konventionen und äußerlich feines Benehmen nichts galten, alles aber Übereinstimmung mit sich selbst und Handeln nach eigenem Wissen und Gewissen . . .«

Deutsches Allgemeines Sonntagsblatt